客户关系管理应用

第3版

主　编　顾　明

副主编　杨　程　董楚江

参　编　孟德鹏　蒋　卉　罗诗然

机 械 工 业 出 版 社

本书是“十四五”职业教育国家规划教材，是根据教育部新颁布的《高等职业学校专业教学标准》，参考 1+X 相关职业技能等级标准，在第 2 版的基础上修订而成的。本书是在分析客户关系管理岗位群的典型工作任务的基础上，采用职业应用项目化教材的编写体例，校企深度合作双元开发，内容新颖、逻辑清晰、体系完整，教学资源丰富。全书共 8 个项目，包括初识客户关系管理、分析客户价值、服务电话客户、服务网络客户、让客户满意、培育忠诚客户、分析客户数据、实施 CRM 项目。

本书可作为五年制电子商务类专业以及各类职业院校电子商务、市场营销、物流管理等专业的教材，也可作为客户管理、客户服务、营销等岗位的培训教材。

为便于教学，本书配套有电子课件等资源，选用本书作为教材的教师可来电（010-88379194）索取，或登录机械工业出版社教育服务网（www.cmpedu.com）免费注册后下载。本书还配有微课视频，读者可扫描二维码观看。

图书在版编目（CIP）数据

客户关系管理应用/顾明主编．—3 版．—北京：机械工业出版社，2019.10（2025.1 重印）
“十二五”职业教育国家规划教材
ISBN 978-7-111-63940-4

Ⅰ．①客…　Ⅱ．①顾…　Ⅲ．①企业管理—供销管理—高等职业教育—教材
Ⅳ．①F274

中国版本图书馆 CIP 数据核字（2019）第 214757 号

机械工业出版社（北京市百万庄大街 22 号　邮政编码 100037）
策划编辑：梁　伟　　责任编辑：梁　伟　李绍坤
责任校对：张晓蓉　　封面设计：鞠　杨
责任印制：单爱军

保定市中画美凯印刷有限公司印刷

2025 年 1 月第 3 版第 16 次印刷
184mm×260mm・15 印张・365 千字
标准书号：ISBN 978-7-111-63940-4
定价：46.00 元

电话服务　　网络服务
客服电话：010-88361066　　机 工 官 网：www.cmpbook.com
010-88379833　　机 工 官 博：weibo.com/cmp1952
010-68326294　　金 书 网：www.golden-book.com

机工教育服务网：www.cmpedu.com

关于“十四五”职业教育
国家规划教材的出版说明

为贯彻落实《中共中央关于认真学习宣传贯彻党的二十大精神的决定》《习近平新时代中国特色社会主义思想进课程教材指南》《职业院校教材管理办法》等文件精神，机械工业出版社与教材编写团队一道，认真执行思政内容进教材、进课堂、进头脑要求，尊重教育规律，遵循学科特点，对教材内容进行了更新，着力落实以下要求：

1. 提升教材铸魂育人功能，培育、践行社会主义核心价值观，教育引导学生树立共产主义远大理想和中国特色社会主义共同理想，坚定“四个自信”，厚植爱国主义情怀，把爱国情、强国志、报国行自觉融入建设社会主义现代化强国、实现中华民族伟大复兴的奋斗之中。同时，弘扬中华优秀传统文化，深入开展宪法法治教育。

2. 注重科学思维方法训练和科学伦理教育，培养学生探索未知、追求真理、勇攀科学高峰的责任感和使命感；强化学生工程伦理教育，培养学生精益求精的大国工匠精神，激发学生科技报国的家国情怀和使命担当。加快构建中国特色哲学社会科学学科体系、学术体系、话语体系。帮助学生了解相关专业和行业领域的国家战略、法律法规和相关政策，引导学生深入社会实践、关注现实问题，培育学生经世济民、诚信服务、德法兼修的职业素养。

3. 教育引导学生深刻理解并自觉实践各行业的职业精神、职业规范，增强职业责任感，培养遵纪守法、爱岗敬业、无私奉献、诚实守信、公道办事、开拓创新的职业品格和行为习惯。

在此基础上，及时更新教材知识内容，体现产业发展的新技术、新工艺、新规范、新标准。加强教材数字化建设，丰富配套资源，形成可听、可视、可练、可互动的融媒体教材。

教材建设需要各方的共同努力，也欢迎相关教材使用院校的师生及时反馈意见和建议，我们将认真组织力量进行研究，在后续重印及再版时吸纳改进，不断推动高质量教材出版。

机械工业出版社

第3版前言

本书自2011年出版以来，被全国多所职业院校选为客户关系管理课程教材。为贯彻党的二十大提出的“实施科教兴国战略，强化现代化建设人才支撑”，编者结合最新《高等职业学校专业教学标准》、“1+X”相关职业技能等级标准的要求，对本书进行了修订。

根据近年来客户关系管理理论和实践的最新发展，修订过程中采用新的资料数据替代过时的资料数据；重新编写了项目1的任务3、项目7的任务1、项目8等内容；使用二维码拓展学习资源；增强实战性，改写一些实训，以利于学生自主探究学习；每个项目后增加了练习题。

修订后的教材主要有以下特点：

1）将优秀理论融入教材。本书有机融入习近平新时代中国特色社会主义思想、社会主义核心价值观、中华优秀传统文化、职业理想和职业道德等内容。结合企业客户关系管理工作的特点，注重弘扬诚信文化、渗透双碳战略、推动绿色发展等，充分展示客户关系管理的课程特色。

2）“校企合作”双元开发，国内多家行业标杆企业的优秀专家与多所院校的骨干教师共同合作。在前面与企业合作开发教材累积的经验基础上，根据《国家职业教育改革实施方案》的精神要求，通过大量的企业调研，最终选择了对职业教育富有情怀的客户关系管理领域的标杆企业，如江苏京东信息技术有限公司、杭州朗和科技有限公司（网易七鱼）、北京易动纷享科技有限责任公司（纷享销客），企业专家不仅积极参与教材体系构建、内容选取等方面的研讨，提供生动、新鲜的典型案例，而且承担一些项目、任务的编写，真正实现校企深度合作开发教材，使得本书在反映客户关系管理实践方面上了一个新台阶。

3）教学资源丰富。构建以纸质教材引导的立体化教学资源，以适应学生移动学习、碎片化学习、互动交流的需要。在书中使用二维码技术，通过二维码解决纸质教材更新周期长与近年来客户关系管理理论、实践发展较快之间的矛盾，将客户关系管理的新知识、新技能、新观念及时动态呈现。CRM公司专门为本书读者开通长达4个月的CRM软件免费使用权限，选用本书的院校无须建设CRM模拟实训室，即可体验真实版CRM软件的操作。

本书由江苏财会职业学院顾明教授主编，江苏京东信息技术有限公司校企合作部总经理杨程、江苏联合职业技术学院镇江分院董楚江担任副主编。修订分工如下：顾明修订项目1、2、7，顾明和江苏联合职业技术学院常州刘国钧分院蒋卉共同修订项目3、4，杨程、董楚江共同修订项目5、6，纷享销客品牌总监孟德鹏修订项目8，网易七鱼高级市场经理罗诗然参与项目1的修订。在本书修订过程中，江苏京东信息技术有限公司高级客服专家马骏驰和张金虎、纷享销客资深项目顾问张晶瑞、江苏天马网络科技集团有限公司在多方面给予大力支持，在此一并表示深深的谢意。也借此机会，再次感谢广大读者多年来对本书的支持和厚爱，也希望广大读者给予一如既往的关心和帮助。

由于编者水平有限，书中不妥之处在所难免，恳请读者批评指正。

编　者

第2版前言

本书是按照教育部《关于开展“十二五”职业教育国家规划教材选题立项工作的通知》，经过出版社初评、申报，由教育部专家组评审确定的“十二五”职业教育国家规划教材，是根据《教育部关于“十二五”职业教育教材建设的若干意见》及教育部新颁布的《高等职业学校专业教学标准（试行）》，同时参考助理电子商务师国家职业资格标准，在第1版的基础上修订而成的。

本书主要介绍了客户管理的理论知识，以及相关软件的操作。本书编写过程中力求案例选用恰当、实训易于操作的特色。本书编写模式新颖，在修订过程中保留了第1版的项目结构和编写体例，在注重CRM软件操作、教材与学材相统一的基础上，进一步重新整理了部分任务的完成步骤，更新、补充了一些案例和资料，完善了部分实训设计，应本书第1版用户的反馈意见修订时新增了思考题。为适应快速发展的电子商务对经济发展、社会生活、课程教学等方面带来的越来越多的影响，第2版选用与电子商务相关的案例和资料比第1版大幅增加。

本书在内容处理上主要有以下几点说明：①教学方法以采用项目教学法和案例教学法为主，注重每项工作任务的能力训练；②教学时数建议为68学时；③教学评价要坚持结果评价和过程评价相结合，定量评价和定性评价相结合，教师评价和学生自评、互评相结合，突出阶段评价、目标评价、理论与实践一体化评价。

全书共8个项目，由江苏联合职业技术学院连云港财经分院顾明主编。具体分工如下：江苏联合职业技术学院连云港财经分院顾明编写项目1、2、6、7；江苏联合职业技术学院连云港财经分院马晓伟编写项目3、5；江苏联合职业技术学院常州刘国钧分院潘丽娜编写项目4；江苏联合职业技术学院连云港财经分院唐滔编写项目8。由江苏联合职业技术学院汪兆林，江苏商贸职业学院汪志祥主审。编写过程中，编者参阅了国内外出版的有关教材和资料，得到了成都市“任我行”软件发展有限责任公司王敬磊经理的有益指导，在此一并表示衷心感谢！

由于编者水平有限，书中不妥之处在所难免，恳请读者批评指正。

编　者

第1版前言

在美国加特纳集团（Gartner Group）于20世纪90年代提出客户关系管理（CRM）的概念之前，尽管没有完整的客户关系管理理论的指导，但国内外早已有了客户关系管理的实践活动，不过这些实践活动对经营者乃至整个社会的影响较小。进入21世纪，随着经济全球化的深入、电子商务的飞速扩展、客户商业行为的巨变，企业之间的竞争达到从未有过的激烈程度，这一切促使企业竞争的焦点由价格、产品、技术转变为客户。客户成为企业最重要的资源，开发新客户、留住老客户、锁定大客户成为企业的共识，这使得客户关系管理得到广泛的关注。而信息技术的应用与发展，不仅为客户关系管理的应用提供了技术支持，同时也大大地促进了客户关系管理的普及与提升。基于以上的经济社会环境及趋势明确的发展进程，客户关系管理成为电子商务、市场营销、国际贸易等经济类专业的核心课程，为此，我们组织编写了这本《客户关系管理应用》。

本书主要有以下特点：

1）注重CRM软件操作应用。既有CRM模拟教学软件的应用，也有企业实际工作中使用的CRM应用软件的实战训练，同时还安排了企业使用软件的最新方式——在线租用CRM软件的操作应用。

2）内容新颖。随着网络客户的迅猛增加，为了适应企业对网络客服人才不断增长的旺盛需求，本书把服务网络客户作为一个重点项目详细介绍。

3）编写体例反映教改要求。本书是在分析客户关系管理岗位群的典型工作任务的基础上，采用职业应用项目化教材的编写体例，本书共设计了8个项目，每个项目包含若干任务，每个任务采用任务要点、任务情境、任务分析、任务实施、触类旁通、案例分析的编排方式，重点介绍完成任务的操作步骤和技巧。

4）教材与学材的统一。本书设计了26个案例分析、16个实训课题，教师可以结合所在学校条件、学生特点灵活设计课程教学。本书编写力求符合职业院校学生的心理特点和认知规律，按照由易到难、由简单到复杂、由单项到综合循序渐进的原则安排学习内容，希望这本书能够成为一本好的学材，帮助学生自主学习、探索学习、拓展学习客户关系管理。

本书的8个项目包括：初识CRM、分析客户价值、服务电话客户、服务网络客户、让客户满意、培育忠诚客户、分析客户数据、实施CRM项目。

本书由顾明主编，并负责整体策划和统稿。穆欣、谷秀凤担任副主编。编写分工如下：项目1、2、7由顾明编写；项目3由马晓伟编写；项目4由潘丽娜编写；项目5、6由穆欣编写；项目8由谷秀凤、穆欣编写。本书由汪志祥主审。

在编写本书的过程中，上海腾维呼叫中心的王磊经理、成都任我行软件股份有限公司华东大区给予了大力支持，在此表示感谢。

由于编者水平有限，书中难免有不妥之处，恳请批评指正。

编　者

二维码索引

目　　录

项目 1

初识客户关系管理

对企业来说，客户关系管理（Customer Relationship Management，CRM）是一个既古老又充满新意的话题。作为古老的话题，是因为自人类有商务活动以来，客户关系就一直是商务活动的一个核心问题，也是商务活动成功与否的关键之一。作为充满新意的话题，是因为这是一个客户至上的时代，对企业来说，客户关系是现代企业商务活动的巨大信息资源，企业所有商务活动所需要的信息几乎都来自客户关系管理。同时，随着市场竞争的不断升级，客户关系管理已经成为企业信息技术和管理技术的核心。

扫码看视频

学习提示

学习目标：

- 知识目标：了解手工条件下客户关系管理的不足，了解在线客户关系管理的优势；掌握客户关系管理的内涵，掌握CRM软件的主要功能。
- 能力目标：能够使用网络百科学习新知识，能够操作网易七鱼客户管理系统。
- 素质目标：培养强烈的集体荣誉感、客户至上的服务理念。

本项目重点：

- 客户关系管理的内涵、客户管理系统的操作。

本项目难点：

- 正确理解客户关系管理的内涵。

任务1　探寻身边的客户关系管理

任务要点

关 键 词：客户、客户关系管理（CRM）、百度百科

理论要点：客户关系管理的概念，手工条件下客户关系管理的不足

实践要点：运用网络百科学习新知识，了解手工条件下客户关系管理的不足

任务情境

学校9月份安排小强所在的班级开始顶岗锻炼，小强在网上浏览相关实习信息，发现客户关系管理软件在企业管理类软件中销售前景较好，尽管对客户关系管理不熟悉，但小强很喜欢富有挑战性的工作。同时，小强学习新知识的方式已经非常网络化，他决定先通过百度搜索引擎来了解客户关系管理。

任务分析

过去，人们习惯于用海洋来比喻知识的浩瀚，事实上，在信息时代用海洋比喻无限的知识是远远不够的，知识是无限的，海洋、地球这些有限的空间是无法描述信息爆炸所产生的知识总量的。随着互联网的不断发展、广泛应用，人们了解未知世界，学习新知识的方式、途径也已经大大拓展，网络成为人们学习、工作、生活的重要信息渠道。

百度搜索简单方便，知名度高，但百度默认的搜索是网页搜索，为了节约时间，寻找定义性信息最好的方法是直接登录百度百科，然后进行相关搜索。为了确保搜索信息的准确可靠，可以利用其他的网络百科，如维基百科、互动百科等对相关信息进行验证。同样，在使用百度的其他搜索产品时，也可以用搜狗等搜索引擎来验证信息的可靠性。

与使用CRM软件进行客户关系管理相比，手工条件下的客户关系管理更贴近生活、更容易理解，当然，手工条件下的客户关系管理也存在一些不足。

任务实施

步骤一　百度客户关系管理

1）打开浏览器，登录百度百科，如图1-1所示。

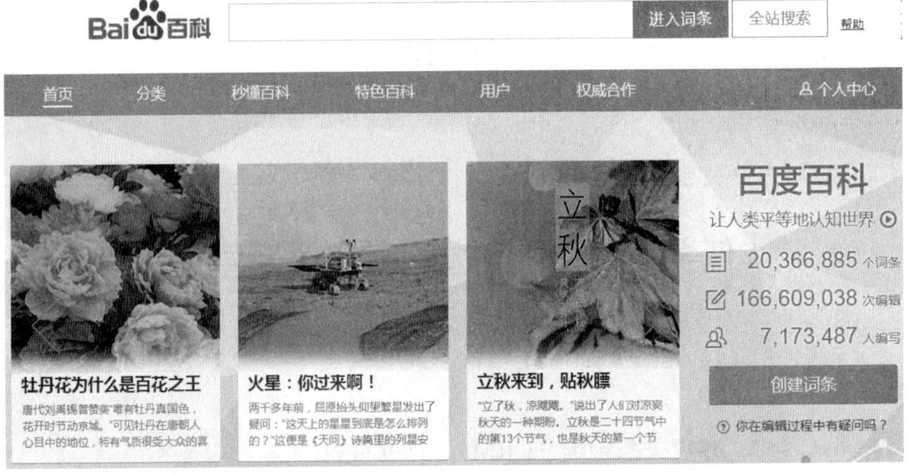

图1-1　百度百科首页

小链接 1-1

《大不列颠百科全书》VS 百度百科

享有盛誉的《大不列颠百科全书》迄今已有200多年的历史，收录了8万多个条目，而百度百科于2006年上线，截至2019年5月已经收录了近1600万个词条，几乎涵盖了所有已知的知识领域。

百度百科是一部内容开放、自由的网络百科全书，旨在创造一个涵盖所有领域、服务所有互联网用户的中文知识性百科全书。百度百科本着平等、协作、分享、自由的互联网精神，提倡网络面前人人平等，所有人共同协作编写百科全书，让知识在一定的技术规则和文化脉络下得以不断组合和拓展。为用户提供一个创造性的网络平台，强调用户的参与和奉献精神，充分调动互联网所有用户的力量，汇聚上亿用户的智慧，积极进行交流和分享，同时实现与搜索引擎的完美结合，从不同的层次满足用户对信息的需求。

2）在搜索框内输入客户关系管理，按<Enter>键，或者单击搜索框右侧的“进入词条”按钮，就可以得到最符合查询要求的网页内容，如图1-2所示。

图1-2　客户关系管理词条

小链接 1-2

思考：还有其他途径可以找到百度百科“客户关系管理”词条吗？

3）客户关系管理的概念。最早提出客户关系管理概念的是美国的加特纳集团（Gartner Group）。我国于1999年引入这一概念。2004年客户关系管理被评为全球五大最佳管理工具之一。

不同企业、机构、学者在不同阶段对客户关系管理作出不同的解释。加特纳集团认为客户关系管理就是为企业提供全方位的管理视角，赋予企业更完善的客户交流能力，最大化客户的收益率。结合多方面的诠释，可以认为客户关系管理是以现代信息技术为手段，结合先进的经营理念和管理思想，通过对以客户为中心的业务流程重新组合和设计来提高客户的忠诚度，与客户建立长期稳定和相互信任的密切关系，从而为企业吸引新客户、维系老客户、提高效益和竞争优势的过程。

小链接 1-3

2018 中国最佳客户联络中心与 CRM 获奖榜单（部分名单）

1. **2018 年度中国最佳客户联络中心奖——客户服务**

中移在线重庆分公司，美的集团用户交互中心，小红书——行吟信息科技公司

2. **2018 中国最佳客户联络中心——在线服务奖**

中国民生银行信用卡中心

3. **2018 中国最佳客户体验奖**

上汽大众客服中心

4. **2018 中国最佳客户俱乐部大奖**

雀巢婴儿营养事业部

5. **2018 中国最佳客户关系管理奖**

汤臣倍健药业有限公司

6. **2018 中国最佳客户联络中心技术解决方案奖**

阿里巴巴集团客户体验事业群

7. **2018 中国最佳客户联络中心管理人奖**

携程旅行网机票服务部总监 秦爱玉

8. **2018 中国客户服务杰出贡献奖**

快钱支付清算信息有限公司助理副总裁 葛汝勇

步骤二 了解手工条件下的客户关系管理

朴素的客户关系管理思想在我国经济文化发展史上由来已久，在企业的生产经营过程中，利用卡片、记事簿、号码本等形式，收集、整理、使用客户资料，这样的客户关系管理实践早在20世纪90年代美国加特纳集团提出客户关系管理概念之前就已开始。通过以下两个故事可以进一步了解手工条件下的客户关系管理。

第一个故事讲的是老字号内联升。北京内联升鞋业有限公司（以下简称内联升）名扬天下，连毛泽东、周恩来、朱德等国家领导人生前也非常喜欢内联升的千层底布鞋。我国著名诗人郭沫若先生还特意写诗赞扬内联升：

凭谁踏破天险，助尔攀登高峰。
志向务求克己，事成不以为功。
新知虽勤摩挲，旧伴每付消融。
化作纸浆造纸，升华变幻无穷。

“头戴马聚源，身穿瑞蚨祥，脚蹬内联升，腰缠四大恒”的顺口溜也曾风靡北京的大街小巷。

一个小小的鞋厂为何有如此大的名气呢？

其实这都源于内联升的创始人赵廷。赵廷十几岁起就在鞋铺当学徒，学了一手好活计。出师后，在一位官员的帮助下开办了自己的鞋店，并取名“内联升”，其中“内”指皇宫大内，“联升”指穿上他做的千层底布鞋就会连升三级，准确地把客户群定位为朝廷官员。

有一次，一位在朝做官的人派仆人来鞋店买鞋，因为他的脚型与常人不一样，所以店内没有适合他的鞋子。赵廷便向仆人要了鞋样，用了一天的功夫做了一双鞋并亲自送到府里。

这位有权势的人看到鞋后非常满意。

事后，赵廷想：我为什么不把这些人所需要的型号和特点记下来呢？于是便自编了一本叫《履中备载》的书。书中，他把所有来店里做过鞋的官员的鞋号尺码等相关信息都记了下来，这样就省去了每次到官员家量尺寸、画脚型的麻烦。官员们只要派人告诉他要什么材料的鞋、要几双，赵廷就可以根据店里的记录为官员做鞋了。再加上赵廷所做的鞋料好、手工精细、穿着舒服，因此深受朝廷大小官员的喜爱。同时，内联升店名所包含的“恭贺大人高升”的吉利寓意也招人喜欢。久而久之，内联升“不见人、不量尺寸，就能做出可心可脚的鞋”的名声便逐渐传开。

清朝灭亡后，内联升的招牌在北京城依然响亮如故。据说，《履中备载》中还有毛泽东、周恩来、朱德等当时国家领导人及演艺界名人的鞋号资料。

小链接 1-4

思考：你身边有采用类似内联升做法的商家吗？

仔细品味内联升的故事，不禁令人感慨万千，一个能周到地为他人着想的鞋店，生意怎能不兴隆呢？在企业规模小的时候，能够凭借大脑的记忆力或者记事簿记住客户需求的相关信息，但随着企业的发展，规模的扩大，客户和企业员工数量的增多，采用手工方式进行客户关系管理已经显得力不从心。

另一个故事讲的是潍坊东方钢管有限公司。这家企业是 WTO 美国钢材反倾销案胜诉企业，它的产品之一是高速路护栏。在实施“任我行统一管理模式”之前，企业管理人员对终端客户的了解靠的是电话、口头汇报，对很多情况都不是特别清楚，这些资料大多掌控在终端销售人员的脑中，有些资料甚至终端销售人员也无法掌握。该企业在实施“任我行统一管理模式”之后，企业管理人员可以随时随地发号施令，随时随地针对各种业务汇报进行直接沟通，可以针对每个终端销售人员的周报、日报进行查阅和批复。

步骤三 分析手工条件下客户关系管理的不足

手工条件下客户关系管理效率低下、客户满意度不高、回头客少、守业难、风险高。该条件下的客户关系管理常见问题可以从企业对新客户的服务、企业对老客户的服务、企业管理人员对全局的把握这 3 个方面进行分析。

1. 企业对新客户的服务

多人接听同一客户的电话回答却不一致，比如要什么产品、报什么价格、都发生了哪些交往、关键点在哪里、如何突破等，甚至由于前后不一致把客户气跑。

客户服务的最新进展除了汇报之外就无从知晓。

该联系的客户却忘了联系，白白让客户流失。

交给员工联系的重要客户该员工却没联系，而企业管理人员自己也不知情。

不知道哪些是大客户。

不知道哪些是重点客户。

不知道哪些是快成交的客户。

不知道销售人员每天和客户的交往结果是什么。

2．企业对老客户的服务

没有客户的完整资料，想了解一个客户的详细情况最多只能查到一个企业名称，连对方的联系人都找不到，更不用说曾经的消费记录。

客户满意度很低，无法让老客户形成持续购买的能力。

老客户来电，得到的回答和新客户一样，还傻乎乎地问“贵姓”“您买的什么产品”“什么时候买的”等，导致客户满意度低。

很想知道老客户在之前的交易中都购买了什么产品、价格是多少、购买时间、服务是否到期、做了哪些服务、老客户的关心点在哪里、销售周期如何等。

3．企业管理人员对全局的把握

不能精准地知道企业的目标客户群。

不清楚有多少家客户。

不知道流失了多少客户。

想打电话找客户却无电话可打。

参加很多营销活动（如展会），搜集了很多客户资料，却不知道客户资料跑哪里去了，白费工夫。

很想让业务员将手上的客户资料全部留在企业，但无法实施。

由于人员更替，各种合作伙伴的联系人和联系方式现在已无法找到。

不清楚业务员到底有多少在联系中的客户。

不知道重点客户在哪里？更不知道如何和他们展开交易。

业务员不愿意把客户资料交给企业，并在离职后将不管是意向客户还是成交客户的相关资料都通通带走，而企业也没有进行制止。

以上就是在手工条件下客户关系管理存在的 3 个方面的问题，在后面的“任务 2”中将详细介绍如何解决这 3 个方面的问题。

触类旁通

1．客户关系的内涵

客户是相对于提供产品或服务的企业而言的，是所有接受产品或服务的个人和组织的统称，可以是个人消费者，也可以是企业、行政事业单位等组织。

关系是指人与人之间、人与事物之间、事物与事物之间的相互联系。客户关系是企业与客户之间的相互联系。企业与客户的关系在本质上属于人与人之间的关系。但是，客户关系又不同于一般的“人际关系”，客户关系不能是“务虚”的，也不是可以简单地通过“请客”“送礼”“赔笑脸”“走后门”“搞关系”就能够实现的。客户关系必须是“务实”的，必须是建立在坚实的利益基础上的，能够为客户创造价值的。

关于客户与企业的关系，可以从以下几个方面来理解。

（1）客户关系长度

客户关系长度就是指企业维持与客户关系的时间的长短，通常用客户关系生命周期来表示，即企业与客户关系从建立到终止的时段，一般分为考察期、形成期、稳定期、衰退期。

客户关系生命周期主要针对现有客户而言，要延长客户关系可通过提高客户满意度、挽留有价值客户、减少客户流失等来提高客户关系生命周期平均长度，发展与客户的长期关系。

（2）客户关系深度

客户关系深度就是指企业与客户双方关系的质量。衡量客户关系深度的指标通常有重复购买收入、交叉销售收入、增量销售收入、客户口碑与推荐消费等。

（3）客户关系广度

客户关系广度就是指拥有客户关系的数量，既包括获取新客户的数量，又包括保留老客户的数量，还包括重新获得的已流失客户的数量。

2. 客户关系的分类

根据不同的标准，客户关系可划分为不同的类型。菲利普·科特勒把企业与客户的关系按不同水平和程度划分为5类，见表1-1。

表1-1 客户关系的类型

类 型	特 征 描 述
基本型	销售人员把产品销售出去后就不再与客户接触
被动型	销售人员把产品销售出去，同意或鼓励客户在遇到问题或有意见时联系企业
负责型	产品销售完成后，企业及时联系客户，询问产品是否符合客户的要求，有何缺陷或不妥，有何意见或建议，以帮助企业不断改进产品，使之更加符合客户的需求
能动型	销售完成后，企业不断联系客户，提供有关改进产品的建议和新产品的信息
伙伴型	企业不断和客户共同努力，帮助客户解决问题，支持客户的成功，实现共同发展

3. 客户关系管理岗位、能力介绍（见表1-2）

表1-2 客户关系管理岗位、能力介绍

岗 位	对 应 能 力
客户关系管理专员	能应用CRM技术进行客户关系管理、机会管理、客户价值分析与管理
售前支持专员	能应用CRM技术进行市场分析、有效沟通处理及销售业务支持
客户服务专员	能应用CRM技术进行客户服务管理与投诉管理，维持与客户的正常关系
市场信息处理专员	能应用CRM技术进行客户信息录入、查询、报表管理，能进行企业样品的信息库维护
呼叫中心坐席	能应用CRM的呼叫中心（Call Center）技术，加强与客户的有效沟通

案例分析

【案例1-1】

两百位教授、老板排队指名的运将

“要坐我的车，至少必须提前一个星期预定。”周春明摊开他密密麻麻的日程表开心地说。在三月底采访时，他的预约已经排到五月。当其他出租车司机还在路上茫然寻找下一个客人时，他烦恼的却是挪不出时间照顾老客户。

交出亮眼成绩：工时少两小时，收入多一倍。

周春明开的是一辆车龄已经三年半的福特，内饰已有些陈旧，比不上那些配备GPS、液晶电视的同行。华卫车队总经理吴忆建估计，一般的个人出租车，每天开至少十二小时，一个月平均做六万元生意。但是没有华丽的配备，每天工作八到十小时的周春明，去年最高月份拉活超过十二万，全年约赚八十五万。同样一部车，他硬是用更短的时间创造出别人两倍的收入。

锁定长途商务客：不转嫁成本，贴心赢得生意。

周春明做的第一件和别人不同的事是不计成本做长距离载客服务。对一般出租车来说，载客人到新竹、台中等地要冒开空车回来的风险，等于跑两趟赚一趟的钱，于是约定俗成地将回程成本转嫁给客户，计价跳表比普通短距离服务高50%。但周春明观察到，这群会叫出租车跑长距离路程的客人才是含金量最高的商务旅客，为了稳住他们，周春明只加价17%。

周春明认为："计较，就是贫穷的开始。"表面上，他每趟收入比同行低，但因此赢得了客户的好感与信任，渐渐地他开始接到许多长途订单。在他开车的第四年，从科学园区载到一个企管顾问公司的经理对方被他贴心的服务打动，把接送企管顾问公司讲师到外县市的长途生意全包给他。他因此打开一条关键性的长途客源。那年起，周春明的客户由街头散客逐渐转为可预期的长途商务客。翻开他的出车记录，当时一年只能出一百趟长途车，但今年预计可达八百趟。更大的意义是，他开辟出大量的可预期旅程客户，不再是街头漫无目的等待乘客的出租车司机，空车率大为降低。

在周春明的长途商务客中，有企管顾问公司的讲师、各大学的知名教授、资深企业人士等。周春明每天接送这群人，同时也在吸收这群精英的观念。随着长时间的耳濡目染，周春明自己整理出了一套管理出租车生意的标准作业程序和客户关系管理的方法。这都要归功于曾经有客户告诉他，"新手在乎价格、老手在乎价值，只有高手懂得用文化创造长久的竞争力。"

了解顾客喜好：从早餐到聊天话题都客制化。

周春明说，每个客人上车前，他都要先了解"他是谁""关心的是什么"等问题。如果约好某天早上五点载某位陌生的讲师到桃园机场，他前一天就会跟企管顾问公司的业务人员打听这位客人的专长、个性，甚至将早餐、喜好都会问清楚。隔天早上，他会穿着西装，提早十分钟在楼下等客人，然后像随从一样扶着车顶协助客人上车，并且车后座保温袋里已放好自掏腰包买来的早餐。

除了准备工作，周春明连开口跟客人讲话的方式都有讲究。如果是陌生的客人，他不会随便搭讪，会等客人用完餐后才会问对方是要小睡一下、听音乐还是聊天。"从他的选择，就能看出他今天心情如何"。如果对方选择聊天，周春明就会按照事前准备，端出跟客人专长相关的有趣话题。但是他认为政治、宗教和其他客人的业务机密等内容是谈话的禁区，会主动避开。

除了这些，周春明甚至连机场送机该如何送行都有标准做法，他告诉记者"不能说再见，要说一路顺风。"如果是送老师到外县市讲课，当顾客一上车，也少不了当地名产和润喉的金桔柠檬茶，这些都是周春明自掏腰包准备的。周春明强调："差异化，就是把服务做到一百零一分，要做到客户自己都想不到的服务，才拿得到那多出的一分。"

周春明还有一本顾客关系管理的秘籍，里面详载了所有熟客的喜好，光是早餐的饮料就有十种之多，比如哪些人要茶、哪些人要无糖可乐，如果要咖啡，要几包糖、几包奶精等问题都要精确。曾帮金融业指导礼仪的严心镛记得，第一次坐周春明的车，下车时，周春明问他，为什么不用他准备的米汉堡和咖啡。严心镛说，他只吃中式早餐，从此以后，只要严心镛早上坐周春明的车，车上一定放着一套热腾腾的烧饼油条。透过系统的管理，每个客户爱听什么音乐，爱吃什么小吃，关心什么新闻等，只要坐上周春明的车，他都尽力为其提供量身服务，就像是客户专属的私人司机一般。严心镛还补充道："一般租车公司无法提供这样的客制化服务。"

请思考：周春明成功的秘诀在哪里？

任务 2 接触现代客户关系管理

任务要点

关 键 词：软件系统、管理理念、在线客户关系管理

理论要点：客户关系管理既是软件系统，也是商业模式、管理理念

实践要点：掌握在线客户关系管理的优势

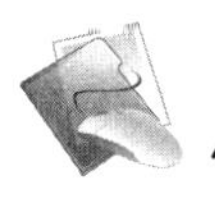

任务情境

小强经过网上的搜索学习，认识到现代企业正在迎来一个真正个性化、一对一的以客户为中心的时代，CRM 将保证企业根据市场竞争适时调整战略，建立产品或技术竞争优势，培养良好、稳定、长期的客户关系，赢得佳绩；现代企业只有通过全面改革，推进 CRM 实施应用，才能具备在网络经济和电子商务环境下应对变化、不断创新、进取超越的核心竞争力。

小强经过努力成功应聘为一家以 CRM 软件业务为主的管理软件公司的业务员，接受为期一周的岗前培训。通过培训，小强对客户关系管理有了全面的理解，并对 CRM 软件的最新发展趋势有了一定的了解。

任务分析

正确理解客户关系管理是从事 CRM 相关工作的基础，尽管人们对客户关系管理的理解有很多不同，但这些理解基本上可以归为 3 个方面：客户关系管理是一套客户关系管理软件系统，同时也是商业模式和管理理念。随着网络技术的发展以及在线 CRM 系统的推出，企业只要花费相对便宜的租借费用就可以轻松地开展客户关系管理业务。

任务实施

步骤一 把客户关系管理理解为一套客户关系管理软件系统

客户关系管理是企业围绕客户价值创造，不断改进与客户关系相关的全部业务流程，

在整合企业资源、实时响应客户、最终实现电子化和自动化运营目标的过程中发明或使用的先进技术（软硬件）、管理制度与解决方案等的总和。这主要是从IT技术和解决方案的层面对CRM进行的解释。

CRM作为一个IT（信息技术）产业术语，在不同的场合有不同的解释。它可能是一个应用软件系统，如通常IT界所称的运用信息技术对企业业务分析流程自动化的软件系统，其中涉及销售、市场营销、客户服务以及支持应用等软件，如图1-3所示；也可能是所体现的技术方法的统称，代表可用于帮助企业管理客户关系的一系列信息技术或手段，例如，建立能够精确描绘客户关系的数据库，实现客户信息的集成，综合各类客户接触点的电话中心或联络中心等。但是，一个整合的CRM系统或产品必须包含所有的客户接触点管理，同时应当集成销售、市场营销、客户服务、技术支持、数据库、电话中心和客户智能分析等功能模块。同时，CRM必须与企业电子商务在资源运用和价值实现过程中进行融合，因为协调基于CRM的电子商务业务流程越来越重要。

图1-3　百度搜索查询CRM软件情况

客户关系管理的解决方案从方法论上讲，对于大多数行业和企业而言，在以客户为中心的业务流程分析中。其主要包含的内容具有一定的共性，简称“7P”。

1）客户概况分析（Profiling），包括客户的层次、风险、爱好、习惯等。

2）客户忠诚度分析（Persistency），包括客户对某个产品或商业机构的忠实程度、持久性、变动情况等。

3）客户利润分析（Profitability），包括不同客户所消费产品的边际利润、总利润、净利润等。

4）客户性能分析（Performance），包括不同客户所消费的产品按种类、渠道、销售地点等指标划分的销售额。

5）客户预测分析（Prospecting），包括客户数量、类别等情况的未来发展趋势和争取客户的手段等。

6）客户产品分析（Product），包括产品设计、关联性、供应链等。

7）客户促销分析（Promotion），包括广告、宣传等促销活动的管理。

在 CRM 的应用系统中，具体解决方案主要集中在以下方面：业务操作管理（涉及的基本商业流程是营销自动化、销售自动化、客户服务）；客户合作管理（对客户触点的管理，如联络中心建设、电话中心建设、网站管理、渠道管理等）；数据分析管理（主要涉及为实现决策分析智能的客户数据库的建设、数据挖掘、知识库建设等工作）等。这些方案都将客户作为企业业务流程的中心，通过与企业管理信息系统的有机结合，日益丰富客户信息，并使用所获得的客户知识来满足客户的个性化需求，努力实现企业前台与后台资源的优化配置。CRM 系统在管理企业前台方面提供了收集、分析客户信息的系统，帮助企业充分利用其客户关系资源扩展新的市场和业务渠道，提高客户的满意度和企业的盈利能力；在与后台资源的结合方面，CRM 系统要求同企业资源规划（ERP）等传统企业管理方案实现有机结合，率先实现内部商业流程的自动化，提高生产效率。

CRM 在企业内部、企业与客户和业务伙伴之间建立的无缝协作能力，随着网络技术的发展将展示出更巨大的价值。从传统意义上讲，技术只是管理的辅助手段，现在信息技术已成为越来越多的企业运营管理的重要途径和工具。

步骤二 将客户关系管理理解为商业模式

客户关系管理也是企业以客户关系为重点，优化组织体系和业务流程，提高客户满意度和忠诚度，能有效提高效率和利润的业务实践——这是基于企业的管理模式或经营机制的角度对 CRM 进行的解释。

CRM 作为一种改善企业与客户之间关系的新型管理机制，实施于企业市场营销、服务、技术支持等与客户有关的业务领域，与传统的生产、销售的静态商业模式存在根本区别。企业在动态运营中要识别所有发生于企业产品或服务与客户间的直接或间接关系，洞悉从这种关系开始之初客户与企业之间进行的所有交互操作，就要建立 CRM 系统，使企业在市场竞争、销售、客户服务及支持等方面形成彼此协调的全新关系实体，形成持久的竞争优势。

CRM 的概念集中于具体的企业经营管理模式中，主要体现在市场营销、销售实现、客户服务和决策分析四大业务领域，这些都是客户与企业发生关系的重要方面。从此入手，才能保证企业的客户关系管理业务模式与其电子商务战略同步，实现资源的整合和协调、确保客户体验的一致性，达到客户和企业双赢的最佳选择。

1．市场营销

客户关系管理中的市场营销包括对传统市场营销行为和流程的优化及自动化，整个系列的商机测量、获取和管理，营销活动管理以及实时营销等。个性化和一对一成为营销的基本思路和可行做法，在最初与客户的接触中企业需要实时测量客户的需求，针对具体目标开展集中的营销活动，既符合互动的规范，又针对客户的喜好和购买习惯。实时营销的方式转变为电话、传真、网站、电子邮件（E-mail）等的集成，使客户以自己的方式、在方便的时间获得所需信息，形成更好的客户体验。在获取商机和客户需求信息后，及时与销售部门合作以激活潜在消费行为，或与相关职能人员共享信息，改进产品或服务，从速、从优满足客户的需求。

2．销售实现

客户关系管理扩展了销售的概念，从销售人员的不连续活动到涉及企业各职能部门和员工的连续进程都纳入销售实现中。销售人员及其他员工与潜在客户的互动行为、将潜在客户发展为现实客户并保持其忠诚度，是关系到企业盈利的核心工作。因此，CRM 对于销售实现是十分重要的，在具体流程中它被拓展为包括销售预测、过程管理、客户信息管理、建议产生及反馈、业务经验分析等一系列工作。

3．客户服务

客户关系管理相比传统商务模式的最明显改进之一就是把客户服务看成是最关键的业务内容，视同企业的盈利而非成本来源。企业提供的客户服务已经超出传统的客户帮助平台，成为能否保留并拓展市场的关键，只有提供更快速和周到的优质服务才能吸引和保持更多客户。客户服务必须能够积极主动地处理客户各种类型的询问、信息咨询、订单请求、订单执行情况反馈以及提供高质量的现场服务。企业客户服务中心已经超出传统电话呼叫中心的范围，向可以处理各种通信媒介的客户联络中心演变，如电子邮件、传真、网络及其他任何客户喜欢使用的方式，而且越来越多的客户通过互联网（Internet）来查询产品或提出订单，对企业提供自助服务的要求也越来越高。

4．决策分析

客户关系管理模式的另一个重要方面在于创造和具备了使客户价值最大化的决策和分析能力。首先，可以通过对客户数据的全面分析来规范客户信息，消除交流和共享的障碍，并测量客户的需求、潜在消费的优先级定位、衡量客户满意度以及评估客户带给企业的价值，提供管理报告、建议和完成各种业务的分析。其次，在统一的客户数据基础上，将所有业务应用系统融入分析环境中开展智能分析，提供标准报告的同时又可提供既定量又定性的即时分析，分析结果反馈给管理层和整个企业各职能部门，增加了信息分析的价值，更能使企业领导者权衡信息、作出全面及时的商业决策。

步骤三 对客户关系管理的理解上升到管理理念

客户关系管理还是企业在建设核心竞争力的过程中，为达到竞争制胜、快速成长的目的，树立以客户为中心的理念，并在此基础上开展包括判断、选择、争取、发展和保持客户所实施的完整的商业战略。这是对 CRM 基于企业管理的基本理念和指导思想的层面进行的定义。

CRM 作为目前全世界范围内各种企业热烈讨论的一个重要概念，体现为触及企业内所有职能部门和全部业务流程的商业理念。简要地说，在客户关系管理的理念和思想指导下，企业将着力去建立新的以客户为中心的商业模式，通过集成前台和后台资源、办公系统的整套应用支持，确保直接关系到企业利润的客户满意。企业高层和经营管理人员必须贯彻这一思想，实践这一理念，树立并领导这一商业战略。在此层面上，客户关系管理对企业的成长、发展都具有关键的影响和决定作用，而如果仅靠业务流程改进和技术应用来体现显然是远远不够的。

以前企业只注重提高运营效率，但随着网络经济和电子商务的发展，人们在大量的探索和实践中逐渐认识到，建立并维持良好的客户关系已成为获取独特竞争优势的唯一也是最重要的基础。CRM 作为经营理念、指导思想、发展战略，其重要性在以下领域得到了具体体现。

1．客户

客户关系管理首先是选择和管理客户的经营思想和业务战略，目的是实现客户长期价值的最大化。客户关系管理的实践促使企业树立新的客户观念、重新认识客户关系和客户的价值所在。也就是说，客户关系管理重新定义了企业的职能并对其业务流程进行重组，要求企业真正按照以客户为中心的理念来支持有效的营销、销售和服务过程。企业关注的焦点必须从内部运作转移到客户关系上来，通过加强与客户深入的交流，全面了解客户的需求，并不断对产品及服务进行改进和提高，以满足顾客需求的持续行为，完成向注意力集中于客户的商业模式的转变。企业的客户关系管理理念一定要反映在上至企业高层、下至每位员工的所有可能与客户发生关系的环节上，能够使他们之间充分沟通，共同围绕客户关系的中心开展工作。从更广的范围讲，客户关系管理不仅要求企业与顾客之间良好交流，也为企业与合作伙伴之间共享资源、共同协作提供了基础。而在如何帮助企业真正做到以客户为中心的解决方案中，客户关系管理创造了具备商业智能的完整 CRM 系统，可以根据不同的客户建立不同的联系，根据其特点提供服务。这充分体现了客户关系管理的核心思想和理念内涵。

2. 市场

客户关系管理要求企业的经营以客户为中心，因此在企业的市场定位、细分和价值实现中，企业都必须坚持贯彻这一理念。因为能否准确把握客户的需求以及能在多大程度上满足客户的个性化需求，决定了企业在市场上的地位以及最终收益。客户是企业真正的财富，客户资源是企业最重要的资产之一，客户满意度直接关系到企业能否获得更多利润。因而对现有客户的管理和潜在客户的开发是企业在市场上获得成功的关键。今天的企业在市场上面临着更大的竞争和不稳定性，瞄准以个性化需求的满足为特征的细分市场，企业的资产回报率才能提高。这也体现了客户关系管理的思想对于企业在市场上如何获得最佳效益的影响。

3. 业务

客户关系管理要求企业从以产品为中心的业务模式向以客户为中心的业务模式转变。这就是说，为改进企业与客户之间的关系，它将实施于企业的市场营销、销售、服务与技术支持等与客户有关的业务领域。其目标一方面是通过提供更快速和周到的优质服务吸引和保持更多的客户，扩展新的市场，并通过提供个性化的服务来提高客户的满意度、忠诚度和盈利性；另一方面则是通过对业务流程的全面管理，以降低企业的成本、缩短销售周期、增加收入。在具体业务活动中，客户关系管理的理念指导企业收集、整理和分析每一个客户的信息，号召为客户提供最合适的个性化服务，力争能把客户想要的产品或服务送到他们手中并观察和分析客户行为对企业收益的影响，从而使企业与客户的关系及企业盈利都得到最优化。

4. 技术

客户关系管理思想的重要方面之一就是如何使以客户为中心的商业运作实现自动化以及通过先进的技术平台支持来改进业务流程。因此，CRM 的理念对于企业在管理应用中的技术思路也影响巨大。首先，客户关系管理理念的实践要想在全企业范围内实现协调、信息传达和责任承担，就需要一个技术方案来实现企业新的商业策略；其次，考虑到业务流程的整合和较高的客户服务期待，不提及企业中信息技术支持和应用的状况而只考虑这些进程是不可行的；最后，当前信息技术领域的多种进步最终都汇集到一点上，即使客户关系管理的重要性和实效性不断得到加强。

步骤四 CRM 软件由买到租——在线客户关系管理

在线方式指的是通过浏览器使用软件的方式，比如免费电子邮箱、博客、网上相册等都是比较常见的在线软件，IE 浏览器、傲游浏览器、360 安全浏览器等都是不错的浏览器。同样，作为在线 CRM 也是通过浏览器方式应用的。Salesforce 在线客户管理，如图 1-4 所示。

无需硬件。无需软件。没有边界。

借助我们的应用程序以全新方式联系客户。

图 1-4　Salesforce 在线客户管理

与在线方式不同，传统方式是把软件安装在本地计算机或者本地服务器上。对于 CRM 软件来说，传统方式需要在企业内架设服务器，专门负责企业员工之间的数据集中和共享。

在线方式与传统方式相比有如下优势。

1. 使用范围广

在线方式通过互联网使用，其范围不受地域限制，也就是说在家里、在企业、出差在外甚至用手机随时随地都可使用。而传统方式则受到服务器访问的限制，如果服务器架设在内部网，则只能在企业里使用，如需在办公室之外使用，则必须把服务器架设在公网上，也就是常说的服务器托管，每台服务器的托管开支每年约 5000～10000 元。

2. 成本低

在线 CRM 每月只需要支付几百元的租用费就可以使用软件进行客户关系管理。而传统方式的成本则比较多，其中包括服务器折旧成本、软件购置费用、系统维护费用以及很容易被忽视的电费、空间占用费等，比在线方式的成本高出几倍。如果从可持续发展的层面来看，在线 CRM 每月升级，随着管理思想和软件技术的提升可以不断优化或增加功能，这种方式为用户能够一直享受到最先进的管理软件提供了保障。

3. 企业实施 CRM 项目过程简单

对于在线方式来说，实施 CRM 项目只需要 3 个步骤：①老板（Boss）用户开设其他各用户的账号。②通过视频会议方式参加培训。③开始运用。而采用传统方式实施 CRM 项目的过程则比较复杂，一般包括：①购买软件。②安装和调试服务器端程序。③开设其他用户的账号或在客户端计算机上安装程序。④连接调试。⑤培训。⑥成熟度调整。⑦开始应用。

4. 安全性高

在线 CRM 有完备的安全防护措施，让人更放心，主要表现在以下几点：①数据更安全。

使用在线 CRM，每天服务器自动进行当日增量数据备份，各地服务器异地冗灾备份，如遇到不可抗力导致服务器损毁，则可由其他城市的服务器恢复数据，让用户高枕无忧。②人为因素。在传统方式中，企业内部 CRM 系统的维护是由专门的管理员来负责，这样管理员的权限大于老板的权限，CRM 数据（特别是非常重要的商业机密数据）对于管理员来说完全透明，这就具有潜在风险。而在线 CRM 系统拥有最高权限的是老板用户，由老板用户控制 CRM 权限与设置，并提供安全配置，如数据日志、回收站保护、防止恶意删除数据等措施。③其他因素。在传统方式中，企业内部的服务器缺乏专人维护，容易受到局域网病毒甚至外网木马病毒的侵扰。而在线 CRM 的服务器享受专业服务器安全维护，并具有 SSL（安全套接层）传输加密协议以及 URL（统一资源定位符）数据安全码技术，用户可以享受更专业、更安全的服务。

目前，提供在线 CRM 服务的，国内比较知名的公司有纷享销客、网易七鱼、六度人和（EC）等。

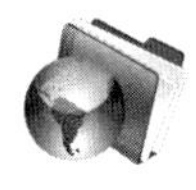

触类旁通

SaaS（Software as a Service，软件即服务，也称为软件运营）是基于互联网提供软件服务的软件应用模式。作为一种在 21 世纪开始兴起的创新的软件应用模式，SaaS 是软件科技发展的最新趋势。

SaaS 提供商为企业搭建信息化所需要的所有网络基础设施及软件、硬件运作平台，并负责所有前期的实施、后期的维护等一系列服务，企业无需购买软硬件、建设机房、招聘 IT 人员，即可通过互联网使用信息系统。就像打开自来水龙头就能用水一样，企业根据实际需要，从 SaaS 提供商租赁软件服务。

SaaS 是一种软件布局模型，其应用专为网络交付而设计，便于用户通过互联网托管、部署及接入。SaaS 应用软件的价格通常为“全包”费用，囊括了通常的应用软件许可证费、软件维护费以及技术支持费，将其统一为每个用户的月度租用费。对于广大中小企业来说，SaaS 是采用先进技术实施信息化的最好途径。但 SaaS 绝不仅仅适用于中小企业，所有规模的企业都可以从 SaaS 中获利。

据 T 媒体发布的《2019 年中国 SaaS 产业研究报告》，中国 SaaS 产业发展逐渐进入市场的稳定阶段，经历了前期云计算、移动化的广泛覆盖，SaaS 也已经不再是模糊不清的概念或商业模式，无论服务厂商还是企业用户已经对 SaaS 有更深入的了解和应用，目前已经成型且成熟的 SaaS 服务的产品接近 30 大类，这近 30 类应用构成了中国 SaaS 产业的中流砥柱。资深 SaaS CRM 实践专家——纷享销客 CEO 罗旭认为 SaaS 将走向平台化、智能化、生态化。

案例分析

【案例 1-2】

客户在披萨店订餐的过程

（××披萨店的电话铃响了，客服拿起电话。）

客服：这里是××披萨店，非常高兴为您服务！请问您有什么需要？

顾客：你好！我想订餐。

客服：先生，请把您的会员卡号告诉我。

顾客：15989×××891。

客服：周先生，您好！您住在××路44号12楼5室，您家的电话是8237××××，您单位的电话是3886××××，您的手机号是1331883××××。请问您想订什么餐？

顾客：你怎么知道我的这些信息？

客服：周先生，因为我们联机到了客户关系管理系统。

顾客：我想订一个海鲜披萨……

客服：周先生，海鲜披萨不太适合您。

顾客：为什么？

客服：根据您的医疗记录，您的血压和胆固醇都偏高。

顾客：既然这样，你们有什么可以推荐的？

客服：您可以试试我们的低脂健康披萨。

顾客：好，那我要一个家庭特大号的，需要多少钱？

客服：99元，这个足够您一家五口吃了，不过要提醒您：您的母亲应该少吃，因为她上个月刚刚做了大手术，处于恢复期，需要汤水调养。

顾客：可以刷卡吗？

客服：周先生，对不起！请您付现款，因为您的信用卡已经严重透支了，您现在还欠银行14885元，而且另外还有房屋贷款。

顾客：那我先去附近的取款机取款。

客服：周先生，根据您的记录，您已经超过今日取款限额。

顾客：算了，你们直接把披萨送我家吧，家里有现金。你们多久送到？

客服：大约10分钟。如果您自己来取会更快。

顾客：为什么？

客服：根据客户关系管理系统的全球定位系统车辆行驶自动跟踪系统记录，您正在驾驶一辆车号为××-×B35×的别克轿车，即将从我们店的门口经过……

请思考以下问题：

1）如果你是这位顾客，能够感受到客户关系管理系统的什么好处？

2）客户关系管理系统给销售带来了什么便利？

任务3　操作网易七鱼客户管理平台

任务要点

关 键 词：网易七鱼、工作台、功能

理论要点：网易七鱼免费试用系统的功能

实践要点：能熟练操作网易七鱼免费试用系统

任务情境

小强岗前培训的最后一个项目是要求他们了解竞争对手的产品。通过网上调研，小强发现大部分 CRM 软件供应商都提供网上免费试用系统的服务，如 Salesforce、纷享销客、网易七鱼。这些试用产品各有特色。最后小强决定先了解网易七鱼客户管理系统。

任务分析

网易七鱼客服平台支持桌面 PC、Web 浏览器、移动 APP 等平台登录管理，这里使用 Google 浏览器登录的方式介绍客服平台的操作方法。

使用网易七鱼免费试用系统首先要登录网易七鱼网站，注册免费试用账号，然后以免费试用账户的身份登录，接着进行相应功能的操作，免费试用期为 7 天。

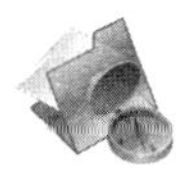

任务实施

步骤一　登录并注册网易七鱼

1）登录首页后，单击“免费试用”或者“立即试用”按钮，如图 1-5 所示。

图 1-5　网易七鱼首页

2）填写注册信息。根据提示依次填写手机号、验证码、企业名称（可以为模拟企业名称）、邮箱等信息，如图 1-6 所示。

3）注册成功。注册成功后自动生成域名，登录时需使用域名登录，如图 1-7 所示。

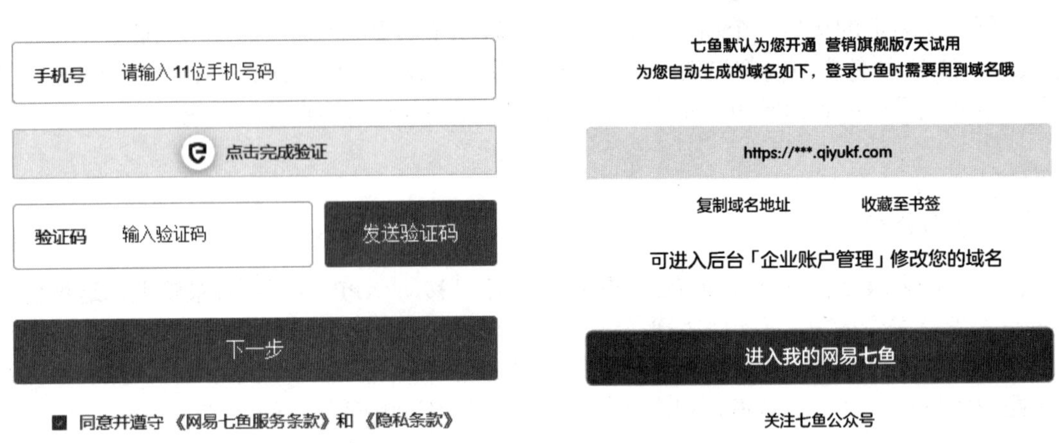

图 1-6　填写注册信息　　　　图 1-7　注册成功

步骤二　登录 Web 浏览器工作台

打开 Google 浏览器，使用注册成功自动生成的域名访问网易七鱼，输入用户名、密码登录网易七鱼工作台。

登录后有两种操作角色可供选择，一是管理模式，可以配置功能、监控数据等，但无法接待用户，二是客服模式，可以接待用户、查看基本客服数据，如图 1-8 所示。以下介绍客服模式下的相关操作。

图 1-8　网易七鱼工作台

步骤三　完成相关设置

在客服模式下可以设置头像、个人信息、会话列表排序、机器人对话、快捷回复等。

1）会话列表排序设置。可以按照 3 种规则设置会话排序展示：①按照客户的进入顺序排序；②按照客户进入会话之后的等待回复时长排序；③只要产生新消息，就会排在列表上方，无论是客服还是客户消息，如图 1-9 所示。

2）机器人对话辅助设置。开启该设置后，对于客户的咨询，如果机器人知识库里有对应的答案，则会以快捷答案的形式推荐给客服，以提高客服的工作效率，如图 1-10 所示。

3）快捷回复设置。客服可以查看公共库，编辑个人库（编辑后仅自己可见）。在线会话过程中可用关键词定位到快捷回复内容，直接发给客户，以提高客服工作效率，如图 1-11 所示。

会话列表设置

会话列表排序

● 按会话进入顺序排序(默认)

按会话等待回复时长排序

按新消息时间排序

访客等待回复计时提醒

图 1-9　会话列表排序设置

机器人对话辅助设置

在人工会话中，机器人和人工客服一起接待访客，辅助客服快速回复和准确回复买家的一种智能服务模式

开启　关闭

机器人自动回复

当前管理员设置　查看

确定

图 1-10　机器人对话辅助设置

公共库　搜索快捷回复　添加新问题　导入　导出

删除　已选中2项

快捷词	回复内容	30天使用次数	操作
#重新描述	不好意思，能麻烦您再详细解释一下吗？	0	
#很抱歉	您的心情我理解，很抱歉您遇到这样的事	0	
#您好	您好,请问有什么可以帮您？	0	

图 1-11　快捷回复设置

小链接 1-5

客户信息接入渠道

七鱼工作台支持多渠道接入客户信息，如企业官网、企业 APP、微信公众号、小程序、新浪微博等。在线接入系统流程如图 1-12 所示。

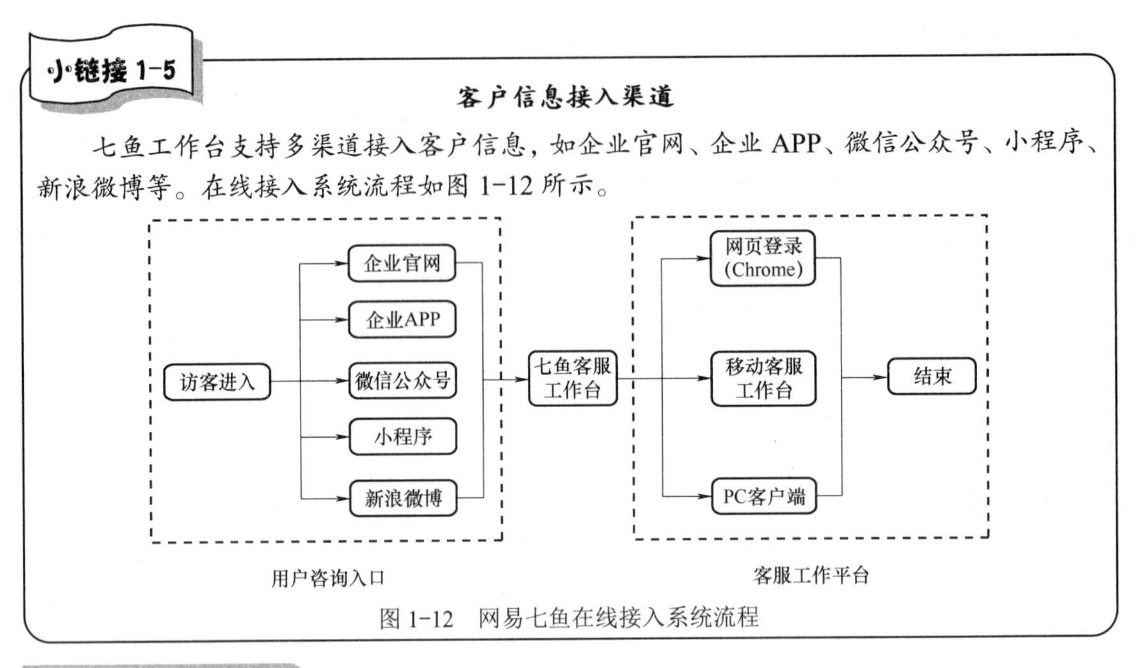

图 1-12　网易七鱼在线接入系统流程

步骤四　服务在线客户

客户通过网页、APP、微信公众号等渠道在线咨询或投诉问题都可以汇聚到七鱼客服工作台在线予以解决。其基本功能包含处理在线会话、查看历史会话、处理留言等。

1）当前会话页面。当前会话为客服与客户进行咨询解答问题的操作页面，如图 1-13 所示。在客户信息处可将用户加为黑名单用户，并可设定黑名单有效期，添加后需管理员在后台审核。

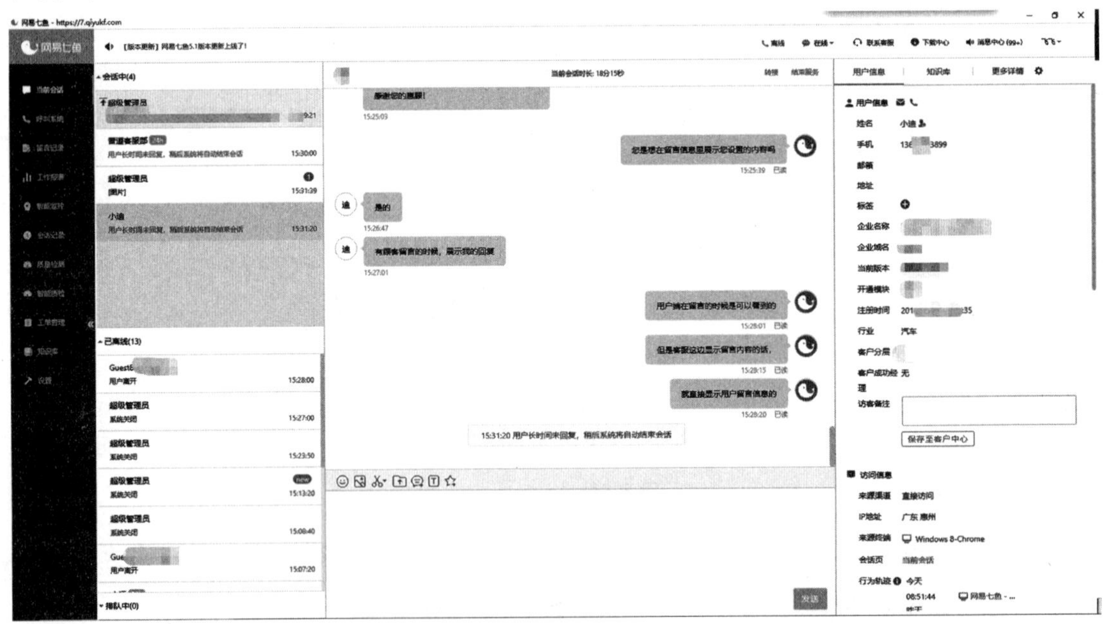

图 1-13　当前会话页面

2）历史会话列表。管理模式与客服模式均可查看，但客服模式下无法下载历史会话。七鱼支持多维度的历史会话分类查询并可勾选部分会话、批量发起会话（微信超过 48 小时限制的会话是不能发起的），如图 1-14 所示。

会话ID	用户进线时间	接待客服	用户名	会话开始时间	会话发起方	会话终止方	来源终端	用户IP地址	客服解决状态	对话回合数	满意度	报警次数
3873376296	今天 09:01		范冬妮	今天 09:01	用户	系统		北京 北京	已解决	9	未评价	0
3873376441	今天 09:02		Guest8182855179	今天 09:02	用户	用户		河北 承德	已解决	4	未评价	0
3873398045	今天 09:09		超级管理员	今天 09:09	用户	用户		江苏 南京	已解决	6	非常不满意	评价报警 非常
3873403431	今天 09:14		黄树阁	今天 09:14	用户	用户		浙江 杭州	已解决	0	未评价	0
3873407247	今天 09:16		何佳	今天 09:16	用户	系统		广东 深圳	已解决	0	未评价	0
3873413211	今天 09:17		超级管理员	今天 09:17	用户	用户		山东 青岛	已解决	4	未评价	0
3873410350	今天 09:17		Guest8183130224	今天 09:17	用户	用户		江苏 徐州	已解决	6	未评价	0
3873416690	今天 09:21		姜维维	今天 09:21	用户	系统		江苏 南京	已解决	4	未评价	0
3873410978	今天 09:22		Guest8183188928	今天 09:22	用户	用户		广东 深圳	已解决	0	未评价	0
3873427215	今天 09:22		欧阳	今天 09:22	用户	系统		广东 深圳	已解决	3	未评价	0
3873416853	今天 09:22		Guest8173414306	今天 09:22	用户	系统		浙江 杭州	已解决	2	未评价	0
3873416966	今天 09:23		朱桂霞	今天 09:23	用户	用户		上海 上海	已解决	11	非常满意	0
3873429355	今天 09:24		何朱玲G	今天 09:24	用户	用户		浙江 杭州	已解决	4	非常满意	0
3873427620	今天 09:25		余彩	今天 09:25	用户	系统		湖南 长沙	已解决	3	未评价	0
3873431683	今天 09:27		方文俊	今天 09:27	用户	用户		浙江 杭州	已解决	2	未评价	0

图 1-14　历史会话列表

步骤五　服务电话客户

七鱼云呼叫中心采用优质线路，对接好后，客服只要连接耳麦通过页面软键盘即可以实现外呼和接入，其基本功能包含呼入呼出、用手机接听用户电话、查看通话记录、处理外呼任务等。

（1）呼入

在系统服务时间内，客户呼入页面会自动弹出来电，也会有语音提示，客服可通过“接起”按键进入服务。接起后，系统页面会弹屏自动显示来电信息，包括用户号码、归属地、姓名、IVR 导航路径等。客服在未访问七鱼页面时，呼入来电会有消息浮窗提示，如图 1-15 所示。

图 1-15　呼入来电消息浮窗提示

（2）呼出

在客服模式下，可以通过顶部的状态图标打开或收起软电话键盘，支持复制号码和通过计算机键盘输入号码，也可以单击软键盘上的号码。呼出接通后，可以静音（用户听不到客服声音，客服可以听到用户声音）、暂停（客户开始听音乐）、转接（自己无法处理，可转接至某呼叫坐席代表、某客服组或第三方处理）、多方（当客服在与用户沟通的时候，遇到难以解决的问题时，可以邀请第三方参与通话，最多支持同时五方通话）、挂断，如图 1-16 所示。

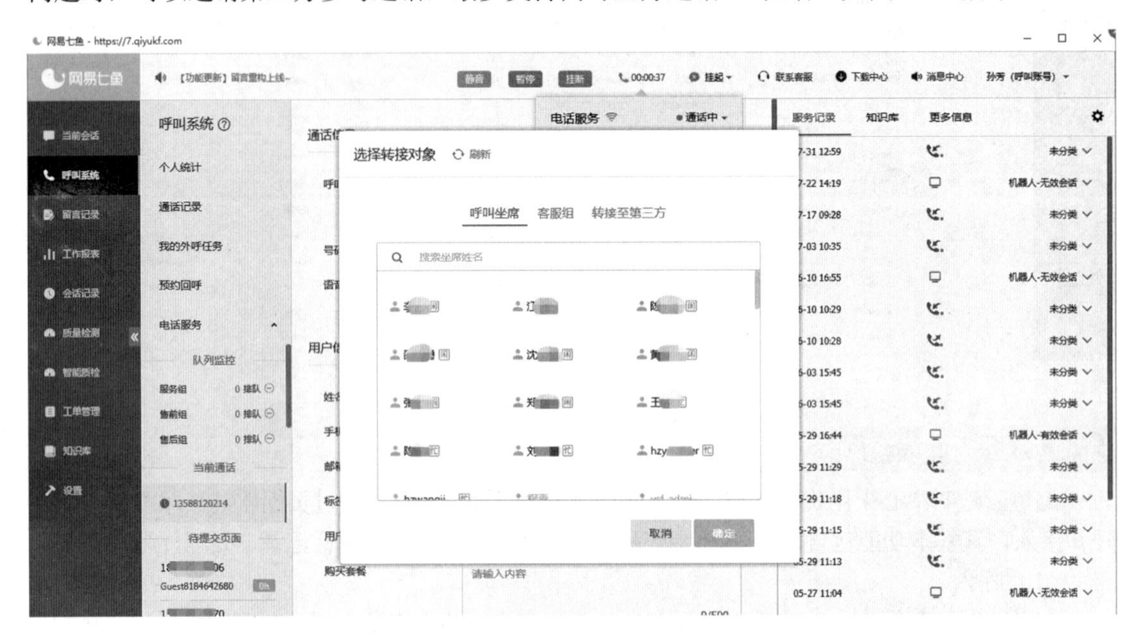

图 1-16　呼出电话工作页面

（3）我的通话记录

可以查看自己的通话记录列表，并对服务情况和服务内容进行查看，支持时间、通话类型、服务分类等维度进行筛选定位，可以进一步查看通话详情，如账户信息、服务信息、关联工单、抽听录音和服务小记等，如图 1-17 所示。

图 1-17　会话记录

步骤六　查看质量检测记录

质量检测是一个管理工具，帮助企业管理者考核客服人员的服务质量，方便企业管理者把质检工作线上化。可以通过提前设置好服务标准并对客服人员进行打分帮助客服人员提升服务能力。

客服人员可在在线质检结果或呼叫质检结果处查看自己的会话质检结果和呼叫质检结果，可以直接打开查看质检情况，质检结果支持多维度筛选，如图 1-18 所示。

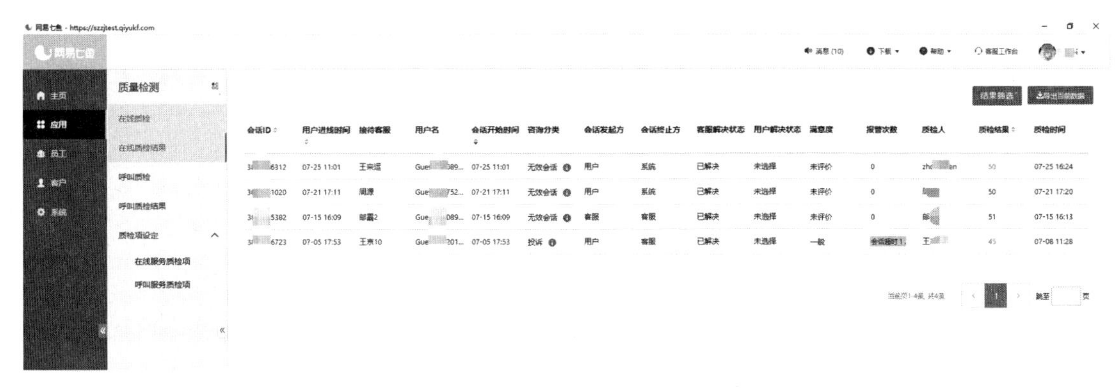

图 1-18　质量检测记录

传统客服质检主要以人工抽查为主，由于质检方式耗力、质检规则烦琐、质检流程不完善等原因使得质检工作效率低、培训成本大、人力成本高，从而导致质检覆盖率较低，行业抽检比例仅为 1%～2%。同时，这还会造成潜在风险难规避、数据价值利用率低等问题，影响企业的发展。针对当前客服质检普遍存在的问题，网易七鱼提供智能质检系统，通过 ASR（自动语音识别技术）智能分析通话和文本中的对话内容，以人机配合方式对服务数据进行二次校验，挖掘对话中存在的问题和机会，从而提升企业的质检效率和结果准确性。

触类旁通

1．网易七鱼简介

网易是中国领先的互联网技术公司，自 1997 年 6 月创立以来，在开发互联网应用、服务等方面始终保持中国业界领先。网易七鱼是网易旗下的服务营销一体化解决方案平台，基于网易 20 多年的数据沉淀和技术积累，运用人工智能技术为企业提供从用户访问、咨询、付费到唤醒在内的全用户生命周期营销和服务解决方案。网易七鱼融合在线客服系统、智能客服机器人、呼叫中心、工单系统、数据大屏、智能质检等功能，驱动企业服务效率与智能营销能力升级，帮助企业更好地获得用户、了解用户，巩固并提升用户关系，提升企业竞争力。

截至 2019 年 4 月，网易七鱼注册企业已超过 20 万家，在电子商务、互联网金融、新零售、游戏、文娱、教育、制造业等行业都拥有众多企业用户，曾荣获“2016 年云计算大数据创新创业总评选优秀技术创新项目”“国际信息安全管理体系 ISO 27001 和云安全国际认证金牌 CSA-STAR 双重认证”“中国好 SaaS 最具价值 SaaS 产品、最具投资价值 SaaS 团队双重大奖”“中国电子商务协会客户联络中心专业委员会理事单位”“《客户世界》2017 年度编辑推荐品牌”“客户世界机构高级会员单位”“可信云服务认证”“2018 中国人工智能峰会创新奖”“2018 中国智能客服年度企业”等多项荣誉。

2．与网易七鱼类似的其他智能客户服务产品

1）小能科技。小能科技成立于 2007 年，主要业务有在线客服平台、工单系统、客服机器人、呼叫中心、移动客服等，业务模式以 SaaS 为主。

2）逸创云客服。逸创云客服是成都逸创信息技术有限公司旗下的产品，成立于 2011 年，

是客户服务 SaaS 服务商之一。逸创云客服能整合线上多重渠道，为企业建立一站式客户服务体系，帮助企业提供标准化客户服务，打通企业售前、售中、售后各个环节的客户服务。

案例分析

【案例 1-3】

感受 CRM

早晨上班，启动 CRM 系统，你首先快速查看了今天和本周的日程、任务，确认一些重要的会议或访问日程，并且设置了主动提醒；通过日历共享功能，你检查了几个主要助手的工作日程；你直接在系统里新建了几个任务，指派给助手们，系统会自动向任务执行人发出消息。紧接着，你利用预先设置好的查询模板，快速查看了“我指派的任务已经完成的”“我指派的任务超时未完成的”，下属工作的进展与反馈一目了然。拥有 CRM，你不再需要等待下属提交各类周报、月报和季报，管理不再滞后于经营，你可以随时在线查看各种表格和图表，获得决策的依据。

你十分关心客户资源的安全性。CRM 提供了操作系统的安全保障，显著优于普通应用软件的安全措施。在客户资源分配方面，允许按照行政团队范围（自己的、团队的、全部的）和操作权限范围（浏览、新增、修改、废弃、删除）对每个数据项目（单位、联系人、合同等）逐个指定权限。数据的访问权限甚至可以细化到数据项目的每个字段。

你十分关心销售的进展。利用销售管道图，你直观地考查当前每个销售阶段完成任务指标的比例。利用查询模板，你得到了这些数据：一是过去 30 天“结案”成功的生意机会；二是过去 30 天“结案”失败的生意机会；三是今天正处于商务谈判阶段的、销售额大于 100 万元的生意机会；四是过去 7 天新建的、销售额在 10 万元以上的生意机会……随后，你轻松地把数据转换成了折线图或柱状图，打印输出。利用预测功能，你查看了未来 6 个月的销售金额预测值，并以柱状图形式与此前的历次预测对比，检查趋势背离情况。

你十分关心客户的价值。利用强大的分类功能，你筛选出了 VIP 客户并按照重要程度对他们排序；利用报表，快速知道了是哪几家大客户贡献了你 80%的销售收入，是哪几家客户贡献了你 80%的销售利润（已经减去成本和销售费用）；利用查询模板定位到了“中断交易超过 30 天的 VIP 客户”……或许是贵公司的服务品质影响了客户的忠诚度？因此你绝对不会忽视对客户的服务。你对 VIP 客户在过去 30 天所提出的服务请求进行了个案研究，查看了处理情况、有关人员对客户满意度的评分，分析问题症结之所在；利用报表，你对 30 天内所有的服务请求进行了综合评分与分值排序，并且与 31～60 天前的服务请求进行了对比。

市场营销工作也不容忽视。你查询了今年上半年各类营销费用（广告、展览、促销等）的开支情况，结合“生意线索来源分析”图表，你可以评价各类营销行动的效果，你对今后营销策略的调整已经胸有成竹。你利用 CRM 的办公自动化功能调阅、审批了下个季度营销战略的计划书和预算，系统自动把审批结果和意见反馈给提交人。

你不直接销售产品，你销售公司的形象。因此，你十分注意收集特殊客户的个人资料，他们可能是政府官员、给你贷款的银行行长、企业协会的领导、企业管理的专家学者等。你可以设立生日、纪念日提醒，利用 CRM 的自动信函功能发出恭贺信……

请思考以下问题：

1）案例中的员工“你”在企业中的身份可能是什么？

2）CRM给员工带来了哪些好处？

3）具体列出案例中CRM的功能（尽可能地细化）。

项目小结

客户关系管理（CRM）是一个既古老又充满新意的话题，客户关系管理的实践早在20世纪90年代由美国加特纳集团提出客户关系管理概念之前就已开始。

客户关系管理是企业在核心竞争力建设中为求竞争制胜和快速成长，树立以客户为中心的理念所制定的包括判断、选择、争取、发展和保持客户的完整商业战略；也是企业以客户关系为重点，优化组织体系和业务流程，提高客户满意度和忠诚度，能有效提高效率和利润的业务实践；还是企业围绕客户价值创造，为最终实现电子化、自动化运营目标，在此过程中发明或使用的先进技术、管理制度与解决方案等的方法总和。

手工利用卡片、记事簿、号码本等进行客户关系管理弊端很多，大多数企业购买CRM软件实施客户关系管理。近年来，也有不少企业采用在线租用的方式进行客户关系管理。

练习思考

一、单选题

1．客户关系管理是企业通过与客户建立长期稳定和相互信任的密切关系，从而吸引新客户，（　　），提高效益和竞争优势的过程。

A．以客户为中心　B．开发潜在客户　C．维系老客户　D．服务客户

2．获得2018中国最佳客户关系管理奖的是（　　）。

A．中国移动　B．民生银行　C．阿里巴巴　D．汤臣倍健

3．客户关系管理得到企业重视的原因是（　　）成为市场竞争的焦点。

A．客户　B．价格　C．产品　D．技术

4．传统客服质量检测以（　　）为主，网易七鱼的智能质量检测系统提升了企业的质量检测效率。

A．人工抽查　B．全面检查　C．问卷调查　D．机器检查

二、多选题

1．菲利普·科特勒把企业与客户的关系按不同水平和程度划分为基本型、（　　）、伙伴型。

A．被动型　B．负责型　C．能动型　D．自觉型

2．对客户关系管理的理解可以分为（　　）三大类。

A．软件系统　B．商业模式　C．管理理念　D．客户服务

3．在企业经营管理模式中，客户关系管理主要体现在（　　）领域。

A．市场营销　B．销售实现　C．客户服务　D．决策分析

4．网易七鱼工作平台支持多渠道接入客户信息，如（　　　）、新浪微博等。

A．微信公众号　　B．小程序　　C．APP　　D．企业官网

三、思考题

1．什么是客户关系管理？怎样正确理解客户关系管理既是软件系统，也是商业模式和管理理念？

2．手工条件下客户关系管理有哪些不足？

3．在线CRM软件有哪些优势？

实战强化

实训一　了解客户关系管理职业岗位及职业能力要求

一、实训目的

通过本次实训，了解客户关系管理相关岗位的信息，为确定自身的职业目标做准备。

二、实训组织

课前收集相关信息，课堂上学生代表发言，鼓励互动交流，教师点评、总结。

三、实训要求

登录前程无忧、智联招聘、应届生求职网，调研客户关系管理人才需求，收集、整理客户关系管理相关的岗位名称、岗位职责、职业能力要求等信息，提交一篇800字左右的调研报告。

实训二　了解总管家CRM单机版

一、实训目的

通过实训让学生能够下载、安装单机版总管家免费CRM软件，了解单机版总管家免费CRM软件的主要功能。

二、实训组织

在实验室利用教学时间教师讲解演示，学生操作练习。建议实验时间为两个学时，鼓励操作速度较快的学生对教师未讲解演示的内容自主探索学习。

三、实训要求（操作步骤）

1．登录成都总管家软件有限公司网站下载总管家免费客户销售管理软件（总管家免费CRM单机版），然后解压缩并安装总管家免费CRM软件。

2．运行总管家免费客户销售管理软件。

3．了解应用导航的主要模块以及各模块的主要功能。应用导航的主要模块包括商务联系、客户单位、机会报价、销售单、销售应收与开票、销售应发货、供应商单位、产品库存、账户管理。

4．撰写实训报告。

项目 2

分析客户价值

这是一个以客户为本、拥抱客户的时代。客户是企业最重要的资源。企业要不断发展新客户，竭尽全力留住老客户。企业的价值毫无疑问来自客户，但不同的客户为企业贡献的价值大小不一，因此，企业必须分析客户价值，在为客户提供服务的时候要突出重点，为大客户提供更优质的服务。

学习提示

学习目标：

- 知识目标：掌握潜在客户应具备的条件，理解客户价值的含义、客户分类，了解大客户的特征。
- 能力目标：能够采用适当的方法寻找潜在客户，能够设计客户信息表、建立客户档案，能够按照客户价值大小对客户进行适当分类，能够为大客户提供良好的服务。
- 素质目标：培养勇于创新、吃苦耐劳的精神，养成善于观察思考、精研业务、认真工作的习惯。

本项目重点：

- 分析客户价值、寻找潜在客户、建立客户档案。

本项目难点：

- 服务大客户。

任务1　寻找潜在客户

任务要点

关 键 词：潜在客户、线下客户、线上客户

理论要点：潜在客户的特征

实践要点：能够使用本任务介绍的方法寻找线下、线上的潜在客户

任务情境

大海是一位刚参加工作的客户开发人员，因为找不到顾客心灰意冷，因此向主管提出辞职。

主管问他："为什么要辞职呢？"

大海说："找不到客户，没有业绩，只好不干了。"

主管拉着大海走到窗口，指着大街问他："你看到什么没有？"

"人啊！"

"除此之外呢？"

"除了人，就是大街。"

主管又问："你再看一看。"

"还是人啊！"

主管说："在人群中，你难道没有看到许多潜在客户吗？"

大海若有所思，恍然大悟。

任务分析

潜在客户是企业持续经营的基石与永葆青春活力的源泉。寻找潜在客户首先要了解潜在客户应当具备的基本条件；企业的客户开发人员可以通过线上和线下两种方式来寻找潜在客户；找到潜在客户后要想方设法把他们升华为真正的客户。

任务实施

步骤一　了解潜在客户应具备的条件

潜在客户是企业赖以生存并得以发展的根本。打算把产品或者服务销售给谁，谁有可能购买产品，谁就是潜在客户。潜在客户必须具备两个要素——用得着和买得起。

首先考虑谁能用得着或者说有这样消费需求的人群是谁。不是所有的人都需要你的产品，需要的人一定是一个具有一定特性的群体。如大型交换机的用户对象是集团、社团、企业等组织，有谁会去买一台交换机放在家里呢？其次考虑这些人是否买得起，对于一个想要却又掏不出钱的人，再多的努力也不能最后成交。例如，在保险业，人人都希望买保险，但保险销售人员却在从事着最辛苦的寻找潜在客户的工作，购买保险的群体必定具有一个共同的特征——买得起。如把保险销售给一个维持最低生活标准的家庭，虽说他们很需要保险，但无论推销技巧有多高明，结局一般是不理想的。

小链接 2-1

任我行 CRM 的目标客户特征

☆　对管理很重视的各类企业，如工业企业、商贸企业、服务企业。

☆　具备至少 10 台计算机。

☆　80%以上的客户都是管理决策者直接决定。

☆ 分支机构多、人员多、沟通多的企业。
☆ 重视客户、重视管理、重视学习。

定位潜在客户，可以参考“MAN”原则。

M（Money），代表金钱。这是最为重要的一点，所选择的对象必须有一定的购买能力。客户开发人员找到准客户后就要想：他的支付能力如何？他买得起这些东西吗？对于一个月收入2000元的上班族，向他推销一部奔驰车是徒劳的。

A（Authority），代表购买决定权。它是指购买对象对购买行为有决定、建议或反对的权利。他有购买决定权吗？很多客户开发人员最后未能成交的原因就是找错了人，找的是没有购买决定权的人。有这样一个例子，小张在广告公司做广告业务，与一家啤酒公司的副总经理谈了两个月广告业务，彼此都非常认同，但总经理最终否决了刊登广告的提案。

N（Need），代表需求。它是指购买对象有对产品或服务的需求。推销的对象除了购买能力和决定权之外还要看他有没有需求。比如，刘先生刚买了一辆轿车，再向他推销轿车，尽管他具备购买能力和决定权，但他没有了那样的需求，自然不是要寻找的人。

潜在客户应该具备以上特征，但在实际操作中，会遇到以下情况，应根据具体状况采取相应对策（字母代表的含义见表2-1）。

表2-1 字母含义

购买能力	购买决定权	需求
M（有）	A（有）	N（有）
m（无）	a（无）	n（无）

M+A+N：有望客户，理想的销售对象。

M+A+n：可以接触，配上熟练的销售技术有成功的希望。

M+a+N：可以接触，并设法找到具有决定权的人。

m+A+N：可以接触，需调查其业务状况、信用条件等给予融资。

m+a+N：可以接触，应长期观察、培养，使之具备另一条件。

m+A+n：可以接触，应长期观察、培养，使之具备另一条件。

M+a+n：可以接触，应长期观察、培养，使之具备另一条件。

m+a+n：非客户，停止接触。

由此可见，虽然潜在客户有时欠缺了某一条件（如购买能力、需求或购买决定权），但是仍然可以被开发，只要应用适当的策略，便能使其成为企业的新客户。

步骤二 线下寻找潜在客户

线下寻找潜在客户是通过传统方式（各类聚会、陌生拜访等）而不是通过互联网寻找潜在客户。香港企业界流传着一句销售名言：“亲戚朋友是生意的扶手棍。”查阅电话号码黄页和利用私人关系是客户开发人员开发新客户的基本方法。成功的客户开发人员是爱动脑、富有创意的人。他们善于用独到的方法开发新客户。下面介绍一些开发潜在客户的方法。

1．资料查寻法

资料查寻法是一种通过分析各种资料寻找潜在客户的方法。

1）统计资料：国家有关部门的统计调查报告、某一行业在报纸或期刊上刊登的统计调查资料、行业团体公布的调查统计资料等。

2）名录类资料：客户名录（现有客户、失去的客户）、同学名录、会员名录、协会名录、职员名录、名人录、电话黄页、厂家年鉴等。

3）报章类资料：大众类报纸（广告、产业或金融方面的消息、零售消息、迁址消息、晋升或委派消息、订婚或结婚消息、建厂消息、相关个人消息等），专业性报纸和杂志（行业动向、同行活动情形等）。

2. 建立新关系

优秀的客户开发人员不仅善于利用现有关系，更善于建立新关系。例如，许多品牌经销商经常参加老乡会、同学会、战友会，还加入企业家协会，到干部培训中心拜访学员，参加高层次的培训课程等，结识了一个又一个潜在客户。

小链接 2-2

250 人法则

在每位顾客的背后都大约站着 250 个人，这些人是与他关系比较亲近的人，如同事、邻居、亲戚、朋友。如果一个推销员在年初的一个星期里见到 50 个人，其中只要有两位顾客对他的态度感到不愉快，到了年底，则会由于连锁影响就可能有 5000 个人不愿意和这个推销员打交道，因为他们知道一件事：不要跟这位推销员做生意。这就是乔·吉拉德提出的 250 人法则。同时，乔· 吉拉德得出结论：在任何情况下，都不要得罪哪怕是一个顾客。

在乔·吉拉德的推销生涯中，他每天都将 250 人法则牢记在心，抱定生意至上的态度，时刻控制着自己的情绪，不因顾客的刁难或是不喜欢对方或是自己情绪不佳等原因而怠慢顾客。乔·吉拉德对营销工作的态度问题总结得非常好，“你只要赶走一个顾客，就等于赶走了潜在的 250 个顾客。”

3. 连锁介绍法

让现有客户为客户开发人员介绍新客户被誉为客户开发人员的黄金法则。优秀的客户开发人员有三分之一以上的新客户是通过现有客户的推荐而得到的。尤其是集团购买决定者在行业内都有与其职位类似的朋友，他们能为客户开发人员推荐一大批新客户。

要想让现有客户推荐新客户，关键是客户开发人员要让现有客户满意，只有树立了自己的个人品牌形象，现有客户才愿意为你推荐新客户。

如何让现有客户为你推荐新客户呢？

一位客户开发人员在与客户谈成业务的第二天晚上给客户打了一通电话，表达三层意思：一是询问客户对产品是否满意。如果客户回答说“满意”，就祝贺客户作出了一个正确的决策；如果客户回答说“不满意”，就提出为客户进一步服务。二是送客户一件小礼品，这是一个巧妙的招数。麦当劳的口号是“给客户 101%的满意”，多出的 1%，就是给客户一份惊喜。客户开发人员在业务谈成后再送给客户一件礼品会让客户感动。三是请求客户帮他介绍有集团购买需求的客户。客户不会拒绝这样讨人喜欢的客户开发人员所提出的要求。

还有一位客户开发人员设计了一种卡片，上面是姓名、地址、电话，下面列 5 个空行。业务谈成后，他拿出卡片请客户把自己认识的人中会有集团购买需求的人的姓名及联系方式填上去。

4. 光辉效应法

光辉效应法又称为中心辐射法、名人效应法或影响中心法等。它是指客户开发人员在某一特定的区域内首先寻找并争取有较大影响力的中心人物为客户，然后利用中心人物的影响与协助发展潜在客户。

该法的得名来自心理学上的“光辉效应法则”。心理学原理认为，人们对于在自己心目中享有一定威望的人物是信服并愿意追随的。因此，一些中心人物的购买与消费行为就可能在他的崇拜者心目中形成示范作用与先导效应，从而引发崇拜者的购买行为与消费行为。光辉效应法适用于具有一定品牌形象或有一定品位的产品或服务的销售，比如高档服饰、化妆品、健身器材等。

5. 会议寻找法

客户开发人员在各种展览会、信息交流会、信息发布会、订货会、技术交流会等会议上能开发出许多新客户。

步骤三 线上寻找潜在客户

线上寻找潜在客户就是在互联网上寻找潜在客户，主要方法有以下几种。

1）利用百度、神马等搜索引擎查询相关需求信息。如果简单地输入关键字，搜索引擎就会给出很多网站，不仅没有时间全部看完，而且和要找的客户相关性很低。随着各搜索引擎搜索能力和性能的不断改善，搜索引擎几乎能搜索到任何已经上网的目标客户。比如经营的产品是“监控摄像头”，而当某商户要采购“监控摄像头”时，那么很大程度上他还可能要采购“可视对讲”或者“数字记录设备”。如果将“可视对讲”和“数字记录设备”描述为“监控摄像头”的紧密相关产品并且尝试在搜索引擎中搜索“可视对讲、监控摄像头”等关键词，就能发现这时的结果相关性往往大大增强，而且更能发现目标客户。

2）在本行业的国际网站上寻找潜在客户，在这些网站上通常能找到很多客户要求供应商报价的信息，顺着这些信息也能发现潜在客户。虽然此方法找到的客户回复率较高，但一般需要收费。

3）在网络上做广告。

4）在网络黄页中找客户。

5）在大型商务平台上建立一个本企业的主页，在主页上发布自己的产品或服务信息。如阿里巴巴提供国内和国际的商务平台，可以帮助企业在上面建立主页、发布企业信息、发布产品或服务信息。

6）进行有效的网络宣传。例如，多去论坛发表产品评论文章或者营销“软文”；多在微信群、QQ 群里和顾客联络感情；在微博和博客上写自己的经验以积累人气。知道的人多了后，知道产品或服务的人也会多起来。

7）利用商家专用的即时通信工具，如贸易通等，来寻找潜在客户。

8）反向查找，也就是从买家的角度出发，看谁可能需要你的产品或服务，以关键词通过“供应信息”查找可能的客户。比如，卖棉花，那就去找卖枕头或被子的厂家，他们可能需要产品。

小链接 2-3

红包活动扩大广汽传祺GS7的车型声量

2018年2月8日～2月22日，广汽集团新能源汽车传祺GS7借助百度地图的平台优势投放春节红包，吸引了1000多万用户参与。

春节期间，红包是最有代表性及吉祥寓意的礼物。这次红包活动通过PUSH流、闪屏、活动专区、热词等热门黄金展位曝光引流，极大地增强了活动的影响力；使用语音红包、微笑红包、导航红包、分享红包4种玩法增强了用户互动黏性；再加上微博等媒体的配合行动，使得传祺GS7的品牌声量在活动期间及活动后有明显的上升。这次活动取得了良好的营销效果，获得亿级的展现曝光、千万级的红包点击以及近百万深度参与红包兑奖的用户。

扫码看视频

步骤四　将潜在客户升华为客户

找到潜在客户后要想方设法把他们升华为真正的客户。提高开发客户成功率的方法有多种，如邮寄广告资料、登门拜访、邮寄私人性质的信函、邀请其参观展览会或在特别的日子里寄送庆贺或慰问的信件等。

在提高开发客户成功率的各种方法中，一条重要的原则就是加强沟通与拜访，在拜访计划中列入针对潜在客户的拜访内容。为了有效地拜访潜在客户，必须把潜在客户按可靠程度进行分类，以便分别处理。分类项目可以划分为“应继续跟进访问的”“拟间隔一段时间进行再次访问的”和“放弃访问的”3类。对于前两类客户，再分别拟定重复拜访的频率。

触类旁通

客户选择的必要性

在产品、服务极大丰富，买方占主导地位的市场条件下，一般来说，客户可以自由选择企业，企业却很难选择客户，大多数时候企业只能将客户当做上帝来看待，祈求客户的光顾与购买。但是，从另一个角度来看，即使在买方市场条件下，作为卖方的企业还是应当主动选择自己的客户，下面分析一下具体原因。

1．不是所有购买者都是企业的客户

一方面，每个客户都有不同的需求，需求的个性化决定了不同的客户购买不同的产品。另一方面，每个客户的增加都需要占用企业一定量的资源，然而企业的资源是有限的，人力、物力、财力、生产能力和时间都是相对有限的，这就决定了企业不可能什么人的生意都做。而且，竞争者的客观存在也决定了任何一家企业不可能“通吃”所有的购买者，更不可能为所有的有购买潜力的客户提供产品或服务。例如，劳斯莱斯是世界顶级的轿车，但它只能在保证自己产品性能和服务质量的基础上，把目标锁定在“大款”身上，因为普通百姓的购买能力有限，没有购买劳斯莱斯的需求。

总之，由于不同客户需求的差异性和企业资源的有限性，每个企业能够有效服务的客户的类别和数量是有限的，市场中只有一部分潜在客户能成为企业产品或服务的实际购买者。既然如此，在那些不愿意购买或者没有购买能力的非客户身上浪费时间、精力和金钱，将有

损企业的利益；相反，企业如果准确选择属于自己的客户，就可以避免花费在非客户上的成本，从而减少企业资源的浪费。

2. 不是所有客户都能给企业带来利润

《财富》杂志中文版的封面上曾经出现这样一句话“有的客户可能在让你丢钱，让你赔本”，这与传统的“客户是上帝”“客户总是对的”“客户越多越好”的观点有很大差异。事实上，客户天生就存在差异，有优劣之分，不是每个客户都能够带来同样的收益，都能给企业带来正的价值，有的客户可能是“麻烦的制造者”，甚至还有的客户会给企业带来负面的风险，如信用风险、资金风险、违约风险等。

美国人威廉·谢登的“80/20/30”法则认为：在顶部的20%的客户创造了企业80%的利润，但其中一半的利润被底部30%的非盈利客户消耗掉了。也就是说，一些优质客户给企业带来的超额价值通常被许多“坏”客户给扼杀了，他们不仅花费企业高额的服务费用，还可能会形成呆账、死账，使企业“赔了夫人又折兵”——不但得不到利润，还要赔钱。可见，客户数量已经不再是衡量企业获利能力的最佳指标，客户质量已经在一定程度上否定了客户数量，客户质量在很大程度上决定着企业盈利的大小。因此，企业应当放弃“任何客户对企业都是有价值的”这类想法，注意选择有价值的客户，而不是来者不拒。

3. 正确选择客户是企业成功开发客户的前提

企业如果没有选好客户或者选错了客户，那么开发客户的难度将会比较大，开发成本也会比较高，而且开发成功后维持客户关系的难度也比较大。而另一方面，客户也不领情，不乐意为企业买单，到头来企业是“吃力不讨好”。例如，一些小企业忽视了对自身的分析与定位，没有采取更适合自身发展的战略，如市场补缺战略等，而盲目采取进攻战略，与大企业直面争夺大客户，最终导致被动尴尬、甚至危险的局面——既失去了小客户，又没有能力为大客户提供相应的服务，未能留住小客户，其结果是“竹篮打水一场空”。

相反，企业如果经过认真选择，选对、选准了目标客户，那么开发客户、实现客户忠诚的可能性就很大，也只有选对、选准了目标客户，开发客户的成本和维护客户的成本才可能最低。实践证明，客户忠诚度高的企业往往更关注对新客户的筛选，而不是一味追求数量上的增长，它们非常清楚自己的目标客户是谁，在最初决定是否要开发一个客户时不是考虑一时一事的利益，而是从双方长远合作的角度去考虑，挑选自己称心如意的经营对象、合作伙伴。

4. 目标客户的选择有助于企业准确定位

客户之间是有差异的，企业如果没有选择自己的客户就不能为确定的目标客户开发恰当的产品或提供恰当的服务。从另一方面讲，当形形色色的客户共存于同一家企业时，也可能会造成企业定位混乱或定位不足，从而导致客户对企业形象产生混乱或模糊不清的印象。例如，一个为专业人士或音乐“发烧友”生产高保真音响的企业，如果出击“大众音响”的细分市场无疑是危险的，因为这样会破坏它生产高档音响的专家形象。相反，如果企业主动选择特定的客户，明确客户定位，就能够树立鲜明的企业形象。例如，美国的“林肯”汽车定位在高档市场，“雪佛兰”定位在中档汽车市场，而“斑马”则定位在低档汽车市场。

仔细挑选并服务于特定的客户是企业成功建立和维护客户关系的基础，是企业对客户进行有效管理的前提条件，也是企业成功的基础。恐怕只有主动选择客户的企业才能够领悟其中的奥妙。

案例分析

【案例 2-1】

某人看到某企业的招聘广告，在应聘截止前的最后一天，他才投出他的简历。而选择在有效期限的最后一天才投简历，目的是使他的简历能放在一堆应聘材料的最上面。

一周后，他打电话询问该企业是否收到他的简历。

在得到已经收到其简历的答复后，过了 4 天，他第二次打电话，询问是否愿意接受他新的推荐信（西方人对应聘者的推荐信格外重视）。

又过了两天，他将新的推荐信传真至企业负责人的办公室。在这个故事中，完全可以看作卖方在我方商品出售前与买方进行的洽谈与跟踪。

请看生动的统计数据：2%的销售在第一次接洽后完成；3%的销售在第一次跟踪后完成；5%的销售在第二次跟踪后完成；10%的销售在第三次跟踪后完成；80%的销售在第四～十一次跟踪后完成！形成鲜明对比的是，在日常工作中，80%的销售人员在跟踪一次后不再进行第二次、第三次跟踪，少于 2%的销售人员会坚持到第四次跟踪。

请思考：从这个案例中能得到哪些启示？

任务 2　管理客户信息

任务要点

关 键 词：客户信息、客户跟踪记录表、客户档案

理论要点：客户资料的内容、建立客户档案的要求

实践要点：能够设计客户跟踪记录表、设计企业基本情况调查表、把握回访客户的最佳时机、建立客户档案

任务情境

泰国的东方饭店是亚洲最有名的饭店之一，它的客房几乎天天客满，如果不提前预订一般很难入住。东方饭店的顾客绝大部分是西方国家的商务人士，而其中又有相当一部分是它的老顾客。东方饭店之所以能够获得客户的青睐，一个重要的原因就是它的客户关系管理。下面是我国一位知名企业家于先生对东方饭店的感受。

于先生一年前住过东方饭店，给他留下了很好的印象。一年后，他到泰国出差，又选择了东方饭店。于先生是很晚才住进饭店的。

第二天早上，他一走出房门就有服务生上前询问："于先生是要用早餐吗？"于先生很奇怪，反问："你怎么知道我姓于？"服务生说："我们饭店规定，晚上要记熟每一位顾客的姓名。"

于先生来到餐厅，立刻又有服务生迎上来，说："于先生是否还坐老位子？"于先生又很惊讶，问："你怎么也知道我的姓，还知道我上次坐的位子？"服务生答："楼上已打电话过来，说您已经下楼了。我查了记录，您去年6月8日在靠近窗口第二个位子上用过早餐。”当于先生坐下后，服务生又问：“还是老菜单？一个三明治、一杯咖啡、一个鸡蛋？”

后来，因业务调整，于先生有3年没有去泰国。在于先生生日那天，他突然收到东方饭店发来的生日贺卡，里面还有一封信。信中写道：“亲爱的于先生，您有 3 年没有来过我们饭店，我们都很想念您。希望能再次见到您。祝您生日愉快！”

迄今为止，世界各国已有 20 万人曾经住过东方饭店。用他们自己的话说，每年只要有1/10的老顾客光顾，东方饭店就将永远客满。

任务分析

从于先生入住东方饭店的故事中可以看出良好的客户关系管理让客户感到满意、欣喜，而这一切建立在对客户各方面详细信息的收集、记录、建档的基础之上。让客户满意的客户关系管理必须加强客户信息的管理。管理客户信息首先要设计客户信息的相关表格，在跟踪客户时要及时收集、记录客户信息，同时要建立客户档案，以真实、完整、统一、实时的客户信息给企业相关部门提供有效支持。

任务实施

步骤一 设计客户跟踪记录表

开发新客户，通常需要对潜在客户进行多次跟踪回访，跟踪客户的目的是形成销售，除了技巧（如特殊的方式、漂亮的借口、恰当的时间间隔）之外，跟踪工作必须保持连续性，每次与客户打交道后都要注意整理客户跟踪记录。

选择一个你熟悉的企业及其产品或服务，比如实习过的单位，也可以是你感兴趣的企业或者虚拟企业。根据这个企业及其产品或服务的经营情况，有针对性地设计一份客户跟踪记录表，见表2-2。

表2-2 ××企业客户跟踪记录表

客户编号		负责人		成立日期	年 月 日
客户名称				注册资金	
地址				电话	
网址				传真	
微博			微信公众号		
QQ			电子邮件		
营业类型			主要往来银行		
其他投资事业			平均每日营业额		
主要业务往来			付款方式	□现金 □支票 □其他	
与本企业往来	自 年 月 日起		收款记录	□优秀 □良好 □一般 □很差	
最近与本企业往来重要记录					
最近交易数据跟踪					
客户意见					
信用评定					

如果客户是企业而非个人，除了客户跟踪记录表，还需要填报客户资料卡、企业基本情况调查表（见表2-3）、人脉关系表等。每个企业都要根据自身具体情况设计表格。表格要精练，不必面面俱到，如果多个表格类似信息重复，就会给业务人员带来不必要的困扰。

表2-3 企业基本情况调查表

<table>
<tr><td>单位</td><td colspan="2"></td><td>电话</td><td></td><td>地址</td><td colspan="3"></td></tr>
<tr><td>网址</td><td colspan="2"></td><td>传真</td><td></td><td>公众号</td><td colspan="3"></td></tr>
<tr><td rowspan="4">人员情况</td><td colspan="2">负责人：</td><td>电话</td><td></td><td>微信</td><td></td><td>QQ</td><td></td></tr>
<tr><td colspan="2">总经理：</td><td>电话</td><td></td><td>微信</td><td></td><td>QQ</td><td></td></tr>
<tr><td colspan="2">接洽人：</td><td>电话</td><td></td><td>微信</td><td></td><td>QQ</td><td></td></tr>
<tr><td colspan="8">备注：</td></tr>
<tr><td rowspan="9">经营状况</td><td>经营方式</td><td colspan="7">□积极 □保守 □踏实 □投机 □不定</td></tr>
<tr><td>业务</td><td colspan="7">□兴隆 □成长 □稳定 □衰退 □不定</td></tr>
<tr><td>业务范围</td><td colspan="7"></td></tr>
<tr><td>销售对象</td><td colspan="7"></td></tr>
<tr><td>价格</td><td colspan="7">□合理 □偏高 □偏低</td></tr>
<tr><td>业务金额</td><td colspan="7">每年　　，每月　　，淡季　　，旺季</td></tr>
<tr><td>组织形式</td><td colspan="7">□股份公司 □有限责任公司 □合伙店铺 □独资</td></tr>
<tr><td>员工人数</td><td colspan="7">管理人员　　人，技术人员　　人，工人　　人，合计　　人</td></tr>
<tr><td>同业地位</td><td colspan="7">□领导者 □具影响 □一级 □二级 □三级</td></tr>
<tr><td rowspan="4">付款方式</td><td>态度</td><td colspan="7"></td></tr>
<tr><td>付款期</td><td colspan="7"></td></tr>
<tr><td>方式</td><td colspan="7"></td></tr>
<tr><td>手续</td><td colspan="7"></td></tr>
<tr><td rowspan="6">与本公司往来</td><td>年度</td><td colspan="3">主要采购产品</td><td>金额</td><td colspan="2">旺季 / 每月</td><td>淡季 / 每月</td></tr>
<tr><td></td><td colspan="3"></td><td></td><td colspan="2"></td><td></td></tr>
<tr><td></td><td colspan="3"></td><td></td><td colspan="2"></td><td></td></tr>
<tr><td></td><td colspan="3"></td><td></td><td colspan="2"></td><td></td></tr>
<tr><td></td><td colspan="3"></td><td></td><td colspan="2"></td><td></td></tr>
<tr><td></td><td colspan="3"></td><td></td><td colspan="2"></td><td></td></tr>
</table>

步骤二 搜集客户信息

跟踪回访要讲究策略，如果整天不停地打电话给客户，客户就会非常反感，但如果隔了比较长时间再去回访客户，客户往往就会把我们忘了。所以，怎样抓住客户回访的时机成为有效跟踪客户的一个非常重要的问题。

小链接 2-4

人类记忆储能曲线

随着与客户联系的次数增多，客户的印象保留程度也跟着上升，这就是心理学上分析出来的人类记忆储能曲线。

心理学统计的结果表明，在第一次给一个陌生的客户打电话后，在24小时之内必须对他进行回访，否则，他很容易就会忘了，这样，第一次对他的联系成本就浪费了，接下来应该在 3 天后回访他。是否运用这种极限点的效果是完全不一样的，比如在这个极限点上回访这个客户，他的反应是："哦，我记得，你上次传来的资料还在这。"说明客户对我的印象还很深；如果不知道这个极限点，可能在 6 天或 7 天后才去打电话给他，他的反应可能是："啊？你是谁啊？什么？你打过电话吗？"惨了，他已经彻底忘记了，那前面两次的联系也彻底白做了。所以，特别是在开发潜在客户的时候，懂得抓住这些记忆储能的极限点是非常关键的。

接下来是 7 天后进行回访。这样，只用 4 次电话联系，每次通常只聊两分钟左右或者发出一些资料，就让一个新客户在一个月里都能够保持深刻的记忆，在他有需要的时候就会想起并打电话过来问一问，这一问，就意味着商机！

根据心理学上提出的人类记忆储能曲线形成客户跟踪曲线，可以利用 CRM 系统以自动提醒的方式帮助销售人员把握回访客户的最佳时机，达到用最少的联系次数取得商机或获得订单，有效地缩短成交客户的开发周期，从而能够最有成效地处理大批量的客户跟踪，并能以最简便的方式作出联系记录。

每次与客户接触，不管是电话联系、上门拜访或者其他沟通方式，都应尽量多了解客户信息。客户信息一般分为两部分：一部分为基本信息，另一部分为特别信息。基于充分的客户资料，客户开发人员才能了解客户的基本需求，在开展业务过程中充分加以利用，可以有效提升业绩。要了解的第一点就是：客户是什么样的客户？规模有多大？员工有多少？一年内大概会买多少次同类产品？这些都是客户的背景资料。

客户的背景资料包括以下几个方面内容：客户组织机构，各种形式的通信方式，客户的使用部门、采购部门、支持部门，客户具体使用维护人员、管理层和高层客户，同类产品的安装和使用情况，客户的业务情况，客户所在的行业基本状况等，见表 2-4。

表 2-4　客户资料的基本内容

类　别	详细内容
基础资料	客户姓名、地址、网址、电话、微信公众号、微博、所有者及个人性格、爱好、家庭、学历、年龄、创业时间、与本企业的起始交易时间、企业组织形式、资产等
客户特征	服务区域、销售能力、发展潜力、经营理念、经营方向、经营政策、企业规模、经营特点等
业务状况	销售实绩、经营管理者和销售人员的素质、与其他竞争对手之间的关系、与本企业的业务关系及合作态度等
交易现状	客户的销售活动现状、存在的问题、保持的优势、未来的对策、企业形象、声誉、信用状况、交易条件以及出现的信用问题等

步骤三　建立客户档案

如果问任何一家对 CRM 感兴趣的企业，它们希望 CRM 系统最能够帮助它们解决的问题是什么，则大部分的答案都会是有效地管理好它们最宝贵的财富——客户的资料。

小链接 2-5

100 年后的提醒

2007 年年底，上海市市政工程管理局收到一封寄自英国名叫华恩厄斯金设计公司的来信。信中说，外白渡桥当初设计使用期限是 100 年，于 1907 年交付使用，现在已到期，请注意对该桥进行维修。信中还特别提醒，在维修时，一定要注意检修水下的木桩基础混凝土桥台和混凝土空心薄板桥墩。这家设计公司还为上海市市政工程管理局提供了当初大桥全套的设计图纸。铺开这些设计图纸，人们惊讶地发现，虽然经历了百年岁月的浸润，但这些图纸却保存得完好如初，没有一点划痕、皱褶。图纸虽然是手工绘制而成的，但线条却工工整整，每一个数据、每一个符号，都不差分毫；设计者、审核、校对、绘图人的姓名都一目了然，清晰可见。

现在越来越多的企业管理者已经了解，对客户信息的管理貌似简单，实际情况却复杂得多。以国内某著名计算机制造厂商为例，他们的客户相关资料与以下部门有关：

1）渠道发展部，负责发展渠道商，完成中低端产品的销售，客户信息主要来自渠道商的反馈。

2）大客户部，负责对集团客户等大客户的直接销售，客户信息直接由大客户部向客户收集。

3）在27个省有办事处，设渠道经理及行业经理，分别负责各省的渠道商及行业客户。

4）在大的省份下又有区域办事机构，负责该区域里的各类客户……

上述纷繁复杂的情况在大多数企业中都不同程度地存在着。这种由多个部门来接触客户的方式造成客户资料被割裂存放在不同的系统中，通常会具有不同的格式，也可能会重复出现，无法实现真正的信息共享，从而无法以真实、完整、统一、实时的客户相关信息来对营销、销售及服务的各个环节提供有效支持。

如何才能够保存最完整、真实、有效的客户信息？一种比较好的做法就是建立客户档案，在CRM系统中按照信息的各种内在的真实逻辑并考虑到不同数据之间的联系，对客户信息进行有效的、有条不紊的管理。

第一次接触客户后，就为其在CRM系统中建立档案。输入相关信息，如联系人、企业名称、联系方式等，系统自动为客户生成一个编号。

以后，只要与该客户发生任何业务往来或其他联系，在进行系统记录时，首先要在系统中通过客户名称、代码或其他搜索条件找到此客户（客户编号），然后为其创建各个业务记录（活动），比如电话沟通、约会、电子邮件以及其他项目等，这样就可以很方便地对其业务数据进行记录并便于以后使用。

不管什么时候，如果此客户的信息发生变化，都是直接在系统中进行修改，从而可以保证数据的一致性，同时也不会影响到与此客户相关的业务记录。

在CRM系统中，可以创建多种不同的角色，除了客户，还有潜在经销商、流失客户、供应商以及员工等，系统中的客户都可以分配到这些角色的一个或者多个，这样就可以基于角色来对客户的业务操作权限进行授权控制。

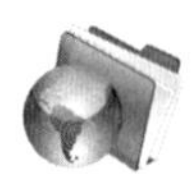

触类旁通

在实践中，由于每个企业的自身条件和客户特征等方面不同，其建立客户档案的类型、收集信息的途径与方法也各有特殊性。但是，为了保证客户档案的质量、适用性和经济性，在建立客户档案的过程中要注意以下几点。

1．主动性和计划性

有关客户的信息是大量而分散存在的，客户的每一个行为都在传递某种信息，有时他们自己也没有意识到这一点。因此，就需要靠企业销售等有关人员主动地、有意识地去收集这些信息，而不是等客户提出需求或意见时才作记录。同时，由于客户信息产生和存在的分散性，为了有效、全面地收集这些信息，还必须要有计划性，使档案工作有明确的负责人、工作内容和时间进度安排等。

2．适用性和及时性

建立客户档案是为了用于企业管理决策和策略。所以，无论是选择客户档案的类型，还是确定收集信息的内容，都必须使之适应管理决策和制定策略的实际需要，保证客户管理工作有目的、有针对性地进行。建立和管理客户档案还必须具有时间意识，以适应市场竞争和客户情况的不断变化，随时反映客户的动态信息，有利于企业及时采取对策、调整策略，取得竞争优势，而那些滞后信息往往会使企业错过良好的市场机会，以致在竞争中处于不利地位。

3．完整性和一致性

为了全面反映企业各类客户的情况，以及便于客户档案的使用和不断完善，还应注意在建档过程中的完整性和一致性。从完整性方面看，就是要使客户档案在种类、内容方面齐全完整，使其成为一个有机整体，并系统地反映企业客户类别层次及每一个层次的信息内容结构等。保持客户档案的一致性也是十分重要的，这不仅关系到客户信息的质量，还关系到信息的分析利用。只有明确规定客户档案的内容标准、层次和分类标准等，才能够对不同客户、不同时间的信息进行数据处理，并进行分析比较，从而得出科学的结论，将其用于管理决策。

4．价值性和优化性

建立客户档案应充分利用各种客户信息来源（客户、政府和商业机构），收集有价值的客户信息，但要注意保证档案信息的质量。例如，对从不同来源取得的同种信息进行比较核查、跟踪信息利用结果等，以确定各类信息的真正价值。此外，还要在客户信息价值分析的基础上，根据企业发展目标、市场形势变化等进行信息的优化。当客户档案发展到一定规模时，档案管理的重点应当从数量转向实用价值，适时进行客户档案的筛选和重点补充，实现既控制档案管理成本，又保证满足管理决策的需要，提高档案管理的经济效益。

5．档案保密与法律保护

客户档案是企业的宝贵财产，所以在建立和管理客户档案的过程中，应时刻注意对客户档案的保护。首先，应在建立档案的同时建立档案的保管和保密制度，明确规定档案的保管方法和使用范围、查阅手续等，并采取相应措施防止客户名单等信息遗失和披露。同时，要积极寻求客户档案的法律保护。在采取保密措施的条件下，客户档案成为企业商业秘密的一部分，所以，一旦发现非法披露、使用本企业客户名单等行为，可以及时向工商管理部门投诉，以争取得到法律保护，制止和处罚这种不正当竞争行为，以补偿和保护企业的经济利益。

案例分析

【案例 2-2】

F 公司是一家为企业提供 CRM 数字化服务的厂商。通过一个老客户的介绍，该公司的销售人员王某结识了某知名企业 A 公司的 IT 经理，获知 A 公司目前正有 CRM 的采购计划。通过交谈，王某了解到 A 公司有 2000 多人的规模，目前正在做战略升级，希望通过数字化的方式，落地“以客户为中心”的经营战略，为客户提供更优质的产品和服务，来实现企业持续增长的目标。

很快，通过 IT 经理的引荐，王某顺利完成了对 A 公司的拜访，并和该公司的 IT 总监做了进一步沟通。在此次沟通后，王某迅速在 F 公司内部组建了专门的 A 公司项目组。同时经由 IT 总监的安排，项目组陆续和 A 公司的市场、销售、财务、产品负责人分别做了沟通。但就在该项目即将进入到下一阶段时，A 公司的 CRM 项目突然陷入停滞状态，这时候也有友商开始跟进介入。经过与 A 公司员工交流，了解到目前该公司高层内部在战略升级转型实施中意见未达成一致，导致该项目暂停。

虽然项目搁置，但王某面对这样一个重要的客户商机，仍然不间断地保持和客户的沟通，同时通过 F 公司 CRM 系统实时抓取和 A 公司相关的动态新闻，了解 A 公司的情况。经过长达 5 个月的跟进，通过一则新闻，王某发现 A 公司引进了新的关键管理角色李总。王某迅速同 A 公司做沟通，了解到李总成为该项目的负责人。王某快速和李总建立联系，并通过介绍该行业中相关标杆企业成功通过 CRM 落地战略转型的实践案例，打动了该关键角色，获得了该项目的关键信息。最终 F 公司在和友商的竞标中成功胜出，实现和 A 公司的顺利签约。目前，A 公司已经成为 F 公司在该行业中的又一重要标杆客户。

请思考以下问题：

① A 公司的客户资料应该包括哪些内容，有什么特点？

② 假如你是 F 公司的销售人员，你会如何设计 A 公司的客户档案卡？

任务 3　分析客户价值

任务要点

关 键 词：客户价值、标准、客户分类

理论要点：客户生命周期的特征、客户终生价值、客户的类型

实践要点：掌握衡量客户价值的标准、测量客户价值的方法

任务情境

大海在人民广场等出租车，旁边还有 3 个人也在等出租车。一个年轻女子，拿着小包，刚买完东西；还有一对男女青年，一看就是逛街的；大海里面穿绒衬衫外面穿羽绒服，手里拎着笔记本包。出租车司机毫不犹豫地停在大海面前。大海上车后问司机："为什么你会很果断地停在我面前？我前面有两三个人，按照顺序应该是他们先上车的。"出租车司机回答："现在是中午时间，马上就一点钟了，这个女孩子像是溜出来逛街买东西的，单位应该不会太远；那对男女是游客，没拿什么东西，不会去很远的地方；你是出去办事的，带着笔记本包，一看就是公务。这个时候出去，估计应该不会很近。"大海回答："你说对了。"确实，大海去的地方距离上车的地方很远。

那些在超市门口、地铁口打车，穿着睡衣的人可能会去很远的地方吗？

任务分析

对客户价值进行分析，首先要确定衡量客户价值的标准，其次是选择适当的方法测量客户价值，最后要按照客户价值的大小对客户分类，为重点服务价值大的客户做好准备。

任务实施

步骤一　确定衡量客户价值的标准

企业曾经把客户当年的利润作为衡量客户价值的一个重要指标计算客户当年利润的缺陷是显而易见的，一是只计算当年带给企业的利润，未考虑整个客户生命周期中未来年份里将带来的利润；二是只计算了该客户自身给企业带来的利润，未考虑由该客户的赞扬或抱怨对企业未来利润的影响。

小链接 2-6

客户生命周期

客户生命周期通常也被称为客户关系生命周期，是指从客户开始对企业进行了解或企业欲与客户建立业务关系直到客户与企业完全终止关系的全过程。客户生命周期可分为考察期、形成期、稳定期和退化期 4 个阶段。在客户的整个生命周期中，考察期、形成期、稳定期的客户关系水平依次增高，稳定期是企业期望达到的理想阶段。在稳定期，企业与客户的交易量以及交易额都达到最大，而且这种状况可以维持一段较长时间。但客户关系的发展具有不可跳跃性，客户关系必须经历考察期和形成期才能进入稳定期。

客户终生价值带给企业审视客户策略的新视点。一些研究者建议用客户终生价值（Customer Lifetime Value，CLV）选择客户并设计营销方案。CLV 与客户当年利润的区别在于：客户当年利润静态地反映了报告期内提供的利润，CLV 全程地反映了整个客户生命周期里所提供的利润现值。用 CLV 代替客户当年利润来衡量客户价值的大小，无疑更具前瞻性、系统性。

国内外在使用 CLV 这一净现值的概念时常常有不同的名称，有的使用客户终生价值（CLV），有的使用客户潜在价值（Customer Potential Value，CPV），还有的使用客户全生命周期利润和客户关系价值。虽然名称不同，但是基本思想是一样的，都是整个客户生命周期里带给企业的净利润现值，只是在计算方法上稍有不同。

1．狭义客户终生价值的概念及其计算

研究表明，来自忠诚客户的利润随着时间的延续而增加，利润增加源于 5 个方面：基本利润、收入增长、成本节约、口碑效应和价值溢价。其中，成本节约又表现在吸引新客户的营销成本减少、交易成本减少等方面。下面以信用卡行业为例，说明客户终生价值的概念、利润与客户流失率的关系。企业为获得一个新客户需要花费 50～100 美元，最大的成本来自邮寄成千上万的申请表格和说明书（新客户的响应率为 2%～3%），其他的成本包括信用评估、信用卡保险、数据处理等。新客户开始时很少使用该信用卡，第 1 年提供的利润很少。当持有人保持这张卡并使用到第 2 年时，利润贡献将有较大的增加。使用越久，利润贡献就越大，即客户终生价值就越大。狭义的客户终生价值是指在整个客户生命周期里因客户自身消费而提供的利润净现值。客户终生价值的模型认为，根据客户购买的历史记录和年龄、收入、爱好等特征，估计客户能够与企业保持关系的生命周期长度，并测算在每一单位时间长度内客户为企业带来的利润，加上一个贴现因子，就可以得到该客户的终身价值。用数学公式可表示为

$$\mathrm{CLV}=\sum_{t=1}^{n}\frac{P_t}{(1+i)^t}$$

式中　t——客户生命周期；

P_t——第 t 年该客户提供的净利润；

i——银行贴现率。

2．广义客户终生价值的概念及其计算

用客户终生价值来判别客户的重要程度比用客户当年利润作标准已是一大进步，它不仅计算了客户当年带给企业的利润，还考虑了整个客户生命周期中未来年份里将带来的利润。但是，狭义客户终生价值的概念及其计算方法存在一个严重的缺陷，即它只计算了该客户自身给企业带来的利润，未考虑到由该客户的赞扬或抱怨所引发的所有可能对企业未来利润造成的影响。所以出现了广义客户终生价值的概念。

广义客户终生价值是指在客户生命周期里客户为企业带来的直接利润和间接利润的净现值总和。如何计算广义客户终生价值一直是个未解的难题。直接利润的计算相对较容易，即使客户未来的行为具有不确定性，问题也尚不突出。难题在于间接利润的计算。当一个客户向另一个客户赞扬或抱怨时，这一情绪会在客户的关系网络中扩散开来，影响着其他客户的品牌决策，影响程度随着传递层次的扩大而减弱，犹如水波，因此有学者称之为客户波及效应。

计算广义客户终生价值的关键在于间接利润的测量，而对客户间接利润的测量必然涉及客户波及效应。因客户波及效应具有极大的复杂性，而复杂系统理论在此领域的研究才刚起步，理论成果稍多，实证研究极少，还有待于未来研究的不断拓展和延伸。

小链接 2-7

几家公司对其客户终生价值的预测

北欧航空公司预测：每位商务旅行者 20 年能给公司带来的收益是 48 万美元。

凯迪拉克汽车公司预测：每位忠诚的客户 20 年能给公司带来的收益是 33.2 万美元。

可口可乐公司预测：每个忠诚的客户 50 年能给公司带来的收益是 1.1 万美元。

万宝路公司预测：每个忠诚的烟民 30 年能给公司带来的收益是 2.5 万美元。

AT&T 公司预测：每个忠诚的用户 30 年能给公司带来的收益是 7.2 万美元。

步骤二 测量客户价值

客户终生价值的组成及影响因素均很复杂，难以量化，使得采用何种方法准确地测量和计算成为了企业面临的最大挑战之一。目前，比较流行和具有代表性的客户终生价值预测方法是 DWYER 方法和客户事件预测法。

1. DWYER 方法

1985 年，Jackson 根据顾客购买行为的差异，把工业客户分为两大类：永久流失型和暂时流失型。永久流失型指的是这样一类客户，他们要么把其业务全部给予现在的供应商，要么完全流失给予另一供应商。这类客户这样做的原因是：①其业务无法分割，只能给予一个供应商。②其业务转移成本很高，一旦将业务给予某供应商，则很难转向其他供应商。这种客户一旦流失便很难再回来，故称之为永久流失型客户。

暂时流失型指的是这样一类客户，他们将其业务同时给予多个供应商，每个供应商得到的只是其总业务量的一部分。这类客户的业务转移成本低，他们可以容易地在多个供应商之间转移业务份额，有时可能将某供应商的份额削减到零，但对该供应商来说不一定意味着已经失去了这个客户，客户也许只是暂时中断购买，沉寂若干时间后，有可能突然恢复购买，甚至给予更多业务份额。

1997 年，Jackson 根据两类客户的行为特征差异开发了两个分别针对这两类客户的预测模型——适用于永久流失型客户的客户保持模型（Customer Retention Model）和适用于暂时流失型客户的客户转移模型（Customer Migration Model）。但是 DWYER 方法的缺陷是，它只能预测一组客户的终生价值或每个客户的平均终生价值，无法具体评估某个客户对于企业的终生价值。

2. 客户事件预测法

利用客户事件的概念预测未来的客户终生价值是一般营销领域比较常用的方法，一些咨询企业，如 Qube 咨询公司甚至推出了基于这种方法的预测软件。这种方法主要是针对每一个客户预测一系列事件发生的时间，并向每个事件分摊收益和成本，从而为每一个客户建立一个详细的利润和费用预测表。

客户事件预测可以说是为每一个客户建立了一个盈亏账号，客户事件档案越详细，与事件相关的收益和成本分摊就越精确，预测的准确度就越高。

但是，客户未来事件预测的精准度并不能完全保证，主要有两个原因：其一，预测依据的基础数据不确定性很大，客户以后的变数、企业预计的资源投入和客户保持策略以及环境变数等都具有很多不确定性；其二，预测的过程不确定性很大，整个预测过程是一个启发式的推理过程，涉及大量的判断，需要预测人员具有丰富的经验，所以预测过程和预测结果因人而异。

步骤三 按价值大小对客户分类

客户的分类是企业依据客户对企业的不同价值，将客户区分为不同的类别，从而为企业的资源分配提供依据。对客户分类的方法很多，不同行业、不同规模的企业对客户分类的做法也不尽相同，但基本原理都是一样的。

小链接 2-8

旅行社的客户分类

知名的旅行社集团托马斯·库克根据交易记录将客户分成A、B、C三类，并针对不同类别给予不同待遇。例如，消费金额最低的C类客户如果提出很费时的服务要求（例如行程规划），就必须预付25美元作为定金，而A类和B类客户无须预付定金。其负责人解释说："过滤掉随口问问或三心二意的客户，我们才能把大部分时间用于服务前两类客户。"

下面介绍的方法是按照客户为企业创造的价值，即带给企业的当前利润、未来利润的大小，把客户分为铅质客户、铁质客户、黄金客户和白金客户。对于现有客户来说，其终生价值可分为两部分：一是当前利润，即到目前为止客户为企业创造的利润总现值；二是未来利润，即客户在将来可能为企业带来的利润总现值。依据客户的当前利润和未来利润，可以给出如图2-1所示的客户终生价值矩阵。

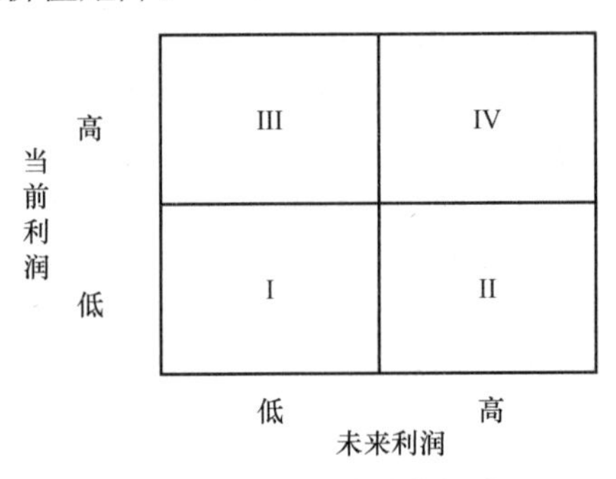

图2-1 客户终生价值矩阵

I类客户，当前利润低，未来利润也低，称为铅质客户，是最没有吸引力的一类客户。该类客户的当前价值和未来增值潜力都很低。这类客户是企业的一个负担，一般不应投入较多的资源去维持这类客户。当然，如果这类客户的当前利润不高是由于企业过高的服务成本和营销成本造成的，那么可以通过寻求降低成本的途径来提高客户的价值，使无利可图的客户成为有价值的客户。在企业能力有富余时，只要边际客户收益大于边际客户成本，企业就可以采取维持策略。

II类客户，当前利润低，而未来利润高，称为铁质客户。该类客户有很高的未来利润，但企业当前尚没有成功地获取他们的大部分价值。这类客户属于有潜力的客户，若企业能够继续同这类客户保持稳定的联系，在未来，这些客户将有能力为企业创造可观的利润，他们将来极有可能转化为III类或IV类客户。对这类客户，企业应当投入适当的资源，促进客户关系从低阶段向高阶段发展，从而不断获得客户的增量购买、交叉购买和新客户推荐。

III 类客户，当前利润很高，未来利润较低，是企业的黄金客户。这类客户有很高的当前价值，但增值潜力不大。从客户生命周期来看，这类客户可能是进入成熟期的高度忠诚客户，他们为企业提供非常稳定的利润。因此，企业应投入足够的资源，千方百计地保持与这类客户的关系，决不能让他们转向竞争对手。当然，要与这类客户保持长期稳定的关系，企业必须持续不断地向他们提供超期望价值，让他们始终坚信本企业是他们最好的供应商。

IV 类客户，当前利润很高，未来预期利润也很高，也就是企业的白金客户。这类客户既有很高的当前利润，又有巨大的增值潜力，是企业最有价值的一类客户。这类客户与企业的关系一般已进入稳定期，他们不仅已将其当前业务的很大份额给予了本企业，而且其自身的业务总量还在不断扩大。这类客户是企业利润的基石，如果失去这类客户，后果将不堪设想。因此，企业应将主要资源投入到保持和发展与这些客户的关系上，针对每个这类客户都设计和实施一对一的客户策略，持续不断地向他们提供超期望价值，长期保持双赢关系。

以上 4 类客户在数量上形成一个正金字塔，IV 类、III 类客户数量少，位于塔尖；II 类、I 类客户数量多，位于塔基。而 4 类客户实现的利润和企业的资源投放正好相反，形成一个倒金字塔。这 3 个金字塔称为客户金字塔，如图 2-2 所示。

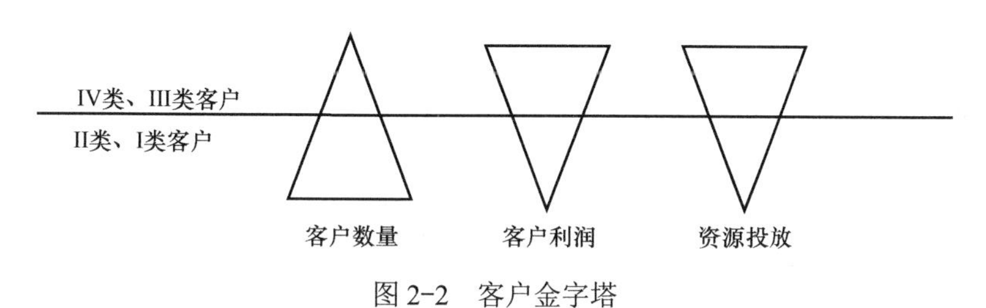

图 2-2 客户金字塔

步骤四 根据客户与企业之间的关系远近对其进行分类

1. 非客户

非客户是指那些与企业的产品或服务无关的或对企业有敌意的、不可能购买企业的产品或服务的人。

2. 潜在客户

潜在客户是指对企业的产品或服务有需求和欲望，并有购买动机和购买能力，但还没有产生购买行为的人群，如已经怀孕的妇女很可能就是婴幼儿产品的潜在客户。潜在客户具有“尚未发现”的特点，因此导致了“卖家找不到买家，买家找不到卖家”，是需要企业花大力气争取的客户。

3. 目标客户

目标客户是企业经过挑选后确定的力图开发为现实客户的人群。例如，宝马汽车就把具有高地位的社会名流或取得巨大成就的人士作为自己的目标客户。

在这里需要注意的是，潜在客户与目标客户的区别在于，潜在客户是指有主动购买需求和购买动机的客户，很可能与企业发生购买行动；目标客户则是企业主动“瞄上”的尚未有购买行动的客户。当然，客户与企业可以同时相互欣赏，也就是说，潜在客户和目标客户是重叠或者部分重叠的。

4. 现实客户

现实客户是指企业的产品或服务的现实购买者，可分为初级购买客户（新客户）、重复购买客户和忠诚客户3类。初次购买客户（新客户）是对企业的产品或服务进行第一次尝试性购买的客户；重复购买客户是对企业的产品或服务进行第二次及第二次以上购买的客户；忠诚客户是对企业的产品或服务连续不断地、指向性地重复购买的客户，可以说对企业的产品或服务产生了高度认可。

5. 流失客户

流失客户是那些曾经是企业的客户，但由于种种原因现在不再购买企业的产品或服务的客户。

以上5类客户之间是流动的，可以相互转化。例如，潜在客户或目标客户一旦采取购买行为就变成企业的初次购买客户，初次购买客户如果经常购买同一企业的产品或服务就可能发展成为企业的重复购买客户，甚至成为忠诚客户。但是初次购买客户、重复购买客户、忠诚客户也会因其他企业的更有诱惑的条件或对企业不满而成为流失客户；流失客户如果被成功挽回，就可以直接成为重复购买客户或忠诚客户，如果无法挽回，他们就将永远流失，成为企业的“非客户”。

触类旁通

客户生命周期各阶段的特征

1）考察期——关系的探索和试验阶段。在这一阶段，双方考察和测试目标的相容性、对方的诚意、对方的绩效，考虑如果建立长期关系的话，双方潜在的职责、权利和义务。双方相互了解不足、不确定性大是考察期的基本特征，评估对方的潜在价值和降低不确定性是这一阶段的中心目标。这一阶段，客户会下一些尝试性的订单，企业与客户开始交流并建立联系。因客户了解企业业务的需要，企业要对相关问题进行有针对性的解答，企业的投入是对所有客户进行调研，以便确定出可开发的目标客户。此时企业有客户关系投入成本，但客户尚未对企业作出大的贡献。

2）形成期——关系的快速发展阶段。双方关系能进入这一阶段表明在考察期双方相互满意并建立了一定的相互信任和依赖。在这一阶段，双方从关系中获得的回报日趋增多，相互依赖的范围和深度也日益增加，逐渐认识到对方有能力提供令自己满意的价值（或利益）和履行其在关系中担负的职责，因此愿意承诺一种长期关系。在这一阶段，随着双方了解和信任的不断加深，关系日趋成熟，双方的风险承受意愿增加，由此双方交易不断增加。当企业对目标客户开发成功后，客户已经与企业发生业务往来，而且业务在逐步扩大，此时已进入客户成长期。企业的投入与开发期相比要小得多，主要是发展投入，目的是进一步融洽与客户的关系，提高客户的满意度、忠诚度，进一步扩大交易量。此时客户已经开始为企业作贡献，企业从客户交易获得的收入已经大于投入，开始盈利。

3）稳定期——关系发展的最高阶段。在这一阶段，双方或含蓄或明确地对持续长期关系作了保证。这一阶段有如下明显特征：一是双方对对方提供的价值高度满意；二是为能长期维持稳定的关系，双方都做了大量有形和无形的投入；三是大量的交易。因此，在这一时期双方的相互依赖水平达到整个关系发展过程中的最高点，双方关系处于一种相对稳定状态。

此时企业的投入较少，客户为企业作出较大的贡献，企业与客户的交易处于较高的盈利时期。

4）退化期——关系发展过程中关系水平逆转的阶段。关系的退化并不总是发生在稳定期后的第 4 阶段，实际上，在任何一个阶段关系都可能退化。引起关系退化的原因有很多，如一方或双方经历了一些不满意、需求发生变化等。退化期的主要特征有：交易量下降；一方或双方正在考虑结束关系甚至物色候选关系伙伴（供应商或客户），开始交流结束关系的意图等。当客户与企业的业务交易量逐渐下降或急剧下降，而客户自身的总业务量并未下降时，说明客户已进入退化期。

案例分析

【案例 2-3】

D 先生是一家电子产品销售公司的经理，经过 D 先生及其团队的共同努力，公司的业务不断拓展。随着公司业务的发展，老客户越来越多，公司知名度也越来越高，甚至经常有新客户慕名打电话来咨询有关业务。一时间，公司上上下下忙得不亦乐乎，可是还是有些重要客户在抱怨公司的响应速度太慢，服务不及时，而将订单给了其他厂家，使公司利润流失了不少。为此，D 先生决定加大投入，招聘了大量销售及服务人员来应付忙碌的销售业务。

一年辛苦下来，D 先生本以为利润不错，可公司财务经理给出的年终核算报告却显示出利润居然比去年还少！经过仔细分析，D 先生终于发现了导致这种严重后果的症结所在：虽然不断有新的客户出现，但是他们带来的销售额却不大，而这些新客户带来的销售和服务工作量却不小，甚至部分客户还严重拖欠款项。与此同时，一些对利润率贡献较大的老客户因在忙乱中无暇顾及，已经悄悄流失。为此，D 先生改进了公司的工作方法：首先梳理客户资料，按照销售额、销售量、欠款额、采购周期等多角度数据进行测量，从中选出 20%的优质客户；针对这 20%的客户制定特殊的服务政策进行重点跟踪和培育，确保他们的满意度。同时，针对已经流失的重点客户，采用为其提供个性化的采购方案和服务保障方案等优惠策略尽量争取老客户的回归；针对多数普通客户，采用标准化的服务流程，降低服务成本。经过半年，在财务经理再次给出的半年核算报告中，利润额有了大幅回升。

然而，D 先生还想进一步提高销售额……

请思考以下问题：

1）D 先生所在公司原来采取的工作方法为什么效果不好？

2）D 先生是如何改进工作方法的？为什么这样的改进能够使公司利润迅速回升？

3）对一个企业来说，分析客户价值有何意义？

任务 4　服务大客户

任务要点

关 键 词：大客户、计划、服务、流失

理论要点：大客户的特征、八二开规则、大客户计划、为大客户服务的工作要点

实践要点：能够判断选择大客户、能够采取适当的措施预防大客户流失、掌握与大客户谈判的技巧

任务情境

大海在对待客户的指导思想上满脑子都是诚实守信、童叟无欺、一视同仁，看到本企业对大客户很多另眼相看的做法非常不理解，就这方面的问题他和主管进行了交流。

大海问主管："和普通客户相比，为什么要给大客户那么多优惠？"

主管："如果你画一条鱼，你是选择从头、尾、鳍等细枝末节开始着手呢，还是从鱼的主要骨干等粗线条开始呢？"

大海："这有区别吗？"

主管："如果你选择了前者，有可能画着画着就会整体走样，根本不像鱼，或者由于时间等外界条件限制而画不成整条鱼，结果你可能得不了 60 分；而如果你选择后者，只要通过几条主线条的描摹，鱼的骨架一搭，一条鱼也就呈现在眼前了，即使还需要花费精力去完善和美化你所要描绘的鱼，但至少已经把鱼的主要骨架搭建起来，因为形似，你也就 70 分胜券在握了。这是管理学的鱼骨头理论。同样的道理，在发展客户的时候，假使你的全年销售目标是 1 亿，那么你是把精力花费在一些 5 万、10 万的小客户身上呢，还是更多地把精力花费在 300 万、500 万这样的客户身上呢？"

大海似有所悟："好像应该把精力更多地花费在大客户身上。"

主管："是的。把精力放在前者，你会感觉很忙、工作没日没夜，而且琐碎的事情很多，中小客户索要的条件也很多，你应接不暇，甚至可能会累倒在工作台上，然而当你盘点业绩的时候，却可能只是完成了两三千万。而如果你把精力转移到后者，你只要抓住十多家这样的客户，估计你的销售业绩六七千万就可以保证了。"

任务分析

通过分析客户价值的大小把客户分为不同的类型，企业应对不同价值的客户提供不同的服务，重点当然是服务价值最大的客户——大客户，也称为白金客户、关键客户。宝洁、摩托罗拉、戴尔、联想、荣事达等公司的营销部门都设立有大客户部或大客户经理。服务大客户的步骤主要包括了解大客户的特征、判断选择大客户、制订大客户计划、为大客户服务、防止大客户流失。

任务实施

步骤一　了解大客户的特征

各行各业大客户的特征衡量指标是有所区别的，这里以消费领域为例来说明大客户的特征。在消费领域，大客户是指产品流通频率高、采购量大、客户利润率高、忠诚度相对较高的核心客户，如大型超市这样的商业客户；而小客户是指产品流通频率低、采购量小、客户

利润率低甚至无利润的客户，如个人和家庭客户。大客户与小客户相比，在采购人员、采购金额、销售方式、服务要求等方面也有明显的区别。

1. 采购人员不同

家庭和个人的主体就是夫妻，作决定的一般来讲都是妻子。据统计，一个家庭平均收入的70%～80%都是由妻子做主进行消费的。

大客户的组织结构复杂，人员关系也非常复杂，采购流程更加复杂。一家大型的企业机构中，可能有集团总经理、分支机构经理等高中层领导，还有工程人员、财务人员等，以及使用设备并负责维护这些设备的人，这些人都可能与采购有关。

2. 采购金额不同

一个家庭每年的正常收入有限，用于购买专项产品的资金也很有限，一般来讲主要是衣食住行方面的消费。如果一个家庭买了汽车或房子等高额商品，通常很长一段时间内不会再采购同类商品。但是大客户不同，不仅购买金额较大，而且会重复购买。如航空企业购买商用客机，一个订单就是十亿或者几十亿；电信部门购买电信交换设备，一次可能付给厂家十几亿或者上百亿。

3. 销售方式不同

在消费品客户的销售过程中，最常用的销售方式就是广告宣传、店面销售。大客户则不容易受到广告的影响，需要专业的团队亲自上门分析需求，做出解决方案，然后签订条款非常缜密的合同，再购进产品。

4. 服务要求不同

对消费品客户的服务只要保证产品的正常使用就能够基本满足客户的要求，有时甚至不要求产品以外的任何服务。大客户则要求服务非常及时和周到全面，对于服务方面的要求和消费品客户的要求完全不同，所以，对于大客户销售人员要制定完全不同的服务策略。

某航空企业购买了波音公司的一架民航客机，如果发现飞机某个地方出了小问题，就会给波音公司打电话，波音公司就要在第一时间派技术人员赶到飞机现场，在几个小时之内解决问题。波音公司为了满足航空企业的要求，甚至在产品设计阶段，可能就设计了各种应对的方案，使得微小故障不致造成飞机有任何安全隐患。

以前，像洗发水这样的消费品要经过分销商、批发站等三、四道环节才到达零售店。现在，像沃尔玛、苏果这样的巨型超市都是大批量采购，直接向消费者销售。像这样的消费品大客户和传统的直接使用产品的大客户不一样，它们也是在使用产品，只不过目的是为了把产品销售出去。所以，大型连锁超市是一类非常特殊的大客户。

小链接 2-9

中国电信的大客户

中国电信的大客户是指使用通信业务种类多样、通信业务量大、电信使用费高、跨区域联网，预计可能成为竞争对手争夺对象并具有发展潜力的客户群体。目前主要包括重要客户、高值客户、集团客户和战略客户4类，同时4类客户可能存在交集。

A. 重要客户是指党、政、军部门等客户。

B. 高值客户是指使用电信业务量大、电信月使用费超过3000元以上（标准可以随着业务的发展而动态调整）的客户。目前高值客户在9万家左右。

C. 集团客户是指具有隶属关系的、同系统或有密切经济、业务应用关系的单位群体，为同一目的，由一个单位或部门统一租用中国电信网络并办理相关电信业务的客户集团。目前大客户事业部指定的服务范围在250家左右。

D. 战略客户是指在同行业中具有示范作用，其行为的变化对其他客户有相当大的影响作用以及竞争对手争夺或具有发展潜力的大客户。

步骤二 判断选择大客户

判断选择大客户的主要依据是八二开规则，即意大利经济学家维尔弗雷德·帕累托提出的帕累托定理，这个规则表明，在任何大系统中，约80%的结果是由该系统中约20%的变量产生。在客户关系管理中，这个规则表明企业80%的销售收入来自仅占客户总数20%的客户，企业80%的利润来自仅占客户总数20%的客户。通常情况下，按最直观的做法，是将企业中销售排名最靠前承担了80%销量的20%的客户列为大客户，很多企业都会按照销售额这个指标来区分客户的重要性。

当然，大客户和小客户之间没有绝对的界限。在一定条件下大客户可以变成小客户，小客户也可以变成大客户。企业本身的规模不同，区分标准也就不可能一样，具体操作起来也不尽相同，不过主要是参照帕累托定理。

大客户在不同的企业、不同的行业中有不同的界定和叫法，但它们都是企业的主要销售渠道和利润来源。

比如在商品流通领域，根据大客户的性质以及在商品流通过程中所承担的不同功能，可以将其大致分为分销大客户（即渠道大客户）和终端大客户两大类别。具体而言，分销大客户是指在全国甚至国际上都具备较强的分销能力，对于作为供货方的企业来说，是难以进行区域管理的商业客户，例如沃尔玛、家乐福、麦德龙、好又多、国美、苏宁等，或者较优秀的代理商客户等，这些企业依仗自身庞大的分销吞吐能力，凭借集中采购甚至买断采购所获得的低成本优势，迅速将商品推进到所属分销网点实现快速变现。此类客户主要集中在消费品领域。终端大客户则是指以最终使用为目的，一次或经常进行大量采购的消费群，比如政府采购、民航用品采购、煤炭电力系统采购、学校集体采购，甚至个人消费者组成的团体采购等。此类客户在工业品领域与消费品领域并存。

在电信行业，大客户对电信运营商的价值包含3层含义：一是大客户的当前价值；二是大客户的潜在价值；三是电信大客户经营工作的社会价值。衡量客户的价值，不仅要考虑客户的当前价值，更要考虑客户的潜在价值，而由于电信的基础设施性质，使得电信大客户的社会价值也很重要。大客户的当前价值是企业直接效益的来源，而大客户的潜在价值和社会价值则是企业未来利润的源泉，国内外电信业一概不能除外。如湖南省电信大客户数占全省用户数的2.72%，但年使用费却占全省业务收入的47.4%；陕西省前100名大客户电信消费平均每月达1000多万元；美国亚美达科公司的大客户只占用户总数的百万分之五点四，但其拥有的电话主线数却占该公司电话主线的7.7%。

从基本层面上来看，判断一个客户是否是大客户可以参照以下标准：一是对于达到企业目标十分重要；二是占了目前企业收入的很大一部分；三是失去这些客户将严重影响到业绩并在短期内难以恢复过来；四是与这些客户有着长期稳定的关系，他们对企业未来业务的发展具有巨大作用；五是符合八二开规则；六是这些客户对企业非常重要，应该派企业中能力最强的人去负责处理与他们的关系。

步骤三 制订大客户计划

制订大客户计划主要涉及4个方面的工作：一是确定大客户营销战略；二是确定大客户战略分析计划；三是确定为大客户服务的具体方案；四是制订大客户应急处理方案。

确定大客户营销战略的关键在于3个方面：第一，客户管理观念的转变。转变传统的客户管理观念，从客户关系管理（CRM）到客户资产管理（CAM），将不同类型的客户看作企业的资产，其目的是顾客忠诚度与客户资产获利能力的最大化，对客户价值不断优化，发挥八二开规则的作用。第二，客户导向的销售。充分满足大客户的要求，首先要对大客户信息进行收集与分类，其次是为大客户制订发展目标和定制客户解决方案，最后建立大客户管理战略及计划，实施顾问式的销售行动。第三，建立互动的沟通平台。使大客户在短暂的时间内一次性地解决所有难题，构筑双方相互沟通的平台，如大户室、大客户服务中心等，用展板、图片、声像资料等来说明相关问题，经常性地与大客户展开研讨，有效地实现双方的互动。在大客户营销战略过程中，真正实现大客户的价值最大化是最终目的，但营销战略必须与企业文化、企业成长战略及长远利益等相匹配，如果透支了企业的发展资源或"患了近视症"，则结果将会适得其反。

确定大客户战略分析计划就是针对挑选出的大客户逐一地进行全面分析，深度挖掘重点客户的价值，开拓业务范围，并且要有具体的行动计划、日程安排、事务明细、进程情况汇报等。

确定为大客户服务的具体方案则在充分了解大客户的特性基础上为客户提供满意的服务解决方案；配合销售团队完成大客户的销售目标。

制订大客户应急处理方案就是在特殊情况发生时，能够迅速响应大客户要求，接受大客户投诉，为大客户解决问题，让大客户忠诚于本企业。

步骤四 为大客户服务

大客户管理的目标是提高大客户的忠诚度，提升大客户给企业带来的价值。为此，要做好以下3方面的工作：

1．成立为大客户服务的专门机构

目前，许多企业对大客户都比较重视，经常由高层管理者亲自出面处理与这些客户的关系，但是这样势必分散高层管理者的精力。如果企业成立一个专门服务于大客户的机构，便可一举两得。一方面可使企业高层不会因为频繁处理与大客户的关系分散精力，而能够集中精力考虑企业的战略和重大决策，另一方面也有利于企业对大客户的管理系统化、规范化。为大客户服务的机构要负责联系大客户，一般来说，要给重要的大客户安排一名优秀的客户经理并长期固定地为其服务。

大客户服务机构要为企业高层提供准确的大客户信息，包括获取大客户相关人员的个人资料，并协调技术、生产、企划、销售、运输等部门，根据大客户的不同要求设计不同的产品和服务方案。

大客户服务机构要利用客户数据库分析每位大客户的交易历史，注意了解大客户的需求和采购情况，及时与大客户就市场趋势、合理的库存量进行商讨。在销售旺季到来之前要协调好生产及运输等部门，保证在旺季对大客户的供应，避免出现因缺货而导致大客户不满的现象。

大客户服务机构要关心大客户的利益得失，把服务做在前面，并且注意竞争对手对他们所抛的媚眼，千方百计地保留大客户，决不能让他们转向竞争对手。

此外，大客户服务机构还要关注大客户的动态，并强化对大客户的跟踪管理，对出现衰退和困难的大客户要进行深入分析，必要时伸出援手。当然，也要密切注意其经营状况、财务状况、人事状况的异常动向等。对大客户的服务与管理是一项涉及部门多、要求非常细的工作，只有调动企业的一切积极因素，创造客户导向特别是大客户导向的组织文化，才能做好这项工作。

2．集中优势资源服务于大客户

由于大客户对企业的价值贡献最大，因而对服务的要求也比较高，但是目前有些企业没有为大客户提供特殊服务，而让大客户与小客户享受同等待遇，以致大客户的不满情绪不断地增长。

为了进一步提高企业的盈利水平，按帕累托定理的反向操作就是：要为 20%的客户花上 80%的努力。即企业要将有限的资源用在前 20%的最有价值的客户上，用在能为企业创造 80%利润的大客户上，也就是好钢要用在刀刃上。

为此，企业应该保证足够的投入，集中优势，优先配置最多最好的资源。加大对大客户的服务力度，采取倾斜政策加强对大客户的营销工作，并向大客户提供优质、优先、优惠的个性化服务，从而提高大客户的满意度和忠诚度。

除了为大客户优先安排生产、提供能令其满意的产品外，还要主动提供售前、售中、售后的全程、全面、高档次的服务，包括专门定制的服务以及有针对性、个性化、一对一、精细化的服务，甚至可以邀请大客户参与企业产品或服务的研发、决策，从而更好地满足大客户的需要。

企业还要准确预测大客户的需求，把服务想到他们的前面，领先一步为他们提供能为其带来最大效益的全套方案，持续不断地向他们提供超预期的价值，给大客户更多惊喜。例如，当出现供货紧张的现象时，要优先保证大客户的需要，从而提高大客户的满意度，使他们坚信本企业是他们最好的供应商。此外，企业也要增加大客户的财务利益，为他们提供优惠的价格和折扣，如一次性数量折扣、定期累计数量折扣、无期限累计数量折扣、直接折扣等，以及为大客户提供灵活的支付条件和安全便利的支付方式，并且适当放宽付款时间限制，甚至允许大客户一定时间的赊账，目的是奖励大客户的忠诚，提高其流失成本。另外，还可实行 VIP 制度，创建 VIP 客户服务通道，从而更好地为大客户服务，这对拓展和巩固与大客户的关系，提高大客户的忠诚度，可以起到很好的作用。

3．加强沟通密切双方关系

第一，有目的、有计划地拜访大客户。一般来说，有着良好业绩的企业营销主管每年大约有 10%的时间是在拜访客户中度过的，其中大客户正是他们拜访的主要对象。对大客户的定期拜访，有利于熟悉大客户的经营动态，并且能够及时发现问题和有效解决问题，有利于与大客户搞好关系。

第二，经常性地征求大客户的意见。企业高层经常性地征求大客户的意见将有助于增加大客户的信任度。例如，每年组织一次企业高层与大客户之间的座谈会，听取大客户对企业的产品、服务、营销等方面的意见和建议，对企业下一步的发展计划进行研讨等，这些都有利于企业与大客户建立长期、稳定的战略合作伙伴关系。为了随时了解大客户的意见和问题，企业应适当增加与其沟通的次数和时间，并且提高沟通的有效性。

第三，及时、有效地处理大客户的投诉或者抱怨。客户的问题体现了客户的需求，无论是投诉还是抱怨，都是寻求答案的标志。处理投诉或者抱怨是企业向大客户提供售后服务必不可少的环节之一，企业要积极建立有效的机制，优先、认真、迅速、有效及专业地处理大客户的投诉或者抱怨。

第四，充分利用包括网络在内的各种手段与大客户建立快速、双向的沟通渠道，不断地、主动地与大客户进行有效沟通，真正地了解他们的需求，甚至了解他们的客户的需求或能影响他们购买决策的群体的偏好，只有这样才能够密切与大客户的关系，促使大客户成为企业的忠诚客户。

第五，增进与大客户的感情交流。企业应利用一切机会，如大客户开业周年庆典，或者大客户获得特别荣誉之时，或者大客户有重大商业举措的时候，表示祝贺与支持，这些都能加强企业与大客户之间的感情。

步骤五　防止大客户流失

在产品或服务过剩的过度竞争时代，大客户对于企业的意义是不言而喻的，因此大客户成为各个企业客户资源争夺的焦点。在这种背景下，大客户面对各种诱惑或者出于自身发展战略考虑，随时都有可能转向其他企业。企业防止大客户流失最根本的做法是提升大客户的满意度，进而形成忠诚度，这要从战略和策略两个角度去解决这个问题。通过与大客户建立战略合作伙伴关系，有利于形成长久合作机制；通过策略化运作可以稳固双方的合作关系，二者结合才能长治久安。总结成功企业的经验，防止大客户流失的主要措施有如下几个方面。

1．在企业内建立大客户服务部门

组建专业服务部门，并实现组织管理职能，这在通信、邮政、银行等行业都已经实施。为更好地服务大客户，有必要建立这样的工作组织职能链条：企业→大客户管理部门→交叉工作组→大客户。其实，跨国企业也是这样做的。例如，办公设备巨头施乐公司拥有 250 个大客户，与这 250 个大客户之间的业务就是由大客户服务部来处理的，而其他客户的管理工作由一般的销售队伍来做。

2．采取最适宜的销售模式

大客户与企业的合作具有一定的特殊性，体现在模式创新性、价格特殊性、服务紧密性等诸多方面。而这些特殊性要求企业最大化地接近大客户，掌握客户需求。为此，很多销售模式应运而生。例如，以直销为基本特征的俱乐部营销、顾问式销售、定制营销等，这对于把握对大客户的时间精力投入、信息收集、个性化策略制定以及个性化服务大有裨益。

3．建立销售激励体系

企业必须给大客户建立销售激励政策，通过激励使其更加感受到合作的好处。其实，很多企业把客户划分为大客户、重点客户、一般客户等几个级别加以管理，并根据不同级别制定不同的管理政策，目的就是给那些对企业贡献度高的客户以激励，包括物质激励（如资金、实物等）和精神激励（荣誉证书、牌匾等）。

4．建立信息管理系统

企业有必要引入大客户管理系统，以大客户的信息资料为基础，围绕大客户进行大客户发展分析、大客户价值分析、大客户行为分析、代理商贡献分析、大客户满意度分析、一对一大客户分析等工作。使决策层对大客户的发展趋势、价值趋向、行为倾向等能够及时准确地予以把握，并能对大客户进行一对一的分析与营销。

5. 建立全方位沟通体系

大客户管理部门中的客户开发人员、客户经理及其主管要定期或不定期地主动上门征求意见，客户经理能随时与大客户碰面，发现大客户的潜在需求并及时满足。要加强与大客户间的感情交流，根据企业实际，还要定期组织企业高层领导与大客户高层之间的座谈会，努力与大客户建立相互信任的朋友关系及互利双赢的战略伙伴关系，这样有利于化解渠道冲突。

6. 提升整合服务能力

提升整合服务能力应以客户为导向，包括以下内容：量身打造服务模式（如顾问服务、驻扎服务）；建立服务沟通平台（如网络、电话等）；开通大客户绿色通道（为大客户提供便利措施）；强化基本服务（基本服务项目保障）；提供增值服务（不断为客户创造产品之外的新价值）；建设企业服务文化（企业内部文化传播和对客户传播）；提供完善的服务解决方案等。

触类旁通

1. 与大客户谈判的技巧

在大客户营销中，至关重要的一点是与大客户的商务谈判，只有掌握了一定的谈判技巧才能准确把握客户的真正需求，突破其心理防线。小王曾作为国内某知名工业自动化设备商的营销代表，负责与一家大客户的投标及谈判，下面以此为案例，简单介绍与大客户谈判的技巧。

（1）拨雾见月，去伪存真，发现客户的真实需求　当时小王的首要任务是找到成交可能性最大的潜在客户，从而开展重点公关。有的企业在进行招标时往往抛出一些障眼法式的项目需求，从而转移部分厂商的注意力。小王通过多种信息渠道，了解到一家大客户对外公布的3大项目中有两项都是不切实际的，他便及时抓住营销重点，锁定目标。在这个过程中，广泛的信息渠道是关键，正式场合与非正式场合的沟通都非常重要。事实上，一条非常重要的信息来自小王与该企业老板司机的一次闲聊。这次看似无意义的闲聊让小王了解到，哪些需求是该公司已经内定的，哪些需求是该公司根本不需要或者暂时没有能力执行的。

（2）利用相对优势打击竞争对手　首次竞标有3家企业入围，除了小王的公司，另有两家企业A与B，A公司代理的是国外产品，实力很强，非常难以对付。但小王的公司的优势也非常明显，就是系统的整合优势。当时恰逢A公司的产品出现了一点软件故障，导致客户的生产线不能正常运行，而等国外的工程师到达现场至少要在20天以后。这时，小王的公司立即出动了北京总部的专家团队无偿为该客户解决了这个问题。这件事不仅为小王的公司赢得非常珍贵的一张信任票，也使A公司夺标无望。

（3）寻找关系突破口，动之以情，诱之以利　A公司虽然出局了，B公司同样不好对付，而且听说B公司的老板与客户公司的总经理还有远房亲戚的关系。经多方打听，小王了解到，客户公司总经理的妻子曾经是小王的公司一位营销经理的同事，而且她还欠这位经理一个人情。在竞争的白热化关头，人情因素成为重中之重，小王的公司立即指定这位经理为该项目投标负责人，并开展一系列的企业公关活动。

刚好客户公司总经理的小孩生病住院，该项目经理偕同妻子专程到医院探望，两位年龄相仿的母亲一见如故，在子女教育方面有聊不完的话，相互之间都成了知己。事后客户公司的总经理回忆说："你们公司是在真诚地关心人，冲着你们的这份真诚，也要交你们这个朋友。"

可见，在谈判过程中，企业一定要以真诚的关怀去感动人，情感为主，利益为辅，绝不可颠倒了主次。

（4）拒绝小利，坚持立场，保持方向的正确　几个回合之后，所有的竞争对手都已经被淘汰出局，小王的公司即将成为当仁不让的夺标者。但好事多磨，一家已经出局的公司是客户公司的长期生意伙伴，与客户公司的高层有着千丝万缕的关系，即使出局也会对小王的公司产生影响。

有一天，客户公司一位副总经理通知小王，鉴于小王的公司在几轮竞标中表现出色，要把100多万元的仪表订单交给小王的公司，而对他们盼望已久的工业自动化项目，那位副总经理却表示要缓一缓。经公司研究，他们当即表示放弃仪表项目，专注做自己最擅长的自动化项目，同时加紧敦促对方确认订单。当时有些经理表示不解，仪表项目也是一块肥肉，为什么要放弃呢？公司的态度是：首先，仪表不是他们的强项，会分散他们的精力，因此，他们失败的风险也较大；其次，仪表项目的推动可能给竞争对手制造口实，从而让竞争对手卷土重来，甚至抢走本次投标的重点项目。在这个过程中，不要为小利而迷惑，坚持既定的路线方针，是项目成败的关键。

（5）自查自纠，弥补漏洞，一举夺标　经过小王的公司的坚持，客户方面终于同意将自动化项目交给他们。客户在审查报价单时却发现小王的公司将一些非关键的配套材料的价格报得过高，要求砍下总价的30%。小王的公司马上进行调查，发现部分配套材料价格过高是由于前线营销人员感觉项目费用太高，希望抬高部分不起眼的非关键品价格进行弥补。公司立即调低全线配套品价格，并承诺对方可以对配套品进行监审，最终在仅调价 20 余万元的基础上拿下了这笔总值超过300万元的订单。因此，在最后的冲关阶段，企业一定要关注细节，及时自我调整，发现问题立即解决，最终保证圆满签单。

2. 长尾理论

长尾理论是网络时代兴起的一种新理论，由美国人克里斯·安德森提出。长尾理论认为，由于成本和效率的因素，过去人们只关注重要的人或重要的事，如果用正态分布曲线来描绘这些人或事，人们只关注曲线的头部，而将处于曲线尾部、需要更多的精力和成本才能关注到的大多数人或事忽略。例如，在销售产品时，厂商关注的是少数几个所谓的VIP客户，无暇顾及在人数上居于大多数的普通消费者。而在网络时代，由于关注的成本大大降低，人们有可能以很低的成本关注正态分布曲线的尾部，关注尾部产生的总体效益甚至会超过头部。

例如，某著名网站是世界上最大的网络广告商，它没有一个大客户，收入完全来自被其他广告商忽略的中小企业。再如，一家大型书店通常可摆放 10 万本书，但亚马逊网络书店的图书销售额中有1/4来自排名10万以后的书籍。这些冷门书籍的销售比例正在高速成长，估计未来可占整个书市的一半。这意味着消费者在面对无限的选择时，真正想要的东西和想要取得的渠道都出现了重大的变化，一套崭新的商业模式也跟着崛起。克里斯·安德森认为，网络时代是关注长尾、发挥长尾效益的时代。

案例分析

【案例 2-4】

如何跟进潜在的大客户

这个客户是我在展会上认识的，当时对我们的产品表现出浓厚的兴趣，并下了 12 个样机订单，这在我们公司是第一次。这个客户很大，在美国有 1000 多家店，很多大公司都是他的客户，如果这个订单可以谈下来，那么就是好几百万美元的生意。

展会结束后，我马上把在展会上的谈话、报价等资料整理好发给客户，第 3 天收到了回信。客户收到样品后，要求我给他一个正式报价（Formal Quotation）。我感到很困惑，因为报价一开始就发给他了。但是当时发的是按照平常的报价来报的。由于当时他说要做独家代理，我就在想是不是要按这个条件来发报价呢。大家都知道做独家代理是有很多东西要谈的，不是单单只有价格这一项。于是我又把之前给他的报价发给了他，并告诉他这个是按照我们的最小起订量（MOQ）来报的。关于独家代理，我们还有很多要谈的，所以到时候再来协商价格，并信心满满地告诉他我们一定在价格上、质量上、交货期上支持他。我还顺便问了他一下，大概有个什么样的量。于是客户回复我说他一定在量上面支持我，还说一定会有个有意义的数量（Significant Quantity）。

由于老板说我们的产品在客户那里是有竞争力的，要摆高姿态，于是我稍微吹嘘了我们的产品，说跟那些国际大品牌的质量是一样好的。然后客户有力地回击了我，说我们的质量很不好，并且还列举了几个毛病出来，并要求我们给出一个好的价格。不过我知道产品并没有客户说的那么糟糕，对于产品我一直都很有信心。相信，客户说了那些缺点应该就是为了谈一个好的价格。于是我跟老板说，可以开始跟客户谈独家代理的事情，谈合作方式、时间、数量、价格等。老板说先不要谈，让客户给出一个数量再来谈。我只能在产品上跟客户纠缠了，可后来发给客户的邮件，他都没有回复我。

我真的很困惑，我自己感觉这个客户是很有质量的。可是当所有的样品都寄出去之后竟然没了回音。哪里出错了呢？我现在该怎么跟这个客户联系呢？客户现在最关注的到底是什么？质量已经知道了，是价格吗？花了这么多精力跟踪客户，不希望就这样没了音信。

请思考：如果是你，会如何跟进潜在的大客户？

项目小结

潜在客户必须具备用得着和买得起这两个要素。企业可以通过资料查寻法、连锁介绍法、光辉效应法、会议寻找法等传统方式寻找潜在客户；还可以通过线上方式寻找潜在客户，如搜索引擎、本行业国际网站、网络广告、网络黄页等。

管理客户信息是客户关系管理的重要基础工作。管理客户信息首先要设计客户跟踪记录表、企业基本情况调查表等表格；利用人类记忆储能曲线把握好回访客户的最佳时机；在跟踪客户时要及时收集、记录客户信息，同时要建立客户档案。

衡量客户价值的标准是客户终生价值的高低；比较流行和具有代表性的客户终生价值预测方法是 DWYER 方法和客户事件预测法；按照客户为企业带来的当前利润、未来利润的大小，可以把客户分为铅质客户、铁质客户、黄金客户和白金客户。

按照八二开规则，企业中销售排名最靠前承担了 80%销量的 20%的客户，就是企业的大客户；在消费领域，大客户具有产品流通频率高、采购量大、客户利润率高、忠诚度相对较高等特征；企业要把大客户作为服务重点，制订大客户计划，提高大客户的忠诚度，提升大客户给企业带来的价值，预防大客户流失。

练习思考

一、单选题

1．根据定位潜在客户的 MAN 原则，理想的销售对象是（　　）。

A．M+A+N　　B．m+a+n　　C．M+a+n　　D．m+A+N

2．根据人类记忆储能曲线，第一次给一个陌生的客户打电话后，有必要在（　　）进行电话回访。

A．24 小时之内　　B．24 小时之外　　C．3 天后　　D．7 天后

3．能为企业带来很高的当前利润，但未来利润较低的客户，称为（　　）客户。

A．铅质　　B．铁质　　C．黄金　　D．白金

4．依据八二开规则，大客户指的是（　　）。

A．带来 20%销量的客户　　B．带来 20%利润的客户

C．耗费 20%成本的客户　　D．带来 80%销量的 20%的客户

二、多选题

1．线下寻找潜在客户的方法有资料查询法、建立新关系、（　　）、会议寻找法等。

A．连锁介绍法　　B．电话黄页　　C．光辉效应法　　D．微信朋友圈

2．客户生命周期是从客户与企业建立业务关系到完全终止关系的全过程，这个过程可以分为（　　）。

A．考察期　　B．形成期　　C．稳定期　　D．退化期

3．大客户与小客户相比，在（　　）等方面有着明显的区别。

A．采购人员　　B．采购金额　　C．销售方式　　D．服务要求

4．根据客户与企业之间的关系远近不同，可以将客户分为非客户、（　　）、流失客户。

A．潜在客户　　B．目标客户　　C．现实客户　　D．VIP 客户

三、思考题

1．寻找客户的方法有哪些？

2．什么是客户终生价值？按照客户价值大小可以把客户分为哪几类？

3．怎样为大客户做好服务工作？

实战强化

➲ 实训一 线上寻找潜在客户

一、实训目的

通过本次实训，熟练掌握线上寻找潜在客户的方法。

二、实训组织

每位学生按时完成一份作业，教师批阅后，选出优秀的作业进行表扬、展示，教师可以选派几个对上述操作（线上寻找潜在客户）熟练的学生，在多媒体教室现场演示给全班同学。

三、实训要求

利用介绍的线上寻找潜在客户的方法，寻找购买有关产品（如玩具、数码照相机）的客户资料，以表格的形式，把所用的方法及找到的客户资料等信息进行整理并上交。

➲ 实训二 用RFM模型对客户分类

一、实训目的

通过实训熟悉RFM模型在客户分类中的应用。

二、实训组织

班级学生分成若干小组，小组成员可以分工协作。有的成员整理RFM模型学习笔记，有的成员收集店铺客户数据，最后利用RFM模型共同完成店铺客户分类。各小组在多媒体教室展示实训成果。教师对每一组进行指导、评价。

三、实训要求

以小组为单位，RFM模型学习笔记可以参考“利用RFM模型对会员客户进行细分管理”等网络学习资源，店铺可以是线下店铺或者网店，将实训成果整理并上交。

项目 3

服务电话客户

现代企业的竞争就是服务的竞争，就是客户满意度的竞争，谁能为客户提供满意的服务，谁就能成为竞争的胜利者。统计数字显示，对企业来说，一个终身客户的价值是一次购买客户价值的 10 倍。但凡稍有规模的企事业单位大多设置了客户服务中心或部门，尤其在通信、IT 服务、金融等行业，呼叫中心作为企业留住现有客户的最重要手段已经得到了广泛应用，客户服务价值观念的提升和为客户提供优质服务的需要更是呼叫中心发展的强大动力。企业纷纷建立呼叫中心的主要目的之一就是要通过呼叫中心的优质服务吸引和保持客户。

传统意义上的呼叫中心是指以电话接入为主的呼叫响应中心，为客户提供各种电话响应服务。接待客户的电话呼入是呼叫中心最基本也是使用最广泛的业务方式，承担呼入服务工作的呼叫中心坐席员通常被称为客户服务代表（Customer Service Representative，CSR）。CSR 在呼入服务中所处的角色是比较被动的，特殊情况随时可能发生，因此，担当呼入服务的客服代表除了要具备一定的心理承受能力和心理调控能力，更需具体掌握基本的接待呼入电话的步骤和服务技巧，以便有效地提升服务质量。

学习提示

学习目标：

- 知识目标：掌握接待电话客户的步骤和方法，能够分析客户抱怨的原因。
- 能力目标：能够有效地处理客户投诉，优化客户服务流程。
- 素质目标：培养开拓创新、勇于探索的精神，严谨、踏实的工作习惯，提高分析、处理问题的应变能力和沟通能力。

本项目重点：

- 客服人员的规范用语、不同类型电话客户的处理流程和步骤。

本项目难点：

- 处理客户电话投诉常用的方法及技巧。

任务1 接待电话客户

任务要点

关 键 词：呼入电话、客服代表、步骤

理论要点：接待电话客户的步骤及方法

实践要点：掌握呼入电话的礼貌用语、规范及接待步骤，并能实际运用

任务情境

长沙刘先生查询一月账单，发现一月账单中短信费用激增，客户对费用很有疑问，经过查询详单，发现有大量短信重复发送给同一收件人，且第一条短信和第二条短信之间只间隔不到10s，客户要求查明原因并退费。通过核实，1月1日客户发送信息至朋友号码有多条记录，客户是发送超长短信，导致一条信息超过70个汉字系统自动截为多条来发送，并按实际发送的条数，即接收方收到的条数计费。由于目前手机功能智能化，客户可选择一条短信发送超长内容，接收方也具备接收长短信的功能致使客户误解短信的收费方式，根据原信息产业部在《点对点短信息协议》中的规定，每条短信的最大长度为140个字节或70个字符。若每次发送短信超过70个汉字，系统会将其自动截为多条来发送，并按实际发送的条数，即接收方收到的条数计费。为使客户使用时不产生疑问，需正确引导，告知客户使用资费。经过客服代表解释相关条例，客户刘先生表示满意。

客服：您好，请问您是刘先生吗？

客户：嗯。

客服：刘先生您好。我是××移动服务处理热线投诉人员，您之前反映短信出现了多收费的问题对吗？

客户：对啊，说起来还让人不相信呢，这不查不知道，一查吓一跳。你们一条短信能给我重复发，还发给同一个人，你说可笑不可笑。还不知道之前乱收了多少呢，你们就说怎么赔偿吧。

客服：刘先生您好，请您先消消气。根据您反应的问题，我们相关部门专门查了您手机的短信发送情况，这些连续发出的短信确实是由您的手机发送的。

客户：什么？我发送的？元旦那天我是发了挺多的短信，但也没重复发呀。我还真怕发多了，这些人都是我的客户，幸亏他说只收到一条，不然你们总是重复发送，弄不明白的还以为是我神经病呢。

客服：刘先生请您先别激动。您说的没错，您确实是只发了“一条”信息，但是您仔细想想是不是这些祝福短信字数都挺多的呀。

客户：重复计费和我发的短信字数有关系吗？不就节日祝福短信吗？那不人人都发吗？

客服：刘先生您好。情况是这样的。移动公司每条短信的最大长度为140个字节或70个字符，也就是说一条短信的长度只有70个汉字，如果一条短信的字数多了，就得

拆分来发送。您元旦发送的那条祝福信息有 145 个字，因此被拆为 3 条发送。

客户：我明明只发了一条！别人也只接到一条！

客服：我猜刘先生您和您朋友的手机肯定都非常高档。现在高档手机都具备长短信功能，能自动拆分与整合过长的短信内容。您的手机具备长短信功能，就算内容再长也可一次发送，而您朋友的手机接收时一次就整合了。

客户：原来如此，以前的手机发短信一超过字数就得重新发，现在能一次发，原来是方便移动公司收钱的。

客服：刘先生，您真幽默。传递祝福这样的好事，我们也希望您能一次性发完不是。

客户：呀，那别人不是收 3 条了。

客服：现在生活水平提高了，大家用的手机都支持长短信的，相信您的客户一般接收一次就完成了。当然，如果您为了避免出现这样的情况可以控制一下字数。

客户：你说多少字？

客服：70 个，包括标点符号。

客户：你们什么时候改的？怎么都不吱一声？你们知不知道侵犯了客户的知情权啊。

客服：您误会了，我们没改过资费的，移动公司一直是按《点对点短信息协议》中的规定来执行的。如果修改一定会通知您的，我们保存了您包括本月在内近半年的详单，随时欢迎您审核。

客户：开始我还以为换个好手机可以发长信息了，结果，你们移动也不吃白饭呀。

客服：您换好手机了，当然是高兴事儿，我也替您高兴，信息的长短也由您高兴，我们都会按规定来收费，不会乱收一分钱的，我们提出承诺收费误差双倍返还也是对我们的计费系统有足够的信心。欢迎您继续监督我们的服务。

客户：嗯，嗯。行了，我明白了。

任务分析

客户会因咨询、投诉、购物等多种原因呼入电话，客户服务代表在接电话前需做好各项准备工作。从客户呼入的电话转接至客服代表开始，问候、询问、回答客户的各种提问，直至将呼叫内容记录、整理、存档，各个步骤缺一不可，还要针对不同类型的电话客户提供规范化的服务，以确保提升服务质量，吸引、保持客户。

任务实施

步骤一 客户电话呼入

接待呼入的电话客户是呼叫中心最常见的一种业务方式。呼入电话服务在呼叫中心系统中最常见的应用包括：受理查询、登记预约、电话目录直销、报名登记受理、受理订单、客户服务热线、账务查询、货品跟踪、支持热线、投诉热线、中小企业虚拟商务中心（城市秘书）等。客户会因以上各种原因拨打企业呼叫中心的客服热线，客服代表在接受相关业务知识岗前培训之后，要做好思想与心理上的准备。

小链接 3-1

呼叫中心

现阶段，呼叫中心的概念已经扩展为可以通过电话、传真、互联网访问、电子邮件、视频等多种渠道进行综合访问，同时提供主动外拨服务，应用业务种类非常丰富的客户综合服务及营销中心。按呼叫类型可分为：呼入型、呼出型、呼入/呼出混合型呼叫中心；按功能可分为：电话呼叫中心、网络呼叫中心、IP 呼叫中心、多媒体呼叫中心、视频呼叫中心和统一消息处理呼叫中心。

步骤二 转接客服代表

1．呼叫中心系统的基本结构

呼叫中心接通客户与客服代表的电话是一个复杂的处理过程。一般而言，CRM 系统中的呼叫中心应当包括 6 个部分。

（1）程控交换机（PBX）

呼叫进入呼叫中心的门户。程控交换机系统是客户服务中心与外界系统发生联系的主要通道和桥梁。对外作为与市话局中继线的接口，对内则作为与客服代表话机和自动应答设备的接口。

（2）自动呼叫分配（客户 ACD）

ACD 用来把大量的呼叫进行排队并分配到具有恰当技能和知识的客服代表，客户 ACD 可以独立于交换机存在，也可内置在交换机中。客服代表的技能被分成若干组，如处理投诉的组、处理短信的组等，或者按其他业务职能进一步细分，ACD 的工作就是将呼叫排队并路由到合适的组。排队的依据多种多样，如拨入的时间段、主叫号码、DNIS、主叫可以接受的等待时间、可用坐席数、等待最久的来电等一系列参数。用户等待时可以听到音乐或延迟声明。

ACD 可以在多方面提高客户满意度：将呼叫路由给最闲的客服代表可以减少主叫的排队时间，将呼叫路由给最有技能的客服代表可以解决客户的专业问题和特殊需要，呼叫提示让客户可以对呼叫有更多的控制权，如预计等待时间太长，客户就可以选择留言挂机、转到一个指定的分机或者只是听取信息播放。

（3）交互式语音应答（IVR）

IVR 扮演一个自动话务员的角色，是企业为客户提供自助服务的主要设备，用于繁忙等待时或无人值守时完成各种自动化的任务，减轻客服代表负担，提高客户满意度。作为前台语音接入平台，要完成语音接入、语音导航、语音交易、语音转接等功能，是整个呼叫中心的基础和核心平台。用户可以通过按键甚至话音输入信息，IVR 可以使用自带数据库中的信息来处理用户输入并给出提示，也可以使用主机数据库中的信息与客户交互。系统返回的将是预先录好的或是合成的话音。高端 IVR 市场的 IVR 平台能实现多渠道统一接入，为客户提供 7×24 小时全方位的自动语音服务，实现电话、传真、Internet、语音识别、语音留言、外拨等多种渠道服务的自动化处理。相对于呼叫中心其他技术来说，能使企业获得更高的生产率。从市场方面（如用户金融服务和民航系统等）来看，交互式语音应答系统是不可替代的必需品。

（4）计算机电话集成（CTI）

CTI服务器是连接PBX/ACD与计算机/计算机网络系统最重要的设备，是交换机和计算机的通信纽带。其主要作用是使交换机和计算机系统实现信息共享，传送、转发、管理各类与呼叫相关的数据。CTI在PBX/ACD与计算机之间提供应用级的接口，从而形成一系列增值应用和服务。CTI使电话系统和计算机系统共享信息，从而使呼叫路由更明确或者呼叫触发一些功能，如根据特定的主叫、呼叫原因、时间段、流量等情况更新主机数据库，这些功能由应用软件提供，如来电管理（ICM）和去电管理（OCM）。

CTI主要分为两类：面向电话的（第一方控制）和面向交换机的（第三方控制）。它在单独的计算机上实现了对电话和呼叫的控制。面向交换机的CTI实现包括主机和客户/服务器结构的LAN配置，它不仅可以利用到分机的信息和功能，还能利用交换机上可用的信息和动作，面向交换机的CTI应用控制电话、呼叫、分组、导引条件和线路。用于客户服务中心的CTI应用有屏幕弹出、话音和数据的协同转移、预测拨号等。

（5）人工坐席客服代表（CSR）

座席系统是人工坐席代表进行客户服务的业务终端应用平台。人工坐席代表的工作设备包括话机、耳机及运行CTI应用程序的PC或计算机终端。耳机可以提供方便和保密，电话上可以实时显示服务中心的统计数据，以便客服代表了解自己的表现并跟上呼叫量。客服代表使用这些设备可以快速高效地进行个性化的服务，包括提供签入、签出、置忙、置闲、应答、挂断、保持、转接、会议、外拨等软电话功能，实现查询、咨询、交易、投诉建议等坐席业务应用功能，并能提供客户服务中心的坐席端业务应用，实现语音数据的同步。

（6）系统主机

主机是内部的数据服务器，用来存放客服代表人事信息、计费信息、客户信息和业务受理信息、业务咨询信息。坐席终端可以通过局域网借助CTI有限地访问这些数据，为客户提供更为迅速、更为个性化的服务。

2．呼叫中心系统的工作原理

呼叫中心系统的各个部分之间通过网络进行通信，共享网络资源，向用户提供交互、便捷的服务。当有客户电话呼叫时，首先进入中心交换局（Center Office），PBX应答呼叫，捕获自动号码证实（客户NI）或被叫号码证实（DNIS）信息；接着PBX寻找空闲的IVR路由，并把该呼叫转至该线路，PBX通过RS232串行口发送初始呼叫信息给交互式语音应答IVR，包括呼叫转至的端口号及客户NI和DMS信息；然后由IVR播放提示菜单信息给呼叫者，以确定哪类客服代表受理比较合适。IVR检查接线员队列，若无空闲客服代表，则播放消息给呼叫者，告诉其在等待队列中的位置，询问是否愿意等待等。客服代表空闲时，IVR把呼叫转至该客服代表，等待PBX发来的拨号音，拨新的分机号。客服代表拿起电话后，IVR自动挂机，处理另一个呼叫。利用数据库的共享或局域网通信工程，IVR向客服代表的计算机发送客户NI信息，呼叫到达时，客户信息会自动显示出来。当呼叫用户或客服代表一方挂机时，PBX检测到断线信号，通过RS232串行口发送呼叫记录信息给IVR。此时IVR根据此信息确定刚处理完呼叫的客服代表已恢复空闲，可进行下一次呼叫处理。

小链接 3-2

“外包型”呼叫中心与云计算：“呼叫中心新型服务模式”

“外包型”呼叫中心由专门的呼叫中心服务提供商或称呼叫中心运营商投资建立一个大的呼叫中心作为完整的商业智能客户服务平台，这种呼叫中心借鉴了 Internet 服务商（ISP）的成功经验，依据“虚拟呼叫中心”“商业呼叫中心”的概念，采用向企业租用构造在物理呼叫中心的“虚拟呼叫中心”的服务手段，使得每个租用服务的企业拥有一个能够提供企业独特的接入服务的、个性化的客户服务平台。

2010 年云计算市场进步迅猛，呼叫中心与云计算技术的结合也进入了一个全新阶段。云计算呼叫中心是基于云计算而搭建的呼叫中心系统，企业无需购买任何软、硬件系统，只需具备人员、场地等基本条件就可以快速拥有属于自己的呼叫中心，软硬件平台、通信资源、日常维护与服务由服务器商提供。具有建设周期短、投入少、风险低、部署灵活、系统容量伸缩性强、运营维护成本低等众多特点；无论是电话营销中心还是客户服务中心，企业只需按需租用服务，便可建立一套功能全面、稳定、可靠、坐席可分布全国各地、全国呼叫接入的呼叫中心系统。根据系统建设方式，又可以细分为私有云呼叫中心、公有云呼叫中心、混合云呼叫中心等。

步骤三　客服代表问候客户并询问服务内容

一个亲切的问候是接近客户的第一步，也是建立和谐氛围的第一步，同时还可以给顾客一个良好的第一印象。客户如何对电话另一端陌生的声音产生信任，如何对陌生的客服代表敞开心扉，说出他的问题……其实一切都是从问候开始的，一个可以让客户感到亲切的问候，也能让客户感觉到客服代表的自信、专业、亲切。

1．问候语

为了提高语音服务的亲切度，早上（指凌晨 0：00～12：00）时，在欢迎语前加“早上好！”；若是下午和晚上，则按正常的“您好！”实施语音服务。如遇国家法定节假日元旦、春节、国际劳动节、中秋节、国庆节等，则需要有相应的节日问候语如“节日快乐”“新年好”等。常规的问候语有：

客服代表：“您好，××欢迎您的来电，请问有什么可以帮您？”

客服代表：“新年好！××客服中心，请问有什么可以帮您？”

不可以说：“喂，说话呀！”

当已经了解了客户的姓名的时候，客服代表应在以下的通话过程中用客户的姓加上“先生/小姐”保持礼貌，回应称呼“某先生/小姐，请问有什么可以帮助您？”不可以无动于衷，无视客户的姓名。

2．遇到无声电话时

客服代表：“您好！请问有什么可以帮助您？”稍停 5 秒，还是无声，则再说一次：“您好，请问有什么可以帮助您？”稍停 5 秒，对方仍无反应，则说：“对不起，您的电话没有声音，请您换一部电话再打来，好吗？再见！”再稍停 5 秒，挂机。

不可以说：“喂，说话呀！再不说话我就挂了啊！”

3．无法听清时

1）因用户使用免提而无法听清楚时，客服代表可以说：“对不起，您的声音太小，请您拿起话筒说话好吗？”不可以说：“喂，大声一点儿！”

2）遇到客户声音小听不清楚时，客服代表应在保持自己的音量不变的情况下说：“对不起！请您大声一点，好吗？”若仍听不清楚，则客服代表可以说：“对不起！您的电话声音太小，请您换一部电话再打来，好吗？”然后过 5 秒挂机。不可以直接挂机。

3）遇到电话杂音太大听不清楚时，客服代表可以说：“对不起，您的电话杂音太大，听不清楚，请您换一部电话再打来好吗？再见！”稍停 5 秒，挂机。不可以直接挂机。

4）若没有听清楚客户所述内容而要求客户配合重复一遍时，客服代表可以说：“对不起，麻烦您将刚才反映的问题再复述一遍，好吗？”不可以说：“喂，什么？你说什么？”

4．方言的问题

1）遇到客户讲方言，客服代表却听不懂时，客服代表可以说：“对不起，请您讲普通话，好吗？谢谢！”当客户继续讲方言，不讲普通话时，客服代表可以说：“对不起，请您找一个可以讲普通话的人来，好吗？谢谢！”不可以直接挂机。

2）遇到客户讲方言，客户能听懂客服代表的普通话时，客服代表应该在听懂客户所用方言的基础上，继续保持普通话的表达，不可以转换成客户的方言。

5．遇到客户打错电话时

客服代表可以说：“对不起，这里是××客户服务中心，请您查证后再拨。”（若有可能请根据客户的需求，引导客户拨打其他号码）。

不可以说：“喂，打错电话了！请看清楚后拨。”

6．遇到客户想直接拨打本公司内部其他部门电话时

客服代表可以说：“对不起，您能否将具体情况和联系电话告诉我，我帮您联系好吗？”

不可以说：“这不是我部门的电话，我没有办法联系。”

步骤四　根据询问内容回答客户提问

呼叫中心的主要功能是提供优良的服务和客户关系管理，降低成本，达到客户满意，实现内部价值，捕捉市场信息并反馈给相关部门。作为最前线的工作人员，呼叫中心客服代表的工作职责有：根据服务需要及上级指引，接听客户来电或联络有关客户，进行资料收集，产品和服务的推广及营销；协助处理每个项目的资料储存及日常运作；提供高水平客户服务，以确保客户满意。所以客服代表要具备一定的业务知识以及处理各种问题的能力。

回答客户的问题有三种途径：一是根据自己掌握的业务知识及以往经验积累；二是查找客户数据库；三是通过查阅客户、产品的档案资料予以回答。

1）回答可以当时解决的客户提问时，若客服代表提供的信息较长，需要客户记录下相关内容时，客服代表应说：“麻烦您记录一下，好吗？”不可以语速过快而没有提示。

2）回答无法当时解决的客户提问时，要视不同情况具体分析、具体对待，优质的客户服务有助于提升顾客满意度。

① 遇到无法当场答复的客户咨询，客服代表可以说："对不起，请您留下您的联系电话，我们查询后将尽快与您联系，好吗？"客户："……"。接着，客服代表可以说："先生/女士，请问您贵姓？"客户："……"。最后，客服代表可以说："谢谢您的合作，再见！"不可以随意回答或自以为是地回答。

② 遇到无法当场答复的客户投诉，客服代表可以说："很抱歉，先生/小姐，多谢您反映意见，我们会尽快向上级部门反映，并在2小时之内（简单投诉）/24小时之内（复杂投诉）给您明确的答复，再见！"不可以说："喂，我不清楚，您过两天再来电话吧。"

③ 遇到操作界面反应较慢或进行相关资料查询或需要客户等待时，应先征求客户的意见，客服代表可以说："对不起，请您稍等片刻，好吗？"在得到客户的同意后按静音键，取消静音后，客服代表可以说："对不起，让您久等了。"不可以没有抱歉和感谢。

④ 遇到设备故障不能操作时，客服代表可以说："对不起，线路正在调整，请您稍后再来电，好吗？"或请客户留下联系方式，等设备正常后及时与客户联系。不可以没有抱歉以及后续工作。

⑤ 遇到客户询问客服代表个人信息超出回答规范标准时，客服代表可以说："对不起，我的工号是×××号。"若客户坚持要求，则可告诉客户公司规定只能通报工号。不可以责怪以及不礼貌地直接挂断电话。

⑥ 遇到客户提出的要求无法做到时，客服代表可以说："很抱歉，恐怕我不能帮助您！"或说："很抱歉，这超出我们的服务范围，恐怕我不能帮助您。"不可以以生活化的词语和口气回答。

3）遇到客户提出建议时，客服代表可以说："谢谢您，您提出的宝贵建议，我们将及时反馈给公司相关负责人员，再次感谢您对我们工作的关心和支持。"不可以没有感谢或赞扬。

4）需请求客户谅解时，客服代表可以说："对不起，请您原谅。"或说："对不起，很抱歉。"不可以没有抱歉。

5）向客户解释完毕后，应向客户确认是否明了，客服代表可以说："请问我刚才的解释您是否明白/是否清楚？"若客户不能完全明白，则应将客户不明白的地方重新解释，直到客户明白为止。

6）当遇到客户向客服代表表示感谢时，客服代表也须回应："请不必客气"或："不客气"，若客户进一步表扬，则客服代表可以说："请不必客气，这是我们应该做的/这是我们的工作职责，感谢您对我们工作的支持，随时欢迎您再来电。"不可以随意回答或自以为是地回答。

最后，客服代表必须履行岗位职责，严格按照公司规定的具体操作流程，将所有不能当场为客户解决的问题转交后台具体处理部门或逐级上报领导。

步骤五 将呼叫内容和类型进行登记、整理

客服代表在与客户通话结束后，要做好相关的客户记录，登记呼叫内容和类型，包括客户的建议、目的、忠诚度，客户的类别、性别、工作行业特点等。并将记录的资料进行整理、存档，以便进行统计、评价，为今后改进企业的产品和服务提供依据。

小链接 3-3

800 电话与 400 电话

800 免费电话全称为国际国内受话人集中付费业务。它的主要特征是由被叫方集中支付电话费用，而主叫方不付费用，无论拥有 800 号码的企业有多少分支机构，也无论各个机构分布在国内的什么地方，均可由唯一的号码控制，即 800×××××××，由此赋予企业一个完整的形象。800 可作为企业服务热线（如咨询、销售热线）、防伪认证、会员热线、内部使用（如员工外出时联系公司的免费通信线路、利用 800 作为连通内部路由器的接入工具）等。主叫免费体现了被叫方“以用户为上帝”的经营理念和周到体贴、细致入微的服务，同时也证明了企业实力，提高了企业的知名度；免费服务可有效吸引客户来电使企业业务获得发展和提升。

400 电话是一种主被叫分摊业务，即主叫方承担市话接入费，被叫方承担所有来电接听费用。话费由企业和拨打 400 电话的用户分摊，拨叫方仅支付当地市话费。400 电话是专为企事业单位设计的全国范围内号码统一的虚拟电话总机，所有拨往 400 总机号码的来电均被转接至预先设定的固定电话、手机或呼叫中心专线上。400 电话总机只负责处理呼入的电话，不能外拨。400 热线体现了企业服务意识，是信誉和实力的象征。目前已广泛用于多行业售前售后服务咨询方面。400 电话分为 4006（中国联通）、4007（中国移动原铁通）、4008（中国电信）、4001（中国移动新号段）、4000（中国联通新号段）、4009（中国电信新号段）。

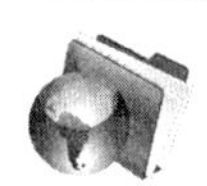

触类旁通

1. 与服务内容无关电话的处理

接到与服务内容无关的电话，也是客服代表经常遇到的，客服代表在确认其与服务内容无关前应尽量明确拨叫人的拨叫目的，如果客服代表不确定拨叫目的或不理解拨叫人的要求，则应将电话转给组长。如果该电话被确认为与服务内容无关，则客服代表应告诉拨叫人如无其他能帮忙的地方就将挂断电话。如拨叫人无视客服代表的通告，则客服代表应记下拨叫人的性别、电话号码、拨入时间、工作台号作为证据，客服代表在第二次通告后可以挂断电话。需要注意的是，在任何情况下，客服代表都不能向拨叫人说粗话或无任何通告就挂断电话。

2. 恐吓电话的处理

客服代表接到危及生命或公共财产安全的恐吓电话时应保持冷静，并记录所有细节：如拨叫人性别、电话号码、拨入时间、工作台号、交谈内容、特殊事宜以及任何与客户有关的信息，并立即通知组长。组长根据录音决定是否需要向更高级主管汇报，并视情况考虑是否向公安部门报告。同时，组长应通知前台和所有员工保持高度警惕，如有必要，管理部门也应通知到。

3. 骚扰电话的处理

任何客服代表接到骚扰电话后，应警告拨叫人如继续进行骚扰将挂断电话，如果拨叫人无视客服代表的警告，则客服代表应记下拨叫人的性别、电话号码、拨入时间、工作台号作为证据，客服代表在第二次通告后可以挂断电话。但在任何情况下，客服代表都不能向拨叫人说粗话或无任何通告就挂断电话。

案例分析

【案例 3-1】

数月以前，一家国内 IT 企业进行笔记本计算机促销活动，我是接到推销电话的一个他们认为的潜在客户。

销售员："先生，您好，这里是 HR 公司个人终端服务中心，我们在搞一个调研活动，您有时间我们可以问两个问题吗？"

我："你讲。"

销售员："您经常使用计算机吗？"

我："是的，工作无法离开计算机。"

销售员："您用的是台式机还是笔记本计算机？"

我："在办公室用台式机，在家就用笔记本计算机。"

销售员："我们最近的笔记本计算机有一个特别优惠的促销活动，您是否有兴趣？"

我："你就是在促销笔记本计算机吧？不是搞调研吧？"

销售员："其实，也是，但是……"

我："你不用说了，我现在对笔记本计算机没有购买兴趣，因为我有了，而且，现在用得很好。"

销售员："不是，我的意思是，这次机会很难得，所以，我……"

我："你做电话销售多长时间了？"

销售员："不到两个月。"

我："在开始上岗前，公司给你们做了电话销售的培训了吗？"

销售员："做了两次。"

我："是外请的电话销售的专业公司给你们培训的，还是你们的销售经理给培训的？"

销售员："是销售经理。"

我："培训了两次，一次多长时间？"

销售员："一次大约就是两个小时吧，就是说了说，也不是特别正规的培训。"

我："你现在做这个笔记本计算机的电话销售，成绩如何？"

销售员："其实，我们遇到了许多的销售中的问题，的确，销售成绩不是很理想。"

……

请思考：对话中的销售员在推销过程中有哪些问题？

任务 2　处理客户电话投诉

任务要点

扫码看视频

关 键 词：客户、电话投诉、步骤

理论要点：处理客户电话投诉的步骤及方法

实践要点：掌握处理电话投诉的礼貌用语、规范及步骤，并能实际运用

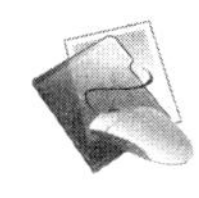

任务情境

顾客 L 购买了某母婴连锁店的纸尿裤快递到了家中，由家人帮忙收货。顾客下班回家发现纸尿裤的生产日期是 2011 年 8 月 12 日的，是两年多前的产品，已经过了保质期。纸尿裤是很容易受潮的产品，过期的产品会直接影响到宝宝的健康。因此，顾客 L 拨通了某母婴连锁店的客户服务呼叫中心的电话。在等待了 30s 之后，座席 1003 接听了来电。

顾客 L：（反应上述问题之后）我希望换成今年生产的纸尿裤。

坐席 1003：不行，这个责任在你，谁让你签收的时候不检查清楚，我们的纸尿裤售出之后概不更换。

顾客 L：你这样销售过期的产品就不对，我没有拆包装是因为对你们的信任。

坐席 1003：我们的网站和目录上都写着，卫生用品一经售出就概不更换，你打这个电话就多余。

顾客 L 被激怒了：你要好好说，我也就认了。你这么说，我就投诉你！

顾客 L 拨电话给母婴连锁店的客户服务热线，转接投诉部门。等待了 2min，坐席 1008 接听的电话。顾客 L 在电话中反应了上述问题，并投诉坐席 1003 之后……

坐席 1008：我们的制度就是这样的，售出的卫生用品不能换。

顾客 L：我现在是投诉，你只要记录投诉之后回复我就行。

坐席 1008：这个投诉不能成立，你应该自己检讨一下。

顾客 L 被再次激怒：你们经理呢？我找你们经理。

坐席 1008：不好意思，我们没有经理。

顾客 L：你们的店我不会再来，而且我会告诉所有朋友拒绝购买你们的东西。

任务分析

呼叫中心的客服代表接听客户的电话投诉是工作中常见的情况，投诉是客户的感情与企业的一次激烈的碰撞。而处理客户投诉这个环节是在投诉升级为矛盾冲突之前的，客服代表处理电话投诉的技巧和方式直接决定了客户投诉的定性问题。因此，客服代表应该在投诉升级之前妥善解决客户的问题。客服代表除了要熟悉处理投诉的具体步骤，还要在处理过程中做到不与客户争执，不与客户冲突，保持理性和礼貌，即使顾客情绪激动也要以冷静、平和的心态尽量去处理客户投诉，只要从根本上找到其投诉的根源并从客户的情绪、情感层面进行处理，就可以变消极对立为双赢互利，变废为宝，让每一次投诉都成为企业品牌提升的机会，成为与客户达成情绪互动、情感积累的过程。

任务实施

步骤一　接受投诉

呼叫中心的客服代表接听客户电话呼入的核心工作之一就是处理来自客户的电话投诉。

客户进行投诉最根本的原因是没有得到预期的服务，即实际情况与客户期望存在差距。即使是公司的产品和服务已达到良好水平，但只要与客户的期望有距离，投诉就有可能产生。比如在使用服务过程中，有人歧视或小看客户，没有人聆听客户的申诉，没有人愿意承担错误或责任，或因为某人的失职令客户蒙受金钱或时间的损失，客户的问题得不到解决，也没有人向客户解释清楚等，而客户认为企业应该义不容辞地去解决一切，电话投诉就成为客户寻求解决问题途径、发泄内心不满的一种便捷、高效的方法。

客户投诉的目的不外乎希望他们的问题能得到重视，希望他们能得到相关人员的热情接待或者获得优秀服务，最终能使他们所遇到的问题得到圆满的解决。处理客户投诉不仅是找出症结所在，满足客户需要，更重要的是必须努力恢复客户的信赖。客户的电话投诉为企业工作的改进和完善提供了一个很好的平台，但另一方面也使企业的管理者和一线的客服代表面临着巨大的压力。客服代表如果对呼入的投诉电话处理不当，则很可能会引致不满和纠纷，导致投诉升级，影响客户与企业的关系，有些投诉甚至会损害企业形象，给企业造成一定的负面影响。因此，当客服代表接通客户的投诉电话时必须从提高企业服务水平、融洽双方关系的角度出发，迅速处理，绝不拖延，努力做好客户电话投诉的接待工作。

小链接 3-4

有关客户的一组统计数字

获得1个新客户的成本是保留1个老客户成本的4倍；

1个不满意的客户会把他们的抱怨告诉8～12个人；

每接到1次客户投诉，就意味着还有24个同感的客户与你不辞而别；

一个公司如果将其客户流失率降低4%，其利润就可能增加24%～84%；

客户不满意，也不投诉，但还会继续购买你商品的有9%，而有91%的客户不会再回来；

投诉过但没有得到解决，还继续购买你商品的客户有19%，而有81%的客户不会再回来；

投诉过但得到解决，会有44%的客户继续购买你的商品，而有46%的客户不会回来；

投诉被迅速得到解决，会有82%的客户继续购买你的商品，只有18%的客户不会回来。

步骤二　平息怒气

客户的情绪反映了他们内心要表达的声音，这声音并不总是动听的，在商业活动中，几乎各行各业的工作人员都难免听到客户的抱怨，面对客户的愤怒，这的确不是让人开心的事。许多人在接听投诉电话的时候心里就已经敲起了退堂鼓；也有人积极应战，用比客户更恶劣的态度吓退来“找麻烦”的客户。客户投诉虽然是危机，但如果处理好每一次客户的投诉和抱怨，实际上是可以为促进优化服务质量提供数据的，也是巩固客户关系的好机会。

作为客服代表，在遇到情绪激动、愤怒，甚至破口大骂的电话投诉客户时，首先要做的是端正好自己的态度，处理好客户的感情，安抚好客户的情绪，平息客户怒气，甘愿当客户的出气筒。当客户处于愤怒、情绪冲动、失控的压力下，很难理性、冷静地听取任何建议，甚至会变得不讲道理，说话做事不考虑后果，也就是在这个时候，客服代表无论说什么，提什么好的解决方案都无济于事。只有当客户情绪稳定后才能进一步沟通，因此，平息客户怒气可以通过以下几种方法。

1．正确引导、帮助客户发泄内心的不良感受

客户投诉时情绪往往比较激动，言语行动大都处于非正常状态，这种情况下，客户的愤怒如同“洪水”，汹涌不可阻拦，你越堵，压力与危险越大，最好的办法是疏导，采取有效的方式去引导、帮助客户痛痛快快地发完牢骚，直到客户将心中的不满与怨愤吐净为止。客户把自己的怨气、不满发泄出来后，忧郁或不快的心情便得到释放和缓解，从而维持了心理平衡。等客户的情绪逐渐平稳下来，会逐步变得有理性，才开始愿意接受客服代表的解释与道歉。

2．认真聆听客户的投诉

大部分情况下，诉说是最重要的排解苦闷心情的方式之一，投诉的客户需要忠实的听众，倾听是解决问题的关键，喋喋不休的解释只会使客户的情绪更差。

在倾听客户投诉的时候，不但要听他表达的内容，还要注意他的语调与音量，这有助于了解客户语言背后的内在情绪。面对客户的投诉，客服代表应表示出极大的耐心，并善于运用“对，对……”“是的，是的……”“您是说……”“是这样……”“您的想法是……”等语句进行必要的归纳和总结，让客户感觉到你已经仔细听取了他的投诉情况及要求；同时，还需要对客户投诉的要点随时进行记录，从客户的诉说中找出客户投诉的真正原因及其投诉的目的、期望是什么。

3．换位思考、设身处地对客户的处境表示同情，认同客户的感受

从某种程度上来说，客户投诉一旦发生，客户就会强烈地认为自己是对的，并会要求赔偿或道歉。客服代表不应当把客户在投诉时表现出的情绪失控、言行过激理解成是对自己个人的不满，客服代表仅仅是被当成了发泄对象而已。所以客服代表要能够换位思考，让自己站在客户的角度来看待问题，深切地体会客户的心情与困境，即客户的情绪是完全有理由的，理应得到极大的重视和最迅速、合理的解决。不仅在口头上，而且从心底里对客户的遭遇或不幸怀有歉疚与同情之意，对客户的言行抱有理解与宽容之心，使客户的心理得以平衡，拉近与客户的心理距离，进而有利于促进双方的互动交流，找到双方的“共同语言”，取得客户的好感与信任，并引导客户与客服代表共同积极寻求正确的解决方案。

小链接 3-5

处理客户投诉时客服人员情绪的自我评估

在处理客户投诉时难免遇到情绪低落或情绪难以控制的时候，这就要求客服人员作好情绪的自我调整，以下提供几种控制情绪的自我对话：

1）我是问题的解决者，我要控制住局面。

2）客户的抱怨不是针对我，而是针对公司的产品和服务。

3）保持冷静，做深呼吸。

4）客户不满意，不是对我不满意，我不能受他影响。

5）我需要冷静地听客户诉说，虽然他的措辞很激烈。

6）我需要知道事情的经过和真相，所以我不能激动。

7）我要用良好的情绪影响他，使他放松，缓和他的紧张心情。

步骤三 澄清问题

在平息客户怒气之后，冷静、客观地看待客户投诉的问题，向客户准确、清楚地澄清问题，是作好客户投诉处理的关键环节。

客服代表不能与投诉的客户进行争论或辩论，要承认问题已经发生，勇于承认错误，及时道歉。并根据记录下的投诉问题对客户进行耐心的询问，用开放式的问题引导投诉客户讲述事实、提供资料，用封闭式的问题总结问题的关键，确保得到的资料是准确的。

在与客户电话交流的过程中，客服代表还要使用清晰、明了的语言回答客户问题，尽量避免使用术语或者技术性名词，在没有获得足够的信息之前不轻易下结论、作出承诺。最后，客服代表要明确、清楚地总结出客户投诉的问题。

步骤四 探讨解决方案

客户投诉都有他们的动机与目的，不同客户对服务有着不同要求，有的是期望，有的为发泄，有的为获得尊重，有的为求补偿，而处理投诉的目的是为了满足客户的需求，获得客户的理解和再度信任。因此，优秀客户服务人员的出色之处在于迅速了解客户的需求以及解决问题的能力。作为服务人员，时刻要用理解、真诚、专业的态度勉励自己。与客户探讨解决方案，真正解决客户投诉的问题，满足客户的需求，是处理电话投诉的根本目的。

1．表示出愿意帮助的态度

客服代表要把客户的问题当成自己的问题，让客户感觉到的确是真诚地在为他解决问题。为了能够帮助客户解决问题，适当的时候客服代表要运用技巧把和客户谈话的重点放在问题的解决上，而不是一味地安抚客户的情绪。

根据投诉问题的澄清，客服代表运用业务知识判断客户投诉的理由是否充分、投诉要求是否合理，继而提出恰当的解决方案。

2．不同方案的解决途径

（1）投诉成立　如若客户投诉成立，在条件允许的前提下，客服代表要与客户探讨解决方案，提出可能提供的解决方案。通常一个问题的解决方案都不是唯一的，给客户提供选择会让客户感到受尊重，同时，客户选择的解决方案在实施的时候也会得到来自客户更多的认可和配合。在职责范围内，客服代表应以尽可能快的速度确定最佳解决方案。

（2）投诉不成立　如果投诉不能成立，则客服代表要耐心地向客户进行解释，取得客户的谅解，消除误会。

（3）客户不接受解决方案　一旦客服代表找出方法征求客户同意，但客户不接受，则客服代表可询问客户有什么提议或希望解决的方法，不论客服代表是否有权决定，都让客户随时清楚地了解投诉进程。如果客服代表无法解决，则可通知客服班长或请示更高一级主管。

小链接 3-6

客户投诉的四种需求

被关心：客户需要你对他表现出关心与关切，而不是感觉不理不睬或应付。客户希望自己受到重视或善待。他们希望他们接触的人是真正关心他们的要求或能替他们解决问题的人，他们需要理解和关心。

被倾听：客户需要公平的待遇，而不是埋怨、否认或找借口。倾听可以针对问题找出解决之道，并可以训练客服代表远离埋怨、否认、借口。

服务人员专业化：客户需要明白与负责的反应，客户需要一个能用脑而且真正为其用脑解决问题的人，一个不仅知道怎样解决，而且负责解决的人。

迅速反应：客户需要迅速与彻底的反应，而不是拖延或沉默。客户希望听到“我会优先考虑处理你的问题”或“如果我无法立刻解决你的问题，我会告诉你处理的步骤和时间。”

步骤五 采取行动

协商好解决方案后就要立刻采取行动。客服代表应根据客户投诉的内容，如是对产品质量的投诉还是对客户服务行为的投诉，最终确定相关的具体受理机构或分公司部门及受理负责人跟进，同时也让客户知道他所投诉的问题正在及时地进行解决。如果客户投诉的问题在提出后得不到迅速解决，在客户看来，这是企业对错误本身和对客户不够重视造成的，进而会激怒客户，使客户对企业失去信心。

在处理客户投诉的问题上，时间拖得越长，客户积怨也就越深越大，同时也会使客户的想法变得越顽固，客服代表处理起来就会更加棘手。因此，处理客户投诉，在条件许可的情况下最好能速战速决，对客户的要求能立即回复的就应及时进行解决，不要耽搁。如果因为有些问题比较复杂或特殊不能立即解决，也要给客户一个可以忍受的等待期限，并提供一些相关的服务保证，让客户静候佳音。

对于简单投诉案件，应在 1 个工作日内处理完毕；对于一般投诉案件，应在 3 个工作日内处理完毕；对于复杂投诉案件应尽快处理，并每隔 3 个工作日对客户进行回访，并将处理进度如实告知。一旦处理问题的时间被拖延，不论结果如何客户都不会满意，而且拖得越久处理的代价就越高昂。

步骤六 感谢客户

在妥善解决客户投诉问题之后，客服代表要感谢客户对企业的信任与惠顾，并向客户表示决心，让客户知道今后会努力改进工作。

在结束通话准备挂电话时，客服代表可以通过封闭式的结束语了解客户满意度。例如：“您觉得这样处理可以了吗？”“您还有别的问题吗？”等。如果没有，就感谢对方打来电话提出问题，并再次为给客户带来的不便和损失表示真诚的歉意。要给客户一个良好的最终印象，正如要给他一个良好的第一印象一样。

触类旁通

1. 客户投诉的后台处理和上报

为确保客户的投诉得到很好的解决，需要呼叫中心采取跟进措施。

呼叫中心客服代表收到任何投诉均应记录投诉行为，并进行编号。客服代表应尽可能处理客户的电话投诉，如果投诉的问题能够解决，而无需进一步的行为，则此投诉视为结束。如果客服代表无法解决该投诉，则应上报至班长或更高级主管。有关班长应委派专人会同各有关方跟进该投诉，以确保投诉问题的最终解决。否则，班长应协调各有关方寻求另外的解决方案，并将进度随时通知给客户。

投诉处理完成后，班长或其委派人在投诉记录内结束此投诉。

如呼叫中心客服代表收到客户有关员工态度及服务质量的投诉，则应将电话转给班长或更高级主管。如此类投诉与呼叫中心客服代表无关，则班长或更高级主管应记录投诉细节，并将其交给有关方采取行动；如此类投诉与呼叫中心客服代表有关，则班长或更高级主管应负责调查此案并视需要对有关员工采取纪律处分。

对于任何需要采取跟进措施的投诉，班长或更高级主管应负责保证在对客户承诺的时间内完成。

2．难缠客户投诉的应对方法

1）面对生气的、敌对的客户，呼叫中心客服代表首先应保持平静和耐心，让客户发泄，并以专业的口吻告知自己的权限，控制住局面。在处理问题时不应该批评客户的观点和想法，如果有，应尽量提供多项处理意见以供选择。

2）面对强势的、蛮横的客户，呼叫中心客服代表应重复客户所说的话，让客户觉得自己很重要，并让客户认为他的某些观点是对的，然后在客户的话语中寻找某些认同的观点，并尽量提供多项处理意见以供选择。

3）面对彪悍的、操纵欲强的客户，呼叫中心客服代表应充满自信地解释状况，偶尔同意客户所说的话，并表示感谢，同时清楚并友善地向客户说明自己能做到的以及自己做不到的。

4）面对粗鲁无礼、言语伤人的客户，不要把客户的话放在心上，可以以严正的态度要求他们停止说粗话或向客户提问以示关心并分散其注意力。

3．员工投诉

呼叫中心客服代表表达对自己雇用状况的不满及想法的机会可通过员工投诉机制解决，比如一个呼叫中心客服代表认为自己没有受到公平对待或希望就其雇用事宜进行讨论，可以公开坦诚地与其直接上司进行讨论，必要时可采用书面形式。如果呼叫中心客服代表对其与直接上司的讨论结果不满意，则该呼叫中心客服代表可与更高一级上司、其他管理人员或人力资源部代表进行讨论。

呼叫中心客服代表可通过面对面讨论、电话、传真或电子邮件等多种渠道提出并进行有关事宜的讨论。

案例分析

【案例 3-2】

某网络公司一位客户因网络故障，通过电话进行障碍自动报修。安装协议书上的承诺是报修后 24 小时内排除故障，但 24h 过去了，故障不但没有被排除，网络公司那边也没有一点回音。于是客户又采取人工服务报修，并且说这一两天总公司有个网络会议要召开，急需使用网络，但 24h 又过去了，离网络会议时间越来越近，可网络公司仍没有派人过来维修。第三次，客户开始发火，在电话里气势汹汹地说：“你们今天下午 1 点钟之前必须给我修好，否则我要你们赔偿我的经济损失。”但一直到下午3点钟，维修人员才姗姗而来，客户当场大发脾气，强烈要求网络公司退款并赔偿其损失，但网络公司不同意。最后客户聘请律师将该网络公司告上法庭。

请思考以下问题：

1）网络公司激怒客户，最终将投诉“点燃”成冲突的根本原因是什么？

2）如果你是客服代表，在接到电话投诉后，你将如何有效处理这起客户投诉？

任务3 提升电话沟通的技巧

任务要点

关 键 词：电话沟通、技巧

理论要点：电话沟通过程中倾听、提问及复述的技巧

实践要点：掌握与客户的电话沟通技巧，并能实际加以运用

任务情境

客服代表：早上好，我是电信10000号工作人员，您现在接听我电话是免费的。请问方便接听吗？

客户：请问你有什么事情吗？

客服代表：今天给您打电话，是关注到您一直都在使用我们中国电信E家业务，所以特地打电话过来问候一下，请问××号码一直是您在使用吗？

客户：是的。

客服代表：根据我们资料显示，您这几个月打长途和市话都比较多，对吧？

客户：是的。

客服代表：您现在还有一个本地市话套餐，每月都要交39元钱，是吗？

客户：是呀。

客服代表：这样的话，您每月话费一直都比较高，一般都是在200元以上，是吧？

客户：对呀。

客服代表：除了这些以外，您每个月还要交彩铃费5元钱，月功能费5元，来电显示费6 元钱对不对呀？您是我们电信公司的重要客户，今天打电话给您，是想通知您从下个月开始，我公司将给您的号码赠送一些优惠。

客户：什么优惠？

客服代表：因为您以前每个月的话费都在200元以上，因此公司决定从下个月开始您每个月只需要花费59元，就可以享受到市话加长途免费拨打400min的特别优惠。平均每分钟将近0.19元，不到0.2元，而且接听所有来电全部免费。并且您每月的彩铃费

5 元，月功能费 5 元，来电显示费用 6 元，这些费用加起来一共是 16 元钱，也全部给您免了。

客户：有这么好吗？

客服代表：是的。为了让您能够尽快享受到以上优惠，同时把您的话费降下来，我现在就帮您调整一下，好吗？

客户：好的。

客服代表：请在您的手机上输入 6 位数密码，输入完之后直接按#号键。密码按完后，请不要挂机，稍后系统会自动转过来，我这边还要和您说话，我们只是确认一下您是该号码的机主就可以了，好吗？

客户：好的。

客服代表：您的密码是正确的，我现在已经帮您办理了我们的 59 元套餐，从下个月开始您将享受接听电话免费，拨打市话、长途前 400min 免费并且以后打长途不要加拨 11808 了，该服务不在优惠政策中，不但非常麻烦而且还贵，以后直拨就可以了。另外如果您在省外出差的话，漫游费每分钟只收 0.39 元，这是非常优惠的，但漫游费不包含在 400min 以内。另外来电显示、月功能费、彩铃费从下个月开始全部给您免了，没问题吧？

客户：好的。

客服代表：从今天起我就是您的电话经理，最近几个月都将是由我为您服务，等一下我会把我的名字和手机发短信给您，如果您使用得好就继续使用，如果您觉得话费不够用，到时候我再帮您调整，好吗？您任何时候有什么需要我帮忙，请随时给我电话，谢谢！稍后请您对我的服务做一个评价，如果满意请帮我按一下 1 号键，谢谢！祝您生活愉快！

任务分析

呼叫中心的客服代表要完成一次优质的服务，服务态度固然要好、服务礼仪固然要规范，但服务水平才是最关键的因素。客服代表如果能够熟练、恰当地运用倾听、提问、复述等一些电话沟通技巧，不仅能够减轻自身的工作压力，更有助于提升电话沟通的质量，创造高满意度的客户服务。客户服务的技巧，是基于不间断学习，储备丰富的知识，厚积而薄发。客户服务工作很基础，但里面的学问有很多，要分析客户心理，有很多客户每通电话的期望值是不一样的，有些想要开通新业务，有些只是想追求心理平衡，有些则是想要通过投诉来获取利益等。这要求客户代表要正确分析和评估每通电话的客户真实想法，在电话开场的 30s 到 1min 内，快速判断并做出回应。

任务实施

步骤一　接待准备

一个出色的客服代表必须在专业技术上求精，在服务质量上不断提升。而客服代表的专业技术表现在沟通能力、业务知识解答能力以及灵活应变能力上。客服代表在接待客户的过程中，要能呈现出良好的服务技巧，首先必须做好事前的充分准备工作，包括对电话礼仪、专业知识、顾客基本情况以及客服代表自我情绪的管理与压力释放的准备。

1．电话礼仪的准备

客户在接受某项基本服务时，最基本的要求就是希望客服代表能关注其直接的需求，能受到热情的接待。电话接听是客服代表与客户之间互相沟通的方式，接听电话时的礼仪表现会直接影响客户的情绪，电话礼仪不仅反映客户服务人员的情绪、修养、礼貌、礼节，同时更代表了整个公司的形象和素质。因此，接听电话不可太随便，需要做好事前准备，讲究必要的礼仪和一定的技巧，以免横生误会。

（1）接电话前的准备　首先，在接听电话前客服代表要准备好笔和纸，如果没有预先准备好纸笔，那么当客户需要留言时就不得不要求对方稍等，让客户等待是很不礼貌的。

其次，要停止一切不必要的动作，不要让客户感觉到客服代表在处理一些与电话无关的事情，对方会感到你在分心，这也是不礼貌的表现。

（2）态度表情礼仪　接听电话的态度表情礼仪分为：微笑的表情、甜美的声音、正确的坐姿、灵敏的反应。以往认为电话沟通不同于面对面沟通，不会看到表情和姿态，实际上微笑时候的声音会让客户产生融洽感。所以在客服人员入职培训中教授面部笑肌的上提练习，会使声音比原来更甜美，更有亲和力。正确的坐姿能使客服人员产生专注感和专业感。如果客服代表姿势不正确，不小心让电话从手中滑下来或掉在地上，发出刺耳的声音，则会令客户感到不满意。

（3）电话接听应对基本礼仪　无论是打电话还是接电话，客服代表都应使用普通话，做到语速均匀、语音清晰、语气温和、音量适中、大方自然、简明扼要、文明礼貌。与客户交谈应对时的礼貌用语及禁用语见表3-1～表3-3。

表3-1　与客户交谈时的礼貌回复

肯定回复	否定回复
自信坚定的语气	婉转肯定的语气
好的，是的	不好意思
我马上为您处理	很抱歉
我了解您的问题	建议（另）一个（方法）
我愿意。我可以……	
我立即为您处理	
没问题	

表3-2　与客户沟通时的应对用语

沟通状况	用语方式
主动询问客户姓名	请教您贵姓 请问您的姓名全称是
主动询问客户来电目的	请问有什么可以为您服务的
客户欲打断您说话或想发言	您请说
要请客户自行处理某些事情	不好意思，要麻烦您 不好意思，请您帮忙
客户说：麻烦您了！	不会麻烦，这是应该的
客户任何时候说谢谢	不客气

表3-3 与客户交谈时的禁用语

与客户沟通时的禁用语	客户对客服代表的感觉
句中称呼客户“你”	表示客服代表不尊重客户，让人感觉客服代表很没有礼貌
没有办法、不行、不可以	表示客服代表没有任何提供服务的诚意
这是公司的规定	客服代表没有说服的能力，强迫对方接受
句尾加了“哦”（上扬音）	有责备的语气，容易挑起客户的情绪
句尾加了“呢”或“吗”	有质问的语气，很容易挑起客户的情绪
句尾加了“啊”（音调下降）	无奈的口气，表示没有说服的能力
以“好不好？”“可不可以？”结尾	会使客户觉得他自己很无理取闹，而客服代表也没有任何耐性再提供服务
以“懂不懂？”结尾	让客户觉得客服代表像是在教育小孩，有命令式的口吻
以“是不是？”结尾	给客户感觉他是来找麻烦的
“对对对”连声“对”	很没耐性的响应
三不政策“不知道”“不清楚”“不了解”	一问三不知，表示客服代表不专业

2. 专业知识的准备

专业知识是客服代表必要的工作条件，即对公司的产品、流程、业务和政策等相关信息应该了如指掌。客服代表对于电话那头的客户来说是专家，需要给予客户专业、合理、可行的建议和解决方案，甚至需要积极、有效的引导客户的消费理念，准确地展示公司的特色服务，使得客户在短时间内认可公司的服务和产品，留下意见和建议。客服代表虽然不与产品直接接触，但仍然担负公司产品推介和市场推广的责任，还要能解答客户的咨询，所以，客服代表不仅要熟悉公司经营的产品，还要领会公司的经营策略，并能够根据公司的经营思想给客户提供专业的服务。

对于一个知识密集型的呼叫中心来讲，一旦客户提出某一个问题，就会有若干相关信息迅速供其选择与参考。有过电话咨询体验的人都会有这样的感觉：大多数客服代表态度友好，基本的信息也都能提供；一旦涉及更深入的咨询信息，客服代表就只能以良好的态度来应对；对于那些少数有特殊要求的客户，虽然客服代表通常礼貌地回复，但并不能直接给出令客户满意的答案。为了避免像这样的情况出现，客服代表必须苦练技术本领，掌握更多业务知识，才能为客户提供满意的答案，去弥补对所咨询事件的无能为力。

步骤二 欢迎客户

客服代表在做好充分的准备工作后，下一步的工作就是迎接客户。客服代表在接听客户电话时要做好以下几个方面的工作。

1. 职业化的第一印象

对客户来讲，他非常关注电话对面的那个人带给他的第一印象究竟会是怎样的。对客服代表而言，标准、礼貌、规范化的职业语言是体现其自身职业的重要表现。客户尽管不能直接面对客服代表，但可以从客服代表的职业化语言中判断其职业水准。因此，客服代表在欢迎客户时一定要呈现出非常好的职业化的第一印象。

2. 欢迎的态度

欢迎的态度对客户来说非常重要。客服代表在一开始就应该把握好以怎样的态度去接待客户，这决定着整个服务的成败。所以，对于客服代表来说，在接听客户来电时，一定要发自内心地带着微笑，迅速接起电话，让对方也能在电话中感受到热情和欢迎的态度。

步骤三 倾听

在客户服务过程中，倾听技巧是沟通中很重要的一门学科，呼叫中心的客服代表必须学会倾听。倾听是一种情感活动，并不是简单地将客户所说的话全都听取。倾听是一次排除干扰、归纳问题、适时反馈的过程。只有设法成为好的倾听者，客服代表才能学着去了解客户，决定如何进行最有效的交流，并提供最有效的服务。

1. 倾听的意义

1）倾听能使客服代表和客户谈话的对象协调，能使客服代表了解客户的需求从而达到真正的交流。

2）如果交谈中客户认为他说的话客服代表根本不听，则对交流会造成很大障碍，会立即给他们带来挫折感。

善于倾听是电话服务成功的关键。客服代表的倾听态度是走向成功倾听的重要一步。要知道“听”是被动的，积极倾听才是主动的。对于客服代表而言，积极倾听意味着要听事实，听清楚客户说什么；还要听情感，在听清对方所说事实的同时，还应该更多地考虑客户的感受是什么，需不需要给予回应。

2. 倾听的技巧

（1）主动、耐心地倾听　客服代表在倾听客户诉说时应该主动、耐心、专心致志，不要提问太多，非必要时不要打断客户的话。即使是已经熟知的问题，也不可以充耳不闻，万万不可将注意力分散到研究对策问题上去，因为万一客户的讲话内容为隐含意义，这样做就容易使客服代表没有领悟到或理解错误，造成事倍功半的效果。

（2）清楚地听出对方的谈话重点　能清楚地听出对方的谈话重点，也是一种能力。因为并不是所有人都能清楚地表达自己的想法，特别是在不满、受情绪影响的时候，经常会有类似于语无伦次的情况出现。而且，除了排除外界的干扰，专心致志地倾听之外，还要排除对方的说话方式对客服代表的干扰，不能把注意力放在客户的咬舌、口吃、地方口音、语法错误或“嗯”“啊”等习惯用语上面。

（3）要善于归纳问题和事实的反馈　对于客户之前反映的点滴信息，客户服务人员要能去除客户的情绪性语言，找出关键词，理清关键问题所在。内容表达上要清晰明了，在重复对方的需求时更要表述清楚，可说“是不是……”或“你说的是……吗？”作主动归纳，让客户作出选择，确认理解一致以避免误解。有些客户表达时没有重点或表达错误时，客服代表在倾听时要在合理的时间适度打断，结合“归纳客户的问题”，把客户反映的内容进行归纳。当遇到听不明白的问题时，客服代表一定要提出来，并不时给予对方的谈话一些总结性反馈，以确保双方所谈论的问题具有一致性。

（4）显示出在倾听并作出积极回应　为表示对客户的重视与尊重，客服代表需通过一些方式向客户显示他在认真倾听，而不是毫无反应。电话沟通无法通过眼神交流和身体语言来帮助，声音的语调与适时的回应则成为可以表达认真倾听的途径。谈话必须有来有往，所以要在不打断对方谈话的原则下，适时地回应客户，让客户感受到客服代表自始至终都在聚精会神地倾听，而且听得很清楚很明白。同时，适时地回应还可以避免客服代表在倾听过程中走神或感到疲惫。

（5）作适当的记录　通常，人们大脑即时记忆并保持的能力是有限的。为了弥补这一不足，在客户反映问题较多或表达过长时，客服代表应作适度记录、归纳，写下问题的重点内容。记录的好处在于，一方面，可以帮助客服代表回忆和记忆，不至于在客户讲完问题时忘了前面几个问题，而且也有助于在客户表达完毕后，客服代表就某些问题向对方提出询问；另一方面，客服代表通过记录还可以集中精神，帮助自己作充分的分析，理解客户讲话的确切含义与问题实质。

（6）诊断式倾听　将倾听过程当做一个诊断问题的过程。当错误发生后，切记不要去争论、辩护。勇于承认错误并进行道歉，尽管问题并不是由自身造成的，但客服代表代表了整个公司的形象。积极寻找问题的解决途径，而不是障碍。要知道，向客户强调所能做的事情能够给客户留下深刻良好的印象。

3. 倾听的注意事项

1）声音是话语和思想最重要的传达系统，在电话沟通过程中客服代表要适度变换声音的高低，说话较为生动。语速需要配合客户，不要过快以免给客户造成压迫感，也不要过慢以免给客户造成不受重视和懒散的感觉。音量也应配合客户，不要过于大声给人不礼貌感，也不要过于小声给人胆怯感。

2）在语气上要亲切，营造融洽的气氛，让客户感到自己是受欢迎的人，在发音时加入微笑，让客户感到友善。要态度真诚，积极主动，不能用沉默来代替倾听。

3）在沟通过程中尽可能留意客户的表达方式，遣词用字要从对方的情感出发，要有同理心。有些客户性子急，说话速度特别快，在倾听时要特别注意，记录相关信息，不要遗漏，而有些客户性子慢，讲话速度也会特别慢，解释时要尽可能详尽，从最基本的开始讲。

4）要把注意力集中在解决问题上。在客户没有完全表达完自己的意见和观点之前，不要匆忙作结论，不使自己陷入争论。

5）不应流露出对客户说话内容的轻视，要切实地回应客户。对于一些自己不愿听到的内容，客服代表主观上不要进行有意忽视。

小链接 3-7

表 3-4　倾听的干扰来源及其解决方法

干扰来源	产生原因	具体表现	解决方法
环境因素	呼叫中心客户服务人员之间座位太近，其他服务人员声音大	不能听清客户的语言，注意力转移到了其他事情上	接听的时候要聚精会神
情感过滤	对身边事物有自己的感观，或喜欢或讨厌	以自己的情感过滤客户	倾听时，要把自己的情绪暂时放在一旁，不以自己的意志为转移，对每个客户都用最热情的态度服务
过于急切	客户反应的问题有些相像	客户还没有表述完整，就迫不及待认为已懂	每个客户都有自己的特征，反映问题时也有自己的特性，在倾听客户问题时，切忌对号入座
		自我认定，急着打断客户向其解释	避免打断客户的话，客户表述完整后再表达自己的建议和意见
		记录相关内容，而没有真正倾听到客户意图	避免因作记录而忽视客户的真正问题所在，等完全理解客户意图之后再作记录

6）要以专业的态度接受客户的抱怨，能够保持冷静，多为客户着想。客户在倾诉时，会出

现悲伤、愤怒等情绪，切记对带有情绪的话不要过分敏感，不要过多地把注意力集中在客户情绪上，适度地说“我也有同样的感受”“我明白”，客服代表要体贴、认同客户的这种感受。

步骤四 提问

在客户服务的电话技巧中，提问的技巧与倾听一样，是了解对方的想法和意图、掌握更多信息的重要手段和有效途径。很多人认为，向客户提问题只是单纯为了得到答案，但有的时候不是。在客户服务中很多提问的目的都不是为了得到答案，而是为了洞察当时客户的问题，提问的目的只不过是给客户提供一种发泄的渠道而已。

1. 提问的好处

通过提问，可以收集客户的资料，发现客户的需求，以便对症下药。

通过提问，便于理清自己的思路。“您能描述一下当时的具体情况吗？”“您能谈一下您的希望、您的要求吗？”这些问题都是为了理清自己的思路，让自己清楚客户想要什么，自己能给予什么。

通过提问，可以让愤怒的客户逐渐变得理智起来。客户很愤怒，忘记陈述事实，客服代表应该有效地利用提问的技巧，如：“您不要着急，一定给您解决好，您先说一下具体是什么问题，是怎么回事儿？”客户这时就会专注于对你所提的问题的回答上。在他陈述的过程中，情绪就会从不理智而逐渐变化，这是提问的第三个好处。

2. 提问的问题

- 谁？（Who）
- 为什么？（Why）
- 什么？（What）
- 何处？（Where）
- 哪个？（Which）
- 何时？（When）
- 怎样？（How）

3. 提问的方式

（1）开放式提问　开放式提问所提出的问题是纯开放式的，回答的内容是非常广泛的，通常无法以“是”或“否”等简单字句答复。例如：“您别着急，请跟我说说，到底发生了什么事情？”“您的意思是……”开放式的提问方式一般是用在初步了解客户需求的时候。

（2）封闭式提问　封闭式提问是指在一定范围内引出肯定或否定问题的答复，答案只能包括“是”或“不是”。例如：“请问您是想查询您的电费清单吗？”。封闭式的提问方式一般用于确认客户需求或澄清问题时。

（3）探查式提问　这是一种很好的提问技巧，即提出的问题是有选择性的，对方回答的内容一般都在提问的选择范围之内。例如：“请问您是想查询电话通话费还是想查询电话的通话记录？”一般用于进一步了解或探寻客户需求的时候。

有针对性地提出问题能够让客服代表获得问题的一些具体情况，能够对客户所遇到的问题进行了解。

4．问题的类型

（1）针对性问题　什么是针对性问题？比如中国移动或者中国联通的客服热线经常接到客户的投诉，有时会说："开机的时候，手机坏了。"或者说："始终信号不好，接收不到，或者干脆屏幕什么显示都没有。"这个时候，客户服务人员可能会问："那您今天早晨开机的时候，您的屏幕是什么样子的？"这个问题就是针对性的问题。针对性问题的作用是让客服代表获得细节。当不知道客户的答案是什么的时候才使用，通过提出一些有针对性的问题，再就这些问题进行了解。

（2）选择性问题　这种提问用来澄清事实和发现问题，主要的目的是澄清事实。问题的答案只能是肯定或者否定。比如："您是用我们发到您电子邮箱的登录密码登录的吗？"那么客户只能回答"是"或者"不是"。再比如："您朋友打电话时，开机了吗？"开了或者没有开，也许会说不知道，或客户只能回答"是"或者"不是"。

（3）了解性问题　了解性问题是用来了解、核对客户的一些信息，以确定身份是否属实。了解性问题是比较难提出的，因为客户会觉得在怀疑自己的身份。所以在提问时要注意慎用语言。比如说咨询："您什么时候买的？""您的发票是什么时候开的？""当时发票开的抬头是什么？""当时是谁接待的？"等，客户觉得像在查户口。作为客服代表，提这些问题的目的是为了了解更多信息，这些信息对客户服务人员是很有用的。可是客户有的时候不愿意回答或者懒得回答，如，客户会说"我早忘了"。因此在提了解性问题的时候，一定要说明原因——"麻烦核实一下您的身份证号码，因为要做登记""麻烦您输入一下密码，因为……""先生，帮您查询信息，需要先跟您核对一下您现在的注册地址是哪里？"

（4）澄清性问题　澄清性问题是指正确地了解客户所说的问题是什么。例如，有些客户经常会夸大其词地说"卖的是什么破手机呀，通话质量特别差，根本听不清楚。"北京有一家手机专卖店，经常收到这种投诉电话。作为客户服务人员，首先要提出澄清性问题。因为客服代表这时候并不知道客户所说的质量差到了什么程度，这时可以问："您说的通话效果很差，具体是什么情况，您能详细地描述一下吗？"了解客户投诉的真正原因是什么，事态有多严重等问题类型叫澄清性问题。

（5）征询性问题　征询性问题是告知客户问题的初步解决方案，征求客户的意见。"您看……？"类似于这种问题叫做征询性问题。当客服代表告知客户一个初步解决方案后，要让客户作决定，以体现客户是"上帝"。比如，客户抱怨产品有质量问题，听完他的陈诉，客服代表就需要告诉他一个解决方案，比如说："您方便的话，可以把您的机子拿过来，可能需要在这里放一段时间。这就是我的解决方案"。再比如说："对于您说的问题，您看我是否能够再发一个登录密码到您的电子邮箱，您再登录？""对于您说的问题，您看您能否将图片改到40KB以下，再上传？"

（6）服务性问题　服务性问题也是客户服务中非常专业的一种提问。一般来说，在一次客户服务电话即将结束时给客户满意的结束语，其作用是超出客户的满意程度的。例如，对客户说："您看还有什么需要我为您做的吗？""您如果还有其他的需要欢迎来电询问。"这些话客户会经常听到。服务性问题的提出是体现一个企业的客户服务是否优质的一个标准。

5．提问的注意事项

1）要预先准备好问题。

2）既不要以法官的态度来询问对方，也不要问起问题接连不断。

3）提出问题后应闭口不言，专心致志等待对方作出回答。

4）要以诚恳的态度来提问。

5）提出问题的句式应尽量简短。

6）提问的速度应适宜。

6．一些不应涉及的提问

知道什么问题该问，什么问题不该问，才是能让客户信赖的呼叫中心客服代表。有些不该被涉及的问题一旦被提问，不但会令客户作出使对话中止的反应，更会令客服代表失去再次提供服务的机会——客户不会再来了。例如：“对我们公司或对我们提供的服务，您哪里不喜欢？”问这样的问题，等于向客户承认他选择你的公司是错的。还有，不要问一些客户还没看到产品之前或还没了解产品的性能之前就一定让他作决定的问题。例如：“我们银行有四种银行卡，您要办哪一种？”“这款机型有 3 种颜色，您要哪一种？”这些问题容易把客户置于守势，带有强迫性的让客户作答，让客户不愿很快地把其想法和问题告诉你，甚至产生反感而拒绝配合，最后造成沟通不良。

总之，在与客户交谈时，应该想办法多问一些可延续对话的问题，这样可以使双方的谈话继续进行下去，不至于陷入僵局，客服代表也可以从客户那里获得更多的需求信息。

小链接 3-8

一些实用的说话技巧小贴士

- 说“我会……”以表达服务意愿

当客服代表使用“我会……”这一技巧时，客服代表和客户都会受益。许多客户听到“尽我可能……”后，会感到很生气，因为他不知道“尽可能”有多大的可能。但当他们听到“我会……”后，就会平静下来，因为客服代表表达了服务意愿，以及将要采取的行动计划，客户就会感到满意。

- 说“我理解……”以体谅对方情绪

客户需要呼叫中心客服代表理解并体谅他们的情况和心情，而不要进行批评或判断。

- 不要激怒“上帝”

当客户想向服务提供者倾诉或投诉时，如果这些人把他们当做外星人，对寻找办法解决他们的境况不感兴趣，则没有什么比这更令客户愤怒的了。

步骤五　复述

复述是客服代表为了确保客户没有误解并更好地确认客户的需求而重复关键信息。复述的技巧包括两个方面：一是复述事实；二是复述情感。这与倾听的内容是相同的，因为复述也就是把客服代表所听到的内容重新叙述出来。

1．复述事实

（1）复述事实的目的　复述事实的目的就是为了彻底地分清责任。客服代表先向客户确认自己所听到的是否正确，如果客户认可，那今后出现问题的责任就不在客服代表身上。

（2）复述事实的好处

1）通过复述，可以掌握主动权，可以调整谈话的节奏。

2）通过复述，可以理清自己的思路，尽快找到客户想要的答案，了解客户的真正需求和想法。这对于客户代表至关重要。

3）通过复述，可以提醒客户是否还有遗忘的内容，是否还有其他问题需要一起解决。

4）通过复述，可以体现客服代表的职业化素质，更重要的是让客户感觉到对方是在为自己服务。

（3）复述事实的技巧 为了防止听错电话内容，一定要当场复述。特别是同音不同义的词语及日期、时间、电话号码等数字内容，务必养成听后立刻复述、予以确认的良好习惯。文字不同、一看便知但读音相同或极其相近的词语，在通电话时常常容易搞错，因此，对容易混淆、难以分辨的词语要加倍注意，放慢速度，逐字清晰地发音，如1和7、11和17等。为了避免发生音同字不同或义不同的错误，听到与数字有关的内容后，请务必马上复述，予以确认。当说到日期时，不妨加上星期几，以保证准确无误。

2. 复述情感

复述情感就是对于客户的观点不断地给予认同，比如："您说得有道理""我理解您的心情""我知道您很着急""您说得很对"等。这些都叫做情感的复述。通过复述情感，可以让愤怒的客户逐渐平息怒气，这在一定意义上满足了客户情感的需求。在复述过程中，复述情感的技巧最为重要，使用时也非常复杂，客服代表需要特别注意。

步骤六 达成协议

1. 确定客户接受的解决方案

达成协议就意味着要确定客户接受的解决方案。例如，客服代表会把一种方案提出来，问客户："您看这样可以吗？"这就叫做确定客户接受客服代表的解决方案。

2. 达成协议并不意味着一定是最终方案

有的时候达成协议并不意味着就是最终的方案。在很多时候，客服代表所做的是一些搁置问题的工作，如果问题很难解决，就只能先放在一边搁置。例如，有时客服代表确实无法满足客户的要求，或者说在其能力范围之内无法解决这个问题。这时，客服代表只能向客户表示："我很愿意帮助您，但是我的权利有限，我会把您的信息传达到相关的部门，然后他们会尽快地给您一个答复，您看行吗？"此时这个服务就结束了。因此，当时达成协议并不意味着就是最终方案。

3. 达成协议的方法

首先，客服代表需要作出一个承诺，例如："您看这样可以吗？""您能接受吗？"等，建议一个承诺出来，如果客户同意，就可以；如果客户不同意，就搁置一个需求，搁置一个问题，把这个问题放到下边去做，但最终的目的还是要获得客户的一个许可，就是他同意按照你们所商定的方式去进行。只有这样，客服代表才会认为帮助客户的阶段基本上可以结束。

小链接 3-9

呼入服务的3F法

3F的意思是客户的感受（Fell）、别人的感受（Felt）、发觉（Found）。

3F是一种表示体谅、理解、答复的主体结构，客服代表可以在此基础上附上其他的答复。这种技巧承认客户的感受，并且提供一种客户能听得进去的说明。

例如："我理解你怎么会有这样的感受（Fell）；其他人也曾经有过这样的感受（Felt）；不过经过说明后，他们发觉（Found），这种规定是为了保护他们的权益。"

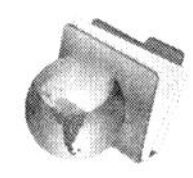

触类旁通

呼叫中心客服，如何"看客下菜"？

1．家常小菜型

例如，清炒小白菜、大碗萝卜汤等，这些菜司空见惯，普通业务咨询、简单小投诉，估计聪明的你早就有一套简单、高效的处理方法了。

2．麻婆豆腐型

麻婆豆腐是川菜中的名品，其特色在于麻、辣、烫，入口麻辣、有呛喉感。

此类用户的特点在于脾气火暴，将你想说的话卡在喉咙里出不来，对于这种类型的用户得不急不慢，心里清楚要开始吃麻婆豆腐了，不妨先喝口水润润喉，等对方"麻辣"完了再平息其怒气，温柔地来上一句"抱歉让您这么生气了，我们先来看看您的问题，我是否能帮到您？"然后凭借熟练的业务知识和有效的沟通技巧为其解决问题。在这一问一答中气氛渐渐好转，最后三下五除二搞定这盘菜！但这种方法不一定适用于所有"火辣"的用户，也可以试试另一种方法——对于抱怨的用户给予一定的"认同"。例如当对方说"你们的服务也太差了吧，怎么能这样对待用户呢？"你可以试着回答："您说得对，我们会在合适的时间向公司提出建议，以后改善。"如此一来，用户如遇"知音"，接下来的沟通肯定会顺畅很多。

3．烧鹅型

粤菜的代表菜之一，是我国饮食体系中最富于改革和创新的菜品，重视积极借鉴、吸纳。

烧鹅型用户对新产品抱有很大兴趣，不仅会从各个角度关注公司新的动向，还会通过各种媒体了解公司的业务，相对比较专业，也比较敏锐。对此，我们内心是持欢迎态度的，因为这类用户不盲从，较理智，对一项业务不弄非常清楚绝不轻易使用，一旦使用，不太会轻易放弃。这类用户不紧不慢、刨根问底，只能伺机行动，见缝插针，需要抓住对方的特点"富于改革和创新"。遇上这类用户，我们要不吝鼓励与赞美，例如："您说的这项业务我们公司刚刚推出不久，目前还只有消费意识比较超前的用户才会问到，所以比较详尽的内容在我们的网上营业厅及实体营业厅资料要较齐全些，并且在实体厅您还可以让工作人员亲自为您选购，我告诉您营业厅的地址吧？"这招对于一些容易感受到鼓励赞美的用户有一定的效果。但是，这一招也并不是对每个人都适用，要视用户心情及当时所涉及的业务谨慎使用。对方的一个特点是"重视积极借鉴、吸纳"，用户愿意吸收新东西，所以我们要主动出击，向其推荐新产品，并鼓励对方使用，这不仅做到了主动营销，也迎合了用户的口味，一旦我们掌握了话语权，带动了整个沟通节奏，就要顺利很多。

4．八宝粥型

相传八宝粥来自天竺，有"佛粥"的称号，质软香甜，清凉可口。

这类用户弄不清楚自己的问题，主要体现在对话费永远有疑问，也有无理取闹甚至死不认账的倾向。面对这样的用户，建议用肯定式的语气与对方交谈，如“对您的收费没有任何问题，计费无误”。对于无理要求，也要肯定地告诉对方“对于正常收费，我们不会给予退费!”万不可吞吞吐吐，含糊其辞，语气要坚定，有理有据，让用户彻底打消非分之想。对于消费较为明白的用户，可利用账单为其计算扣费，摆事实，让用户心服口服。另外，由于用户的消费着实复杂，让用户在短短几分钟弄清楚有些不大可能，可利用举例说明，比较通俗易懂。

5．张官合渣型

这道菜估计很少听过，这是鄂西地区的一道名菜，地道的土菜，营养丰富，夏天吃起来沁人心脾，冬天暖人心胃。

如同菜名，此类用户张冠李戴，搞不清楚方向，对外界事物不大知晓，以为客服代表无所不知，无所不能。很可能出现你的服务用语还没说完，那头儿便没头没脑地来一句“你这是机器人吗”，而当你向其表明身份“这是中国×××客服人工台，请问需要怎么帮助您”对方又会来句“哦，帮我转人工，我不要语音”估计这时你也乐了，甚至会想是我的普通话“太标准”了呢，还是对方耳朵有问题？处理这类用户，做我们该做的，也就尽心尽力了。在我们枯燥而单调的机房里，他们为我们带来的莞尔一笑成为可爱的小插曲。

案例分析

【案例 3-3】

以下是某位客户的电话投诉：

客服代表：喂！你好。

客　　户：你好，我是××的一个用户……

客服代表：我知道，请讲！

客　　户：我的手机这两天一接电话就断线……

客服代表：那你是不是在地下室，所以接收不好。

客　　户：不是，我在大街上都断线，好多次了……

客服代表：那是不是你的手机有问题呀？我们不可能出现这种问题！

客　　户：我的手机才买了三个月，不可能出问题呀。

客服代表：那可不一定，有的杂牌机刚买几天就不行了。

客　　户：我的手机是爱立信的，不可能有质量问题……

客服代表：那你在哪买的，就去哪看看吧，肯定是手机的问题！

客　　户：不可能！如果是手机有问题，那我用×××的卡怎么就不断线呀？

客服代表：是吗？那我就不清楚了。

客　　户：那我的问题怎么办呀，我的手机天天断线，你给我交费呀！

客服代表：你这叫什么话呀，凭什么我交费呀，你有问题，在哪买的你就去修呗！

客　　户：你这叫什么服务态度呀，我要投诉你！……

于是双方在电话里发生争吵。

请思考以下问题：

1）具体列出客服代表在接待电话客户的礼貌用语和态度上的错误之处？

2）案例中的客户最初还是比较客观、理性地进行投诉，是什么原因激怒了客户，最终导致了冲突的发生？

3）如果你是客服代表，将如何运用电话沟通技巧改正以上对话，以便有效地处理客户投诉？

项目小结

客服代表是呼叫中心中唯一的非设备组成，呼叫中心的某些服务，如业务咨询、电话号码查询、故障报告和服务投诉等必须由客服代表来完成。客服代表的工作职责是针对客户的需要与要求提供信息和解决问题的方法。尤其对于同时接听两种或更多类型电话的客服代表来讲，除了掌握基本的工作流程和方法之外，如何更加有效地处理客户投诉，帮助企业提高服务质量，反应能力和心理转换能力显得尤为重要，加强在这方面技巧的训练和调控必不可少。在与客户沟通的过程中有效地使用电话提问技巧、倾听技巧等非常重要。同样的语意用语言技巧采用不同的表达方式，对方的感受会完全不同。客户服务在使用语言的时候更需要技巧。

练习思考

一、单选题

1．CSR 的中文意义是（　　）。

A．客户销售代表　　B．客户服务代表

C．企业社会责任　　D．消费者服务专员

2．客户进行投诉的最根本原因是（　　）。

A．没有得到预期的服务　　B．对产品质量不满意

C．与客服人员发生口角　　D．问题得不到解决

3．大部分情况下，诉说是最重要的排解苦闷心情的方式之一，投诉的客户需要忠实的听众，（　　）是解决问题的关键。

A．解释　　B．同情

C．倾听　　D．沟通

4．以下（　　）是电话客服与客户交谈时的禁用语。

A．您好！　　B．实在不好意思。

C．对对对连声“对”　　D．感谢您的来电。

二、多选题

1．向客户提问的注意事项（　　）。

A．要预先准备好问题　　B．要以诚恳的态度来提问

C．提出问题的句式应尽量简短　　D．提问的速度应适宜

2．客户投诉的主要诉求是（　　）。

A．被关心　　B．被倾听

C．服务人员专业化　　D．迅速反应

3．客服代表在与客户通话结束后，要登记呼叫内容，包括（　　）。

A．客户的建议、目的　　B．客户的类别、性别

C．客户的家庭住址　　D．客户的工作单位

4．客服代表接听客户电话时要做好的准备工作是（　　）。

A．微笑　　B．职业化的第一印象

C．欢迎的态度　　D．端正的姿势

三、思考题

1．正确接待电话客户的步骤有哪些？

2．怎样正确处理电话客户的投诉？

3．如何有效提升电话沟通的技巧？

实战强化

实训一

一、实训目的

通过实训帮助学生掌握接待电话呼入的操作步骤及规范，并能够对不同的电话类型作出分析。

二、实训组织

将班级学生划分为若干小组，分别上台进行角色扮演，全班讨论，教师进行点评。

三、实训要求

学生两两组合，分别扮演客服代表与顾客，把比较有代表性的能够体验到客户关系管理功能的日常生活经历（如各电话银行服务系统、通信运营商客户服务系统等）的对话场景表演出来。

实训二

一、实训目的

通过实训帮助学生模拟岗位职责，感受职业氛围，树立正确的职业意识与服务精神。

二、实训组织

带领学生深入企业的客服部门进行观摩、学习，并尝试某种客户服务，对被服务的过程进行评价，全班讨论，教师进行点评。

三、实训要求

观察企业客户服务人员的素质，评价企业的服务质量，并提交800～1000字左右的参观感想与心得体会。

项目 4

服务网络客户

在电子商务时代，客户服务中心不是以简单被动的方式满足客户需求的“花钱中心”，而是以最终拥有客户、发展客户为目的的“挣钱中心”，它将通信与计算机结合在一起，使用户简单方便地获取信息、改善对客户的服务质量、增强竞争力、减少管理开支，而且可以全天 24 小时服务，以传统客户服务无法比拟的优势深受现代企业欢迎。随着互联网的出现，互联网所连接的用户日益增多，企业逐渐发现其中所蕴涵的巨大商机。而且互联网为企业提供了更加快捷、更加方便的客户服务手段。一些电子商务中的买方会根据网站的客户服务水平来选择卖方，这一点已经引起许多公司的重视。如今已没有人会否认网络客户服务对经营的重要性，因此，服务网络客户显得尤为重要。

学习提示

学习目标：

- 知识目标：掌握服务网络客户的内容和手段，能利用在线客服、FAQ 等手段高效服务网络客户。
- 能力目标：能够分析网络客户心理及行为，有效运用各种手段开展网络客户服务，提高客户服务水平。
- 情感目标：培养处理问题的应变能力和人际沟通能力，加强对信息的管理与利用。

本项目重点：

- 在线客服和 FAQ 在网络客户服务中的运用。

本项目难点：

- FAQ 的设计、在线客服的话术训练。

任务 1　重视网络客户服务

任务要点

关 键 词：网络客户、客户服务、内容、手段

理论要点：网络客户服务的内容、网络客户服务的手段

实践要点：能够明确网络客户服务的重要性和主要内容，有效服务网络客户

任务情境

刘莹对同事姚瑶说：“你看，我这双靴子是前天在网上买的，款式和颜色都不错，最令人心动的是它的价格，只有商场的三分之二，真划算。”

姚瑶：“是不错，可是我觉得网络客服的服务态度我不太满意，往往因为对方长时间不理我或是一句话表达使我不舒服我就不高兴买了。”

刘莹：“这倒是，所以就看你运气好不好了，最好是遇上一个服务态度好的客服。”

姚瑶：“但愿吧，同时也期待网络客户服务越来越好！”

任务分析

评价网络客户服务的水平，可以从提供客户服务方式是否多样、在线帮助是否全面、回复客户咨询的时间长短等指标来判断。而网络客户服务的具体内容在不同性质的公司会有很大的差别，客户服务与业务内容是密不可分的。无论选择何种网络客户服务的手段，都可以从售前服务、售中服务、售后服务着手努力，让优质的服务伴随着客户与产品接触的全过程。

任务实施

步骤一 分析网络客户服务的现状

近年来，互联网快速发展，电子商务作为其中一个重要环节，在人们日常生活中扮演着不可替代的角色，让人们的生活变得更加简单，幸福感大大增强。例如，人们通过电子商务平台进行网络购物，不但节省时间，也让购物有更多选择，让生活更加方便快捷。2018年，我国电子商务交易总额就达到31.63万亿元左右，其中网络零售交易额为9万亿元。网络客户服务系统是网络营销相关企业与客户之间直接交流的平台，这在很大程度上决定了客户是否具有购买的欲望。尽管网络客户服务已经取得很大进展，但很多方面仍然不尽如人意，有时甚至成为影响网络营销发展的重要因素，这种状况在传统企业网站中尤其明显。

一些商家在网上标榜的最大优点是可以减少交易费用，从而带来更低的产品价格，但是调查的结果似乎与想象有些不太一致，80%的买方并不把价格因素作为在线购买决策的重要因素。由此可见，如果仅仅有价格优势而不重视客户服务，恐怕也难成为市场竞争中的优胜者。随着越来越多的企业将采购和销售在网上进行，商家的客户服务水平较低的问题将显得更为突出。

步骤二 拓宽创新网络客户服务的思路

现代客户需要的是个性化的服务，网络为客户提供了全天候、即时、互动的全新概念的工具。这些性质迎合了现代客户个性化的需求特征，所以越来越多的公司将网络客户服务整合到企业的营销计划中，在网络营销界渐渐兴起了一股提高客户服务的热潮。实际上，网络

是建立一对一客户服务关系的优秀工具，所以这种热潮的出现是必然趋势。这种一对一的服务关系产生于网络服务的即时性、互动性。网络客户服务与传统销售服务是有区别的。网络客户服务策略的思路是利用网上服务工具FAQ（常见问题解答）页面向客户提供产品、企业情况等信息，运用电子邮件工具使网上企业与客户进行沟通，双向互动；通过多种方法，将客户整合到企业的营销管理中来，实现与客户的对话和交流。这种思路不是单向的，而是提供信息、反馈、互动、客户整合的“循环回路”。

传统销售服务的个性化服务多为一个区域的客户，这些客户均在一家或少数几家小百货商店购买所需的用品。由于客户少，购买地点相对集中，店主比较熟悉各位客户的消费习惯和偏好，所以店主在组织货源时会根据客户的习惯和偏好进货，同时，也会根据客户的具体情况推荐商品。总之，此时店主自发地进行着较低级的个性化服务，以建立客户对产品的忠诚度。

在20世纪50年代，大规模市场营销主要是通过电视广告、购物商城、超级市场、大规模生产的企业以及大批量消费的社会改变着人们的消费方式。大规模市场营销使企业失去了与客户的密切联系，企业把客户当做没有需求差别的人。比如，福特公司有句傲慢的话：“不管你需要什么颜色，我们只有一种颜色——黑色！”这就是那个时代市场营销的真实写照。事实上，这种状况至今仍然存在，甚至占主流地位。可以相信，这种大规模市场营销方式必然会走向没落，因为客户需要的只有一个，即满足其需求的产品。如果仍停留在由企业到客户的思路，只有企业对客户的独白，而没有企业与客户的对话，则企业的产品是不能很好地满足客户千变万化的需求的。

网络商品交易世界的出现使具有大量选择的全球市场取代了有限选择的国内市场。计算机化生产使产品有了多样化的设计，在此基础上整个市场又回到突出个性化服务的基础上。即使不出现互联网，从大规模市场营销向细分市场转移的趋势也会发生，互联网的出现大大加快了这种转移，同时也使个性化的客户服务日益成为企业的一种必然选择。

步骤三 明确网络客户服务的内容

网络客户服务的过程伴随着客户与产品接触的过程，包括售前服务、售中服务和售后服务。售前服务是利用互联网把产品的有关信息发送给目标客户。这些信息包括：产品的技术指标、主要性能、使用方法与价格等。售中服务是为客户提供咨询、导购、订货、结算以及送货等服务。售后服务的主要内容则是为用户安装、调试产品，解决产品在使用过程中的问题，排除技术故障，提供技术支持，寄发产品改进或升级信息以及获取客户对产品和服务的反馈。

1. 售前服务

售前服务的核心可用一句古语概括：“欲先取之，必先予之。”若想从消费者身上获得利益，那么，首先要给他们一定的满足感。今天的服务就是明天的效益，现在为消费者全心全意地服务就是为了未来能从他们身上得到更多利益。售前服务的内容包括：

（1）售前咨询服务　随着科技的不断发展，家电产品、生活用品中注入了越来越多的高科技成分。然而许多消费者对这方面的知识是缺乏的，没有足够的能力来享受这些高科技消费品所带来的好处，经常走入“拥有高档产品，享受低档功能”的误区。不少人将多媒体计算机当成游戏机，将微波炉当成热剩菜剩饭的工具，更多的情况是，面对功能不一、种类繁多的同类商品，消费者往往手足无措，不知如何选择。

这就要求生产企业和销售企业在推出产品前应该对消费者进行产品使用的一些咨询及

培训工作。告诉消费者，这种产品的作用是什么，功能有哪些，如何操作才不会出问题等。只有把消费者培训成一个能够熟练使用产品的人，消费者才有可能产生购买欲望。如果消费者不会使用产品，那么根本不会对产品感兴趣。消费者购买的首要动机是需求，售前服务就是要引发这种需求，并进一步放大这种需求。

（2）售前设计安装　家电、厨房用品等一些商品并不是买回来就可以使用，其中涉及一些设计安装和有效利用空间的问题。对于这些问题，普通的消费者很难解决，毕竟他们不是专业设计人员。而这些产品若是没有合理地设计安装，往往不能达到最佳的使用效果。因此，这就需要厂家在出售产品前为消费者做好设计工作，让他们能放心地根据实际情况采取购买行动。虽然其中会涉及成本问题，但若企业综合考虑销售量、企业形象等因素，还是应该踏踏实实地做好这方面工作。

（3）售前便利服务　消费者在购买商品时，通常希望能有一种便利的供货方式，以节省自己的时间。商家因此可以采取一些做法方便消费者购买。比如，提供网上预订服务，免费送货上门等，使消费者由于便利而采取购买行动，这不失为商家的一项成功策略。

2. 售中服务

客户服务过程实质上是满足客户除产品以外的其他连带需求的过程。因此，完善的网络客户服务必须建立在掌握客户这些连带需求的基础之上。电子商务交易过程中的客户服务需求包括 4 个方面的信息。

（1）了解企业产品和服务的详细信息　了解企业产品和服务的详细信息的要求是传统的营销媒体难以实现的，而互联网在市场营销的早期运用中就已经实现了这一项服务功能。在一项客户测试中，消费者按照自己认为的重要程度对产品信息、服务信息和产品订购这些网络服务功能进行排序，结果显示人们对于详细的产品和服务信息更感兴趣。现在企业利用互联网能为客户提供前所未有的个性化服务。比如，在亚马逊网上书店，客户需要的信息可以个性到如下程度，当某客户完成登录后，其首页会显示该客户喜欢的某一位作家的所有在版图书及最近作品，或与客户研究的某个专题有关的最新著作等。

（2）需要企业帮助解决的问题　客户在交易中常有一些需要企业帮助解决的问题。客户经常会在某些技术性较强的产品的使用中产生问题，或在使用过程中出现故障。因此，从产品安装、调试、使用到故障排除、提供产品更高层次的知识等都应纳入客户服务的范围。帮助客户解决问题常常消耗传统营销部门大量的时间和人力，其中一些常见问题的解决，不仅效率低下，而且服务成本高，为解决此类问题，有些企业设置了热线电话，但是当客户拨打热线电话时，可能所有的客户服务代表正忙于处理其他客户的问题，往往会听到自动应答机要求客户耐心等待的提示。最好的方法是在网上帮助客户解决问题，只要给客户提供完善的条件，企业就可以让客户成为自己的服务员。

小链接 4-1

如何让客户成为自己的服务员

首先，确定客户可能遇到的问题，并对这些问题作出正确的诊断。正确预测到客户所遇到的真正问题，在网上提供解决问题的办法。其次，对企业的客户进行训练，教会他们如何使用企业在网上提供的服务功能，如何利用互联网解决遇到的问题，这样不仅能提供常见问题的解决方案，还能将客户自我教育为产品专家，使他们很乐意自己解决问题。

（3）与企业人员接触　客户不仅需要自己在网上了解产品、服务的知识和解决问题的办法，同时还需要在必要的时候与企业的有关人员直接接触，解决比较困难的问题或面对面地询问一些特殊的信息及反馈意见。

（4）了解全过程信息　某些客户还常常作为整个交易过程中的一个积极主动的因素参与到产品的设计、制造、运送当中。这一点充分体现了现代客户个性化服务的双向互动的特性。客户了解产品越详细，对自己需要什么样的产品也就越清楚。企业要实现个性化的客户服务就应将客户的需求作为产品定位的依据，纳入产品的设计、制造、改进的过程中。让客户了解全过程实际上就意味着企业与客户之间的一对一关系的建立，这种关系的建立为小企业挑战大企业独霸市场的格局提供了有力保证。小企业对市场份额的不断占领是大规模市场向细分市场演变的具体表现。

3．售后服务

在消费者购买商品之后，商家需要根据商品性质向客户提供各种不同方式的售后服务。消费者在商品的“三包”期内或使用期内利用互联网接受售后服务，包括使用与维护方法咨询、意外情况处理等。只有当商品的经销商能及时地为消费者提供优质的售后服务时，消费者才会放心地选购所需商品。

开展电子商务的企业为客户提供的服务是多层次、多方式、多内容和全方位的，它已成为商业网站创意的主要内容和竞争的主要手段。单就服务而论，电子商务的服务可以贯穿商务活动的每个环节。根据成功的商务网站的经验显示，良好的售后服务一般包括以下几个方面：

（1）送货服务　客户购物后能及时送货上门。这种方式无论是在传统交易还是在电子商务交易中都是最基本的售后服务。网上购物时所有的商品都是由商家送到客户手中的。在网上购物的所有环节中，送货环节是耗时最多的，因为商品（尤其是实物型商品）仍需借助传统的方法来运送。

小链接4-2

送货服务的一些要求

送货服务是直接接触客户的一环。客户对服务的基本感觉主要来自于送货人员的服务情况。因此，这一工作除了需要将货物准时、准确、完好地与客户交接以外，对送货人员本身的着装、谈吐等也有一定的要求。比如：穿工作服上班、不留长指甲、使用礼貌用语等。而这些要求本身就是为了提升客户满意度。

（2）承诺无条件退货　重视客户服务的网上商店都会明确宣称无条件退货或更换其他商品，这对客户来说无疑是提供了最大程度的承诺，确实可以让客户在购物时放心。例如，淘宝网有卖家提供七天无理由退换货，美国的某家公司甚至承担由退货所产生的费用。

（3）售后服务的重要性　企业很难估计客户购买商品后会遇到什么问题，也许有些是使用方法的问题，有些是商品本身的问题。这些问题的解决对企业而言并不是什么难事，但是正是这些问题会影响客户的忠诚度。

（4）建立和保留客户的购货记录　通过这些记录，客户可以知道自己的购货情况，企业可以了解客户的购货特点，并据此进行有针对性的商品推荐。同时网上商店也可以通过这些信息了解某个消费层次或者某个年龄层次客户的消费倾向，并据此组织货源，掌握进货的时间和数量，使资金的利用和库存达到最佳状态。比如，当当网不仅记住每位客户的购物信息，而且在有新货或促销活动时会发信息给客户。又如，阿里巴巴网上超市不仅记住每位客户的购物信息，还承诺当消费金额达到某一数量时给予价格上的优惠。这也可以看成是售后的促销策略，目标是下一次购物。

（5）加强与客户的联系　优秀的企业网站都十分重视与老客户的联系，这是由于电子商务流程的循环性以及对于稳定客户群的重视。只要客户的网址或电子邮箱地址不变，即使在天涯海角，网上企业也能很容易地和客户保持联系。这是电子商务带来的优势。例如，企业可以建立客户名单并附加客户的相关信息，如客户公司名、职务、通信地址等。每当企业有新产品开发或软件升级时就会发电子邮件及时通知这些客户。不管他们是否购买这些产品都会收到比一般广告更有针对性的宣传效果。

总之，无论是售前、售中，还是售后，对于客户进行 360° 的全方位服务，可以从以下几方面来着手：

（1）产品关怀　首先，企业在客户购买产品后的“初期”，是否可能遇上什么问题。例如，新购计算机设备的客户是否会有安装的问题，或是客户购买新的家电是否有使用上的问题，客户是否知道怎样得到售后服务。其次，当产品“使用一段时间后”，是否应做一些保养、维护的工作。旅游业可能也必须了解客户返家后对行程、餐饮或导游服务安排的看法、意见或建议。能真正地关心客户对产品的反应就能立即避免客户的不满，同时更可能获得进一步的商机。

（2）客户关怀　首先抛开“客户”这个词，而用“朋友”来假设你和“客户”的关系，如果想和对方成为朋友，你会怎么做；遇到他（她）生日时你会怎样，他（她）的家庭成员、年龄、生日等特殊日子是哪一天。当有特殊事件或灾害发生时，例如，台风造成内湖淹水，如果你知道他（她）住内湖，你会怎样。这些细微的动作看似与商业行为无关，但是如果你在客户最需要朋友时出现，你和他（她）的关系就非比寻常了。

（3）产品提醒　在客户使用你公司的某一项产品后，除了了解他使用的原因、情形，在适当的时间也可以根据“产品关联分析”为他推荐适当的产品，例如，亚马逊网上书城对同类书籍的推荐；某旅游公司对去年夏天参加本公司的“关岛之旅”的客户在今年夏天推荐几个“热带岛屿”之旅；保险公司最近推出新的保险产品，可以从原有保户中选择谁可能会需要新产品。

（4）客户建议　这一类通常是指当客户在“不同生活阶段”，例如，就学、就业、结婚、生子，是否替他想到该有哪些不同保险的安排。或是当客户购买或拒绝你的科技基金产品时，是否顺便问他对哪一类基金会比较感兴趣。也可能是当他享有某个权益，如当客户享有积点兑换时，可以特别提醒他（她），以免丧失应有的权利。

（5）追踪产品变动趋势　这里的变动趋势通常指的是 R.F.M（Recency，Frequency，Monetary）分析，必须从整体面看到个别消费者面，以便掌握客户消费产品的变动趋势，例如，券商必须掌握每一个客户在不同时间（周或月）下单的总金额、次数及最近是否有一段时间没下单。找出重要客户的 R.F.M.指针有显著变动就可以及早避免客户流失。

（6）追踪客户变动趋势　趋势就是掌握客户消费地点、消费时间、客户询问或浏览、客户价值等变动，例如，证券公司若能追踪出某一特定客户，最近常浏览某一特定产业的股票，就可推断客户偏好类别的改变，所以向该客户推荐的股票种类就应该随之改变。

步骤四　运用网络客户服务的手段

传统的客户服务手段主要包括电话和信函咨询、工作人员上门服务、设立服务网点等。

在网络经营环境中，客户服务的方式发生了很大的变化，除了传统手段之外，网上特有的客户服务手段发挥了更大的作用。网络客户服务已经在网上零售、网上银行等领域取得了重大进展。网络可以建立“一对一”顾客服务关系。服务网络客户策略的思路：利用网上服务工具FAQ页面向顾客提供有关产品，公司情况等信息。运用E-mail工具使网上企业与顾客进行反馈、双向互动，让顾客参与到公司营销中。一般来说，常用的网络客户服务手段有：FAQ、电子邮件、网络社区、在线表单、即时信息、聊天室等。

1. FAQ

如同Windows操作系统的帮助一样，FAQ也是网络客户服务的一种重要方式，是一般网站都不可缺少的内容。一个设计完善的FAQ系统应该可以解答客户80%的问题。实际上，很多网站对FAQ都不够重视，一些网站仅仅流于形式，不仅内容贫乏，甚至答非所问，这样不仅解决不了客户关心的问题，在一定程度上也损害了网站的形象。

FAQ系统可以设置成两套：一套是面向潜在客户和新客户的，它提供的是关于企业、产品等最基本问题的答案。另一套是面向老客户的，他们对企业产品已经有很多了解，因此，可以提供更深层次的详细的技术细节、技术改进等信息。采取以上做法，潜在客户会感受到企业对他们的支持和帮助，因而会更快地转变为现实客户；新客户会感到企业是真诚地对待他们的；老客户则会感觉受到了企业的特别关注和特殊待遇。

小链接 4-3

淘宝网的FAQ主要内容

在淘宝网（www.taobao.com）的“服务中心”里分两个模块：消费者服务中心和商家服务中心。“商家服务中心”又有在线咨询和自助服务。选择“自助服务”以后就会出现购买指南、发货物流问题、账户与安全、付款问题、退款&售后问题等常见问题的解答，内容丰富。如果“自助服务”中没有找到想了解的问题的答案，则可以选择在线咨询，也就是淘宝网特有的“联系小蜜”。

2. 电子邮件

作为一种主要的在线交流手段，电子邮件在客户服务中的地位非常重要，担负着主要的客户服务功能。这不仅表现在一对一的客户咨询上，在更多的情况下还是长期维持客户关系的工具，如各种邮件列表等。随着客户对服务的要求越来越高，回复客户电子邮件咨询的时间已经成为衡量一家公司整体客户服务水平的标准。

3. 网络社区

网络社区包括网上论坛、讨论组等形式，网络社区营销在早期的网络营销中发挥了重要作用，直到现在仍然是常用的一种网站推广和客户服务手段。一些大中型网站都有不同形式的网络社区，其中最常见的是论坛形式，客户可以将自己的问题发表在论坛上，网站服务人员同样通过论坛回答客户的问题，一个客户的问题可能代表多个客户的心声。所以，通过论坛开展客户服务是对FAQ的一种有效补充，并且可以将论坛上的常见问题及解答补充到FAQ中去或者通过邮件列表向所有注册客户发送。

4. 在线表单

很多情况下，在线表单的作用与电子邮件类似，客户通过浏览器界面填写咨询内容，提交到网站，由相应的客户服务人员处理。由于可以事先设定一些格式化的内容，如客户姓名、地址、问题类别等，所以通过在线表单提交的信息比一般的电子邮件更容易处理。因此，有为数不少的网站采用这种方式。但在线表单限制了客户的个性化需求，同时，当表单提交成功后，客户也不了解信息提交到什么地方，多长时间能得到回复，因此，会对在线表单产生不信任感。另外，客户填写的电子邮箱地址也有错误的可能，这样将无法通过电子邮件回复客户的问题，因此在一定程度上会降低客户服务效果。比较理想的情况是，在表单页面中同时给出其他客户服务方式，如电子邮箱地址、电话号码，并且给出一个服务承诺，在提交后多久会回复客户的问题。

5. 即时信息（IM）

越来越多的客户希望得到即时客户服务，因此以聊天工具（包括各种聊天工具，如QQ、微信、阿里旺旺等）为代表的即时信息已经成为继电子邮件和FAQ之外的一种有效的网上客户服务方式，这种即时服务已经成为一种不可忽视且最受欢迎的在线客户服务方式。

作为一名在线即时信息网络客服人员，尽可能要做到接到客户咨询后的首次响应时长在10s内，平均响应时长为30s；同时，接待多位客户时，依据业务难度不同，基本是8～20s不等。

触类旁通

1. 网站在线客服的概念

网站在线客服是专门为网站量身定制的在线客服和访客价值挖掘工具，可被运用在企业的网站、网络广告、电子邮件签名、网上论坛等地方。任何访客只需单击在线客服即可与企业进行洽谈，从而实现用户与企业的便捷沟通。

2. 在线客服的作用

相关调查数据显示：95%以上的访问者（潜在客户）在浏览企业网站后都没有主动与企业联系，也就是说，企业每天都在流失95%的商机。在线客服是企业或个人在互联网上找客户、做生意、增强客户服务的必备工具。

3. 在线客服的分类

百度式。百度式最大的特点就是运行速度快，虽然百度的硬件设施相当可靠，但不能即时互动，别人有问题只能留言，这样就失去了大量客户。百度式客服系统适合一些企业式网站。

QQ互动式。QQ推出的客服系统就是单击一下漂浮的“在线客服”字样的图片就可以直接进行QQ临时对话。QQ对话系统的优势就是速度快，劣势就是对方必须有QQ号，而很多人没有QQ号。同时，QQ对话系统的另一个劣势就是不具有主动呼叫的功能，必须是被动等待呼叫。

WEB800（网话通）式。客户浏览到企业的网站时，看到“免费通话”的按钮，单击后会出现一个对话框。客户输入自己的电话号码后3s即可接通企业一方的电话。这其实就是受话方付费的在线800电话，本质上是一种类似于传统电信800业务的免费咨询电话。

案例分析

【案例 4-1】

客人："亲，在吗？"

售后 001："您好，欢迎光临屈臣氏官方旗舰店，我是售后客服 001，请问有什么可以帮到您的吗？"

客人："我的皮肤过敏啊。怎么办？"

售后 001："您好，请问您是因为什么原因过敏呢？"

客人："就是用了您家的产品啦！"

售后 001："亲，请问您是用完了我们的哪个产品而过敏呢？请问您之前是不是有用过其他牌子的护肤品呢？因为如果用了其他牌子的护肤品然后再转用另一款的话会导致皮肤不适应，而产生类似过敏的现象的。"

客人："没有啊，就是用了你家的啊。我第一次买了你家的，用完后就变成这样子了！"

售后 001："亲，给您这样的体验真的很抱歉。麻烦您先将用完护肤品身体过敏的部位的照片、产品、购物清单以及产品的生成批次都照成各一张照片发过来哦，我先收集这些资料，然后送给我们的质检部门去检查，然后会尽快和您联系、解决。"

客人："怎么这么麻烦啊！"

售后 001："亲，让您再添麻烦真的很抱歉哦。因为我们公司有规定的就是需要相关凭证检测了才能受理的哦。请您谅解哟。"

客人："哎，太麻烦啦，那等等吧。我现在忙啊。"

售后 001："好的。(微笑表情)"

第二天，客人还没有上线回复。店长打电话。

店长："您好，请问是方小姐吗？"

客人："你是哪位啊？"

店长："您好，我是××××的店长，请问您忙吗？昨天我们客服收集您的资料，关于您说用完我们的产品后出现皮肤过敏的现象，我们会给您快速处理的，请问您现在有时间将产品、购物清单以及产品的生成批次的图片发过来吗？"

客人："哦，那稍等啊。"

店长："好的，谢谢您！"

客人：在线发图片。

店长："亲，我是刚刚和您通电话的店长，之前给您不好的产品使用体验，非常抱歉，我们会尽快检测产品，如果是生产质量问题导致您的皮肤出现过敏的话我们会尽快给您处理。请您先停用该产品，然后将该产品邮寄回我们的仓库，我们收到货后会给您处理的。请您放心！"

客人："好，请您尽快给我处理。本想这燕窝不错的，不过出现这种状况真的不愉快。不过你们的态度还算好，所以不追究了！"

店长："感谢您的谅解和一直对我们的支持，我们一定会更好地检测我们的商品和不断地完善我们商务服务。"

最后，客服管理好了客人的关系资料，将资料存档在系统中。该客户之后也继续关注该店的产品。

请思考：能在这个案例中总结出售后服务技巧吗？

任务2 运用FAQ服务客户

任务要点

关 键 词：FAQ、客户服务

理论要点：FAQ在客户服务中的运用

实践要点：能设计FAQ页面、能利用FAQ的搜索功能使网络客户通过最短的路径获得解决问题的答案

任务情境

周咪是一位刚刚生产的年轻妈妈，身体在恢复之中，故多数时间仍然待在家中。忙于照顾宝宝的她每当有一段闲暇时间就会上网浏览信息，而且她特别关注产妇保健与育儿这方面的信息，如婴儿皮肤类型、是否患尿布疹、如何喂养（母乳、牛乳、混合、固体食品）等。这天，她的宝宝皮肤上突然出现了一个小红点，一时不知怎么办的她猛然想到在某婴儿食品网站上看到的信息。于是，她立刻登录那个网站，果然发现网站中有一栏是关于新生婴儿常见问题的解答，仔细阅读后对照宝宝的症状找到了详细的解答及可以采取的治疗措施。一段时间后，她发现按照那种治疗方法确实很有效。此后，她就经常上这个网站了解信息，同时也会顺便了解该企业的相关产品。

任务分析

从这个案例可以看出网络客户对众多企业提供的信息非常感兴趣，而且特别在意网站上相关的信息是否能很好地解决自己的问题。对此，企业最好的办法就是在网站上建立FAQ。FAQ可以为客户提供有关产品、企业情况的详细信息，既能够引发那些随意浏览者的兴趣，也能够帮助有目的的客户迅速找到所需要的信息，获得问题的答案。

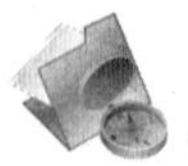

任务实施

步骤一 列出问题及答案

在企业网站上列出常见问题，对于客户服务部的人员来说比较容易，因为FAQ的内容主要来源于客户提问，客户服务人员最了解这方面的情况，他们知道客户问得最多的问题是什么，也知道问题的答案。更重要的是，他们能透过问题的表面分析出客户提问的真正目的，

确定客户真正想要问的问题是什么。因此，只要把客户服务部的人员集中到一起，常见问题的清单很快就能列出来了，特别是工作在客户服务第一线的人员往往能列出非常具体而有意义的问题。

为保证 FAQ 的有效性，首先要经常更新问题，回答客户提出的一些热点问题；其次是要与一些一线销售服务人员沟通，了解并掌握客户关心的问题。许多企业网站上的 FAQ 是很长的文本文件，其中确实包括了常见问题，但问题的排列不是按照客户的提问频率高低进行的，这就要花费客户较多的时间和精力在长长的文件中来回寻找。当然，最常见的问题可能不是很重要的问题，有些企业可能不回答这些不重要的问题，从而使 FAQ 变得很短。这样 FAQ 的价值也就变小，对客户的帮助就很小。

如某咨询公司在为瑞士银行设立的网上 FAQ 就是一种短小简单的 FAQ，整个 FAQ 只有 5 个问题，每个问题给出的都是最简短的答案，而且长期没有更新。该公司原来的目标是为银行等金融界人士提供网上咨询服务，并把 FAQ 作为公司关心客户的体现。然而，这样的 FAQ 对于公司的客户并无价值，因为其中的问题和答案都过于简单。将这种 FAQ 作为营销工具属于定位不合理，从客户服务角度分析则是完全浪费时间和金钱。因此，公司在网站建立和设计 FAQ 时，必须保证有一定的内容容量、广度、深度，问题的回答应尽可能对客户有实质性的帮助。

步骤二 选择合理的 FAQ 分类

如果将 FAQ 的内容按照客户角度来划分，可以分为以下几个方面：

1）针对潜在客户设计的 FAQ（提供产品和服务的特征的 FAQ，激发购买需求）。

2）针对新客户设计的 FAQ（提供新产品的使用、维修及注意事项的 FAQ ，主要是帮助解决实际问题）。

3）面向老客户设计的 FAQ（提供更深层次的技术细节和技术改进等信息，主要是提高用户的忠诚度）。

数字现金公司（DigiCash）网站 FAQ 就是采用的这种分类方法。该网站设计师没有使用冗长的单篇形式，而是在 FAQ 页面的上端设置了一个问题分类目录表，这个分类目录表链接到每一类主题的常见问题及答案，客户根据想问的问题找到其所属的主题分类，单击这个主题分类目录表就可到相关的页面上阅读具体内容，寻找具体问题的答案。如果客户未能找到所需要的内容，则分类目录表中还包括一项“其他内容”可供选择。

步骤三 设计组织 FAQ 页面

在网络营销中，FAQ 被当作一种常用的在线顾客服务手段，在这个页面中主要为顾客提供有关产品、企业情况等常见问题的现成答案。用户 80%的一般问题可以通过 FAQ 系统回答，这样既方便了用户也减轻了网站工作人员的压力，节省了大量的顾客服务成本，并且增加了顾客的满意度。因此，一个好的客户服务人员应重视 FAQ 的设计。

设计 FAQ 需要认真思考常见问题的页面组织。精心组织页面不仅可以方便顾客使用，而且能够为企业和顾客节约许多时间。客户在网上查询产品，是想全面了解产品各方面的信息，因此在提供产品信息时遵循的标准是：客户看到这些产品信息后就不用再通过其他方式来了解产品。比如，对于很多工矿企业，往往需要了解最新的设备及零部件信息。对于这种需求，设备生产企业可以通过网页保持信息的实时性和准确性。

当信息比较多、关系相对复杂时，一般需要建立相应的数据库。对于比较简单的信息可以使用表格的方式来展示产品目录。需要注意的是，很多企业提供的服务往往是针对特定群体的，并不针对网上所有公众，因此为了保护商业秘密，可以用路径保护的方法建立类似Extranet（外联网）的体系，让企业和客户都有安全感。

对于一些复杂产品，客户在选择和购买后的使用中需要了解大量与产品相关的知识和信息，以减少对产品的陌生感。特别是对一些高新技术产品，企业在详细介绍产品各方面信息的同时还需要介绍一些相关的知识，帮助客户更好地使用产品。如思科公司在出售网络连接设备的同时还为客户介绍各种网络方案以及不同方案所需要的硬件、软件等。

总之，FAQ页面设计要做到为用户节约访问时间，保证页面的内容清晰易读，易于浏览。做好FAQ页面设计要从以下几个方面考虑：保证FAQ的效用；使FAQ简单、易寻；选择合理的FAQ格式；信息披露要适度；客户FAQ搜索设计。

1. 保证FAQ的效用

要保证FAQ的效用首先要做到经常更新问题、回答客户提出的热点问题；其次，问题要短小精悍（重点问题在保证准确的前提下尽量简短）。

2. 使FAQ简单、易寻

方便用户使用的FAQ设计要做到：

1）在主页上设置一个突出的按钮指向FAQ，并在每一页的工具栏中都设有该按钮。

2）提供搜索功能，可通过关键词查询到问题。

3）问题较多时采用分层式目录结构组织问题。

4）将客户最常问的问题放在最前面。

5）对复杂问题可以设置超级链接的方式解答。

FAQ还应通过内部链接使顾客可以通过FAQ搜寻产品及其他信息。同时，在网站的产品和服务信息区域应该设立指向FAQ的反向链接（Return To Toc），这样顾客在阅读信息后可返回到FAQ。

3. 选择合理的FAQ格式

FAQ的格式设置一般将问题分成几大类，并且每类问题对应相应的区域，指引客户查询信息。一般网站的FAQ的分类主要有：

1）关于产品的常见问题。

2）关于产品升级的常见问题。

3）关于订货、送货和退货的常见问题。

4）关于获得单独帮助的常见问题。

4. 信息披露要适度

FAQ的问题回答要适度，既要保证满足用户对信息的需要，又要防止竞争者对给出信息的利用。

5. 客户FAQ搜索设计

搜索工具是为了节约用户的查询信息时间，在设计搜索的时候需要注意以下内容：

1）要将搜索安排在所有FAQ的页面上。

2）FAQ 搜索功能要适应网站的需求。

3）从客户的角度去设计搜索引擎的关键词。

步骤四　设计客户 FAQ 搜索

客户不但希望企业的网站能够解决他们的问题，而且希望易于操作，能够轻松自如地在各个网页和内容之间穿梭。几乎所有的 FAQ 都提供搜索工具，它不仅能在主页上，而且还能在所有其他页面上进行搜索。搜索工具不仅具有较强的搜索功能，而且还易于使用。如果网站做不到以上这些，客户将逐渐远离该网站，并最终远离该企业。所以，客户在搜索信息时所花费的时间在服务中起着关键作用。

即使有了 FAQ 的帮助，一些客户还是不能解决问题，因为他们并不知道自己的问题到底属于哪一类，结果导致寻找方法错误。这时，应该帮助他们发现遇到的问题是什么，并为他们指出正确的查找方向。可以设计一种软件，该软件能够监视客户的搜索情况。当客户的搜索操作次数超过正常水平时，就可以通过电子邮件告诉客户可能没有掌握正确的搜索方法和路径，并告之如何通过最短的路径到达目的地。

在互联网上最常见的搜索工具是 WAIS 搜索器。这种搜索器根据客户提供的关键字在它的库里搜寻，并按照匹配程度进行排序、打分，问题的排列顺序就按分数从高到低排列。如果关键字在文件标题里，得分就会比其他文件高，关键字离标题越近，得分越高，出现次数越多，得分也越高。但是，其搜索结果可能对客户没有太多的帮助。销售自动化网站（Sale Force Automation Web Site）使用的就是 WAIS 搜索器，当搜索“Customer Service Automation”（客户服务自动化）时，找出了多个选项，得到的分数从 9～1000 分不等，其中有不少是重复的，而且 100～350 分存在巨大的缺口。所以，采用免费搜索工具虽然成本低，但使用效果并不理想。相比之下，收取一定费用的搜索工具更加有效。这些工具正在不断更新换代，企业应了解其最新行情，以提高客户的搜索能力。

小链接 4-4

WAIS

WAIS（Wide Area Information Server）是指广域信息服务系统，它也是一种采用客户服务器模式的搜索工具。一般搜索工具所处理的是文件名，不涉及文件的内容，而 WAIS 通过文件内容进行查询。因此，如果打算寻找包含在某个或某些文件中的信息，则选择 WAIS 是比较好的。WAIS 是一种分布式文本搜索系统，可通过给定索引关键词查询到所需的文本信息。WAIS 允许用户检索网上各种类型的文献数据库。当连接 WAIS 数据库时，先选择要检索的数据库，然后输入检索词，WAIS 根据加权算法提供相关的文献。WAIS 是一种可以迅速、全面检索大量信息的工具，能检索数百个信息资源中的任何一个资源，这些资源涉及大量的各种各样的主题。

客户觉得使用搜索器仍然过于烦琐。应该清楚，客户需要的是解决问题的信息，这对搜索工具来说是一个困难，因为所选择的关键词常常有很多信息与之匹配，但这种匹配程度并不一定与客户要解决的核心问题相关，即匹配程度高的不一定就是客户所需要解决的问题。它只能尽可能地列出相匹配的问题，否则，就容易丢失信息。如果丢失的部分正好是客户所需要的，则这种搜索工具就没有用处了。但把相匹配的问题全部列出来，又常常给客户烦琐的感觉。

由此看来，考虑了搜索器的功能之后，就要切记客户所关心的是如何迅速找到正确的信息，而不是更快地找到无用的或是错误的信息。有一些有效的方法，可以在不使用复杂的搜索器的情况下让客户能迅速找到所需要的正确信息。这就要求企业能站在客户的角度去考虑问题，从客户的角度去设计适用的搜索器。

（1）了解客户的提问方式　惠普公司除了提供一个能在大量信息中进行搜索的搜索器外，还增加了一个易用的 Helping You Choose（帮助你选择）功能。客户只要快速回答几个直截了当的问题就可以找到满足需要的打印机型号。这几个问题是：

1）与打印机连接的计算机是什么型号？

2）是喷墨打印还是激光打印？

3）多少人共用这台打印机？

惠普公司根据客户对上述问题的回答，结合多年客户服务的经验决定什么因素对客户来说是重要的，然后帮助客户选择。用这种方法帮助客户选择显示了公司在客户服务方面的经验和技能。

但是，这种方法的缺点是限制了其他可能性，难以覆盖所有情况。要想知道所有客户考虑问题的方式是不可能的，因此，还需要其他变通方案。

（2）分步搜索方式　Saqqara 系统公司的分步搜索方式从客户购买决策时考虑的因素出发，采用了一种分步逼近的方法帮助客户选择。它每次就一个因素提出一个问题让客户回答，客户回答后即可缩小搜索范围；接着再问一个问题，客户回答后范围又可缩小一次；直至最后帮助客户选择到其真正需要的信息。

例如，苹果的笔记本 Macbook 系列网站（http://www.apple.com/cn/mac/）使用分步搜索方式。开始时，屏幕上会出现产品选项（选购 Mac、选购 iPad、选购 iPhone 等），客户先从这些选项入手，然后进一步进行选择，如要选购 iPad，客户选择后进入下一步选择，从 iPad Air、iPad 2 等产品中选择；如果客户选择的是 iPad 2，屏幕上会出现“1、选择颜色；2、选择型号”，以及关于“iPad 2 的概览”“适合你的 iPad”等内容。这样客户就可以获得需要了解及购买的产品的信息。

这种分步搜索方式不仅可以帮助客户从众多选择中迅速确定目标，而且还可以广泛应用于各种客户服务项目。

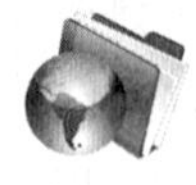

触类旁通

如果要设计 FAQ 网站，可以使用模板创建 FAQ 网站。例如，使用 Dreamweaver 8，应用模板和表格创建一个 FAQ 网站的首页。在使用 Dreamweaver 8 之前，用户有必要配置 Dreamweaver 8 的工作环境，以使以后的设计更加方便。

步骤一：在 D 盘创建一个空文件夹，用学号命名，作为站点文件夹，提供所需图片和文本素材，并共享出来供学生复制。

步骤二：启动 Dreamweaver 8，通过“布局表格”和“布局单元格”功能用表格布局站点首页。

步骤三：介绍“布局模式”“表格”等功能的用法，引导学生操作。

步骤四：按要求给首页添加文本和图片素材。

步骤五：创建空白模板文件，通过表格布局模板。

步骤六：简介模板的定义和用途，引导学生区分模板和普通页面。

步骤七：在空白模板中添加相应的图片和文本内容，并添加“可编辑区域”，设计模板的外观。

步骤八：介绍“可编辑区域”和模板的套用，引导学生的后续操作。

步骤九：套用设计好的模板分别创建 1.htm、2.htm……6 个页面。将共享出来的 1.txt、2.txt……文本内容分别放在“可编辑区域”中进行模板套用，即得到外观有多个地方相似的 6 个页面 1.htm、2.htm。

步骤十：保存页面并预览页面效果。

案例分析

【案例 4-2】

当当是知名的综合性网上购物商城。从 1999 年 11 月正式开通至今，当当已从早期的网上卖书拓展到网上卖各品类百货，包括图书音像、美妆、家居、母婴、服装和 3C 数码等几十个大类，数百万种商品。物流方面，当当在全国 600 个城市实现“111 全天达”，在 1200 多个区县实现了次日达，货到付款（COD）方面覆盖全国 2700 个区县。当当于美国时间 2010 年 12 月 8 日在纽约证券交易所正式挂牌上市，成为中国第一家完全基于线上业务、在美国上市的 B2C 网上商城。

以当当网上购物商城的 FAQ 为例介绍（www.dangdang.com）。一个完整的 FAQ 都会将新手入门、购物指南、配送服务、付款方式、售后服务等罗列出来，如图 4-1 所示。

图 4-1　当当网的帮助中心

由图 4-1 可见，网上购物商城的 FAQ 是新用户的一个引导。在 FAQ 中，除了具有与购物有关的指导以外，还能将客户提出的一些新问题即时地回复给客户，并将有共性的问题放在 FAQ 中。

请思考：一个完整的网上购物商城 FAQ 的主要内容包括哪些？

任务3　运用即时通信工具服务客户

任务要点

扫码看视频

关 键 词：即时通信工具、服务技巧、销售话术

理论要点：即时通信工具在客户服务中的运用

实践要点：能利用即时通信工具的优势主动为客户服务，做好客户在线咨询的收阅与答复

任务情境

客户：你好，请问这款书包有没有黑颜色的？

客服：您好！您说的这款书包旧款是没有黑色的，但是升级版有黑色的，而且升级版的肩带是加宽加固的，背起来舒适度更高。

客户：哦，好的，谢谢你。我看到你们网页上店铺地址是在上海，但是发货地是义乌。到底是在哪里发货呢？义乌离我这儿比较远，从义乌发货的话我可能后天才会收到，有点来不及了。

客服：亲，您放心，我们在上海和义乌都有仓库，我帮您备注上海仓发货，您看行吗？

客户：好的，这样最好了，谢谢。

客服：不客气。祝您购物愉快！

任务分析

在线客服或称作网上前台是一种以网站为媒介，向互联网访客与网站内部员工提供即时沟通的页面通信技术。在线客服是网络营销的基础。随着互联网的不断发展，新技术的推陈出新，在线客服系统也迎来了技术上的更新，大大提升了网站浏览者在咨询问题时的用户体验。

任务实施

步骤一　明确在线客服工作方式

随着移动互联网的发展，人们越来越熟悉和倾向于在网络上与他人交流。在这种趋势下，

客服也不再只是局限于打电话层面，依托于互联网交流的在线客服成为客户更好的选择。在线客服系统作为互联网时代的新宠，之所以能迅速超越传统的电话客服，是因为它自身具备一定的优势。目前市场上存在的在线客服形式主要有以下几种。

1. QQ在线客服

QQ 在线客服是一种网页式快捷版即时通信软件的总称。相比较其他即时通信软件，它能实现和网站的无缝结合，为网站提供和访客对话的平台；访客只需登录 QQ 即可在线沟通。

QQ 在线客服主流软件有 liv800、乐语、商务通等。

2. 阿里旺旺在线客服

阿里旺旺是将原来的淘宝旺旺与阿里巴巴贸易通整合在一起的一个新工具。它是淘宝和阿里巴巴为商人量身定做的免费网上商务沟通软件/聊天工具，可以帮助用户轻松找客户，发布、管理商业信息，及时把握商机，随时洽谈做生意，简捷方便。

这个品牌分为阿里旺旺（淘宝版）、阿里旺旺（贸易通版）、阿里旺旺（口碑网版）三个版本，这三个版本之间支持用户互通交流。阿里旺旺相对于别的在线客服软件来说具有以下特点：

1）阿里旺旺发送即时消息，就能立刻与对方沟通，了解买卖交易细节。

2）阿里旺旺含有免费语音聊天功能。想和对方自由交谈，只需拥有一个麦克风。

3）视频聊天影像。耳听为虚，眼见为实，想亲眼看看要买的宝贝，只需拥有一个摄像头。免费视频影像功能，让客户安安心心买到心仪的宝贝。

4）离线消息使客户不在线也不会错过任何消息，只要一上线就能收到离线消息，确保客户的询问“有问有答”。

5）酷炫表情。有大量可爱的动态表情，供用户在商业交流时随心选用，以便更贴切地表达心情。同时，拉近彼此的距离，让谈生意变得更亲切、更容易。

3. 微信在线客服

微信在线客服是针对不同的微信公众号提供不同的、有针对性的一站式在线客服移动互联网营销服务的人工客服。通过微信网站，客户可以及时与企业进行沟通。

步骤二 确定在线客服工作内容

在线客服是公司通过网络直接面向广大客户群，为客户提供各项咨询和服务，处理客户各项日常需求，维护公司与客户的良好关系，提升客户对公司的美誉度和忠诚度的服务性岗位。在线客服也是公司的一个窗口，通过网络与客户面对面地交流，能充分展现公司形象。而互联网行业尤其是电子商务企业对客服的工作内容也有着明确的规定，见表4-1。

表4-1 在线客服的工作及具体内容

工　作	具体内容
查看留言（每天第一件事）	1. 在登录客服账号后开始客服咨询工作 2. 看到客户的留言，要认真地回复（无论是产品咨询问题还是售后服务问题，回复要及时，还要争取全部回复，避免有所遗漏） 3. 关注当前客服的需求，同时处理有关售后的客服要求，联系相关部门处理售后问题
检查出售中的商品是否正常上架中（每天）	1. 每天需要检查出售中的商品是否正常上架中 2. 如已下架，要检查是什么原因导致下架，及时处理提交上架 3. 清理库存，避免下订单后又退款，增加不必要的工作量

（续）

工　作	具 体 内 容
导购服务中	1．首先打招呼，“您好，我是×××客服，很高兴为您服务，请问有什么可以帮到您” 2．解答客户提出的各种问题，达成交易 3．指引客户购买更多商品 4．交易达成后，要及时备注，并与客户确认收货地址，以便发快递，以免客户换新地址忘了修改而造成不能顺利送达。遇到某些不易沟通的客户，要把和他聊天的记录截屏下来留作证明 5．如遇到议价客户，要非常有耐心地解答
交易成功的客户	1．给客户最真诚的感谢语“合作愉快，感谢您再次光临！” 2．登记客户的资料信息，提交物流部配货发送
拍下订单但未付款的客户	1．拍下3天未付款要及时发送提醒信，对达成意向的各个客户做记录，到时候可以及时对客户进行提醒。一般的邮箱里都有“交易提醒”的链接，可以直接发送提醒 2．拍下7天未付款要发送交易警告信
安排发货	1．把交易成功的订单信息提交给物流部（订单要求发货时间） 2．客服部要密切注意物流部提交到网络平台的订单号（物流部须把发货后的订单号码提交到网络平台，以方便查询） 3．看到订单号发货后，客服要以短信形式告知客户发货提醒 4．客服跟踪货品动向
快递跟踪	负责及时跟踪货品发货动向，及时与用户沟通，避免客户不满意
收货确认付款跟踪	1．客户收货后3天未付款，可发付款提醒通知 2．如已付款，可主动问客户对商品的满意度和意见
售后服务	1．定期或不定期进行客户回访，以检查客户关系维护的情况，负责发展维护良好的客户关系 2．建立客户档案、质量跟踪记录等售后服务信息管理系统，客户投诉问题及时跟进，联系相关部门（例如，物流问题、质量问题、物品尺码问题等，明确问题发生后该哪个部门解决问题，客服该如何操作）
退换货处理	1．接到客户退换货的请求 2．查看客户退换货物品的要求（尺码问题、质量问题或者物流及其他方面的问题等） 3．根据具体情况，联系相关部门，查看如何处理问题 4．处理结果回复给客户
评价	1．一般情况下，在客户的评价后面直接回评就可以了，还可以对客户直接进行评价 2．另外，如果觉得客户的评价有失偏颇，可以进行必要的说明和解释
节日活动方案	告知相关部门活动内容或者平台的要求，及时出具活动方案
推广	1．有推广活动时，客服要及时告知客户 2．设置招呼服务语时，可添加推广信息（客服可以自由设置问候语）
分析数据	每天需要查看店铺的各种数据（点击率、成功率、回头率等）

步骤三　苦练在线客服话术

网络在线客服是企业与客户首次沟通的桥梁，在企业开展网络营销项目的过程中至关重要，在整个网络营销体系中肩负着承上启下的重任。因此，网络在线客服工作的好坏直接影响着企业网站的转化率，进而影响到成交量，关乎企业的效益。那么，如何才能做好网络在线客服的工作呢？除了在业务上有硬性要求之外，比如，打字速度至少每分钟60个汉字、首次回应客户的时间不得超过10s等，在线客服还应该具备明确自己的角色、更新知识体系、处理突发状况等基本技能。

根据场合不同用正确的话术来接待不同的客户也是在线客服人员需要磨炼的技能。销售中不同的时段也有不同的应对话术。

1．售前方面的话术

亲，您好！欢迎光临××旗舰店，很高兴为您服务！现在是客服××为您服务，请问有什么可以帮您的呢？

若因为特殊情况忙碌而无法尽快回复，需告诉客户，并且要在第一时间回复完客户的所有问题。

销售话术：亲，真的很抱歉，因为咨询的客户比较多，回复稍微慢了点，谢谢您的谅解！

如果发了欢迎语以后客户一直没有响应，客服应该主动咨询客户的需求。

销售话术：亲，您还在吗，请问有什么可以帮您的呢？

如需要查询比较久才能答复客户，应先告知客户我们在查询，需稍等一会。

销售话术：请您稍等，正在为您查询……

白班/夜班上班后需要回复所有的留言。

例如，客户留言：我已经拍下付款了，帮我把电话改成159××××××××。

客服回复：亲，您好，我是客服××，您的留言我已看到，已为您备注修改好电话了，请您放心，祝您购物愉快！

当客户发宝贝的链接或者图片询问是否有货时，客服确认有货后应该告知客户。

销售话术：亲，有货的，您可以直接拍下付款哦。

客户询问某款是否有货时，如果没有货则应该告知客户没有货了，再向客户介绍其他类似款式。

销售话术：亲，很抱歉，这款现在没现货了，店里增加了很多新款，您可以看看其他款，或者我给您推荐一款比较合适的可以吗？

客户问你们的东西为什么比别人的贵。一般这样的客户比较在意价格，会货比三家，你要告诉客户，价格和质量成正比，更希望他成为老客户。

销售话术：对于品牌来说是不会随便制定价格的，一定是参考质量、工艺、售后等因素来考虑，然后制定一个合理的价格，因为我们也不希望您只是来一次，如您能成为我们的店铺会员，可享受会员价。

这个时候如果客户说××元行吗？你要委婉地再次和客户说明我们不议价，可以告诉他客服的立场，让他知道其实很想给他优惠，不过也是爱莫能助。

销售话术：其实我也真的很想做成您这笔生意，至少我也有业绩嘛，您说是吧。只是真的很抱歉，价格上我确实不可以再给您优惠了，这一点还请您多包涵！

如果客户问多少钱才可以？此时你先和他说一个明确的价格，然后用质量等优势去说服他。

销售话术：亲，一分价格一分货呢，我们不论是质量、做工等都是精挑细选的，用料都是精细很上档次的！而且我们有完善的售后保障，您选择我们店购物也是可以完全放心的。

客户议价也议了很久，过了几分钟不见他回复的时候，客服要主动去联系他，先向他道歉，然后赞美他，并说明如果没有买的话会很可惜，尽量去激发他的购买欲望。

销售话术：真的很抱歉，一件东西要做到质量好、客户喜欢确实不容易，如果不好看的话再便宜您也可能不会考虑，最重要的还是您使用后（加上卖点和赞美）会提升档次。

如果客户说这个衣服价钱很贵，你可以和他说性价比。

销售话术：亲，找到一款喜欢的宝贝并不容易，如果亲真的喜欢这款宝贝，那绝对是物超所值了！您说是吧，亲。

还有一种情况是客户说其他家都有优惠，你们为什么没有优惠？作为客服，要先告诉客户，我们也有优惠。

销售话术：是的！感觉上打折是比较便宜的，其实如果我们在定价上稍做修正，我们也可以打折，只是那样对客户来说就不诚信了，如果价格上都已经不诚信了，质量上您也就更难相信我们了，您说是吗？

要是客户议价到这个时候还没有停止，你可以再重申客服的立场，再介绍质量、售后保障等内容，然后向客户介绍一些比较低价位的产品。

销售话术：其实我们也希望以最优惠的价格把产品卖给客户，只是您也知道价钱与多方面有关，比如，质量、售后、工艺等，最重要的是这类产品您不是天天买，所以有保障才是最重要的，价格上其实我们也是爱莫能助的，要不我给您介绍一些价位比较低的产品？

客户第一次光临我们的店铺，有时会问我们是不是正品，这个时候你要向客户说明我们的品牌来源，告知客户我们的品牌是独一无二的。

销售话术：亲，我们的产品属于正品，我们出厂的商品全部由专门的品控员管理，质量都是有售后保障的，另外，如有质量问题可以退换货。所以您可以放心购买。

对于邮费，如果买家说邮费太贵了，其他家的才××元，要向客户说明邮费不是我们定的，都是快递公司实际收取的。

销售话术：亲，您是哪里的呢？运费××元哦（满100元包邮）。不好意思，运费是快递公司收取的哦。

当客户要求送礼品的时候，不要说送的是什么礼品，要向客户说明礼品是随机赠送的，并在订单上备注送礼品。

销售话术：亲，礼物是随机送的哦！不一定都有的！我帮您备注一下，有就给您送好吗？

买家说其他家的宝贝很便宜，为什么你的就那么贵，图片是一样的。

销售话术：我们家的产品无论销量还是质量都是很好的，都是明码标价。在本店拍下购买的价格都是对得起质量的。而且我们有很好的售后服务！

当客户说我再随便看看吧！一般到了这时候客户大多都会直接走了，我们必须用一句技巧性的语言把她留下来，但一定要把握好度，不要让客户对你有反感的情绪。

销售话术：不知道亲喜欢的是哪款宝贝，您告诉我，我可以帮您一起看一下，给您一些推荐！

什么时候发货，一般默认72小时内发货，如果是预售要和客户说明清楚。

销售话术：除预售款外，我们会在您拍下付款后72小时内发货，如果时间允许我们会在当天发货，请您放心！我们会尽快让您在第一时间收到××哦，请您在最近几天内将联系电话保持接通状态，方便快递业务员将产品及时准确送达您手中，谢谢合作！

客户拍下后要及时给他发收货地址核对，以免造成麻烦，也让客户感觉到我们在为他的订单负责。

销售话术：亲，请核对一下收货地址（复制买家在淘宝留下的送货地址）。

客户说买了不喜欢可以退换货吗，要记得和客户说明邮费问题，以免后续售后处理麻烦。

销售话术：亲，我们家接受7天无理由退换货（在不影响二次销售的情况下）。但非质量问题退换货需买家自行承担运费。

客户问发货后几天能到他那里，你在回复客户的时候要说是大概的情况，不可以很肯定地说是多少天一定能到，快递速度我们是不能控制的。

销售话术：××省内一般是 1～2 天到，省外一般是 3～5 天，比较偏远的地区，比如××省大概需要 4～7 天，不过具体的时间就要看快递的速度了。快递速度我们是不能控制的。

客户拍下付款后一定要欢送客户。

销售话术：合作愉快！如果亲收到货后有什么疑问或者不满意的请第一时间告诉我们，我们将竭诚为您服务并解决您的问题。评价对我们很重要，如果满意希望能给我们一些带字的全 5 星好评。再次谢谢您的光临，祝亲爱的身体健康！工作顺利！生活美满！

2. 售后方面的话术

如果客户问衣服怎么还没到，怎么这么慢？告诉客户物流距离与预计的物流时间。这时客户的心态就是担心你把他的商品给遗忘了，需要让顾客知道客服一直在关注他的商品动态，让他感觉得到了重视。

销售话术：亲，您先别着急！您的衣服从××（城市名）发到××（城市名）需要大概×～×天的时间，预计您在×天内就能收到您的衣服了！我们随时帮您关注物流动态，如果中途有任何问题我们会在第一时间通知您！您放心！

客户来退货说，这宝贝和图片上有色差啊！这一点和售前可以用同样的回答方法，然后尽量把话题转移开，以免造成客户心理落差加深。

销售话术：我们的照片都是100%实物拍摄的，但网上购物由于不同的显示器和每个人视觉感官的不同，有些许色差是难免的，亲对其他地方还满意吗？

宝贝安装不合适，怎么办？先不要想着如何去给客户解释，尺寸问题是解释不清楚的，解释多了只会让客户反感，直接告诉他可以提供退换货服务，让他看退换须知，如果只是小问题他会嫌麻烦就不会纠结了，如果是大问题那就必须退换货。

销售话术：亲，如果宝贝实在安装不了，我们是可以为您提供退换服务的，您先了解一下我们的退换货须知（发退换货须知）。

不满意，能退货不？先询问客户是什么地方让他不满意，如果是能够解决的问题尽量替客户解决，实在解决不了的就要给客户退换货。这时切记语言要平和，不要因为客户的情绪而迁怒。

销售话术：您好！请问是什么地方不满意呢？您告诉我们，我们会尽全力为您解决的！很多客户收到后都对我们的质量很认可，很少客户退的，所以您如果觉得不合适，可以更换店中的任意款式。

如果客户说有质量问题，要先向客户道歉，然后询问客户是什么问题，请他提供照片核实。

销售话术：亲，真的非常抱歉给您带来麻烦了，请问衣服有什么问题呢，可以拍照片发给我们看一下吗？我们发过去给仓库核实一下。

退换货时，一定要请求客户把他的联系方式或者订单编号在字条或者售后卡上写下。

销售话术：退/换货必须要看清楚这几点！以便能更快捷地给您退换货。

1）在售后卡或字条上写下您的订单编号、您的联系电话、退/换货原因！

2）不要发平邮、顺丰、邮费到付，这些公司是默认拒签的，不受理！

3）衣服不要洗过、穿过、改过，保证吊牌完整，不影响我们二次销售。

4）如果是特殊情况、质量问题等需支付给您邮费，可联系我们申请部分退款或者支付宝转账！

5）收货地址是：……

3．评价管理的话术

在客户评价后别忘了给他发一条感谢的消息，千万不要在交易完成后就不理他，要让他知道他买到的并不只是商品，同时还有优秀的服务，提高客户的回头率。

评价话术 1：感谢您的真诚评价，您对我们的认可就是我们不断努力的动力，希望在以后的日子里还能得到您的继续支持，我们也将会一如既往地给您提供最贴心的服务！

评价话术 2：感谢亲对我们产品的支持，我们会更加努力追求品质，力求做得更好。我们家会陆续上××专用汽车新产品，期待亲能多多关注我们××专营店，祝您购物愉快！您的支持是我们前进的动力！欢迎下次再来光顾！

步骤四　提升在线客服工作质量

在线客服这个岗位，看似就是与客户沟通、解答客户的问题这么简单，但想要做到有效且高质量的沟通与转化实属不易。建议做到以下几点来提升在线客服的服务质量。

1．管理者要明确在线客服的工作目标

在线客服工作的终极目的是帮助意向客户解决对自己公司产品、服务等产生的一系列疑问，获取客户的有效信息，最终促成成交。

但不同的行业、不同的产品决定了开展网络营销的模式有所区别，有的企业可以直接借助网络实现在线成交，但也有相当一部分企业如中介服务、招生培训等需要通过线上沟通+线下成交的模式，经过后续多次的线上沟通或者线下沟通才能成交，但前提必须是在线客服通过首次与客户在线沟通接触，准确获取到意向客户的具体联系方式，如QQ、电话号码等，以便于后续的持续跟进、最终实现成交。

2．注重在线客服三项基本素质的培养

要清楚，实现成交这一终极目标需要一个循序渐进的过程，客户一般是抱着疑问而来，同时对你公司的产品服务肯定也是抱以怀疑的态度。让客户放松警惕，对你产生足够的信任是关键的第一步。

解决客户的疑虑，获取他的信任，进而对你产生依赖，这要求一个在线客服必须具备下面三项基本素质：

（1）熟练的业务知识

熟练的业务知识首先能让你轻松自如、灵活应对客户可能会产生的各种疑问，同时还能把客户暂时没想到的疑问一起解决，主动传递给他们，这样一来连他们自己都没有想到的问题都已经帮其解决了，他们还有什么理由去拒绝你。

而偏偏很多在线客服人员自身对业务知识了解不透，没有与客户站在同一个角度去看待问题，一旦面对一些偏僻的问题，往往答非所问、模糊不清、闪烁其词，要知道，精明的客户有可能在跟你聊之前已经与多家公司做过相关的对比了解，没有哪一个客户首次找到你就认准了非你不买。

（2）良好的网络沟通技巧

在线沟通讲究的是快和准。快——就是不能让客户在计算机前久等，客户的等待是有限的；准——就是言简意赅，短短几个字就能命中客户的要害，切勿把客户说得云里雾里不知

所踪。

在线沟通与电话沟通、面谈不一样，打字既累又耗时间，往往等你打了很多文字出来，还没发送出去，客户就已经离线了，何况对面是一个并不是天天趴在计算机前的人，而且还有很多稍上年纪的人打字都不太熟练。其实单凭“电话沟通、面谈比打字聊天更直接、高效”这个理由已足够让他们乐意掏出自己的名片了。

（3）优秀的服务意识

在线客服是一项挑战耐心、毅力、容忍度的工作。客户从来不缺乏千奇百怪、万般刁钻的问题，在线客服既要懂得接受，更要懂得怎样去化解。很多时候甚至会出现人身攻击的无理客户，面对这些需要淡定、耐心。客户也是血肉之躯，有感情，迟早会接受客服的大度豁然。

良好的服务意识并不就是要求你要做到唯客户是从。很多客服人员不敢随便对客户说“NO”，要知道在专业领域，客户问到的问题并非完全正确，遇到不合理的、不正确的也要敢于去纠正，如果自己都不敢以一个专业的身份去面对客户，又如何让客户去相信自己呢？

3．在线客服要准确预判客户类型

了解了客户的期望，做到知己知彼。总的来说客户类型有四种：果断型、学习型、体验型、叙事型。

（1）果断型客户

特点：问题特别密集，情绪过度紧张，时间紧任务重。

应对方案：

1）注意力高度集中，尽量语言简洁。

2）准确定位用户的问题，及时给出回应。

3）预警期间注意及时业务分流。

4）放宽心态，避免纠缠于细枝末节，陷入坏循环。

（2）学习型客户

特点：对于软件的每一个模块都要问得清清楚楚，问题分散、多而杂乱。

应对方案：

1）直播期间告知有相关培训，引导用户注意查看，告知官网上有详细的视频教程，软件中也有对应的操作手册。

2）及时推送微信，提供多种沟通渠道。

3）控制自己的情绪，本着为用户更好解决问题的态度。

（3）体验型客户

特点：假设型问题比较多，喜欢与类似产品对比以及不同版本之间对比。

应对方案：

1）安抚型引导，对于目前尚未处理的问题可以积极回应用户给出的建议比较好，承诺反馈，告知后期研发会完善，增强用户对产品的信心，给用户一个积极的态度。

2）有问再答型引导，针对当下提出的问题给出解决方案。

（4）叙事型客户

特点：流水账的方式描述问题，往往用户讲了很多后也没有表明中心意思，抓不到问题的主线。

应对方案：

1）尽量不要打断。

2）整体判断用户的问题，不要根据一两句话去总结问题，更不能先入为主，自认为已经了解用户的问题。

3）有礼貌地打断用户讲话，逐步核实是否是用户当下的问题。

4）增强业务学习能力，学会总结核心意思。

在线客服人员把握客户心理的能力非常重要。客户寻求服务的目的不仅是为了满足对产品的需求，其实心理需求往往也占据着很重要的位置。在线客服人员首先要给客户提供准确的服务，同时，注意满足客户的基本心理需求，才能提升客户满意度。

4．正确的思维引导与沟通感知

在线客服应保持正确的思维引导与沟通感知。

（1）准确感

客户希望在服务中获得准确且全面的信息，时间越短越好，客户的耐心都是有限的，如果在线客服人员不能在有限的时间内提供准确的服务，客户的准确感就不会得到满足，进而可能产生焦躁情绪。

为客户提供想要的服务，要求在线客服人员有足够的洞察力和理解力，准确掌握客户的需求，然后针对需求提供服务。在线客服人员的注意力一定要集中，在交流中准确理解客户的意思，切忌答非所问。

（2）尊重感

客户在寻求服务的过程中，最基本的心理需求就是尊重感，客户都有“要面子”的心理，这也体现了客户对尊重感的需求，没有哪位客户在获取服务时不想得到尊重。

所以在线客服人员对客户的尊重要贯穿始终，如果不能做到尊重，再好的服务也是无功而返。他们必须要感受到尊重，否则再好的服务也只能给客户留下很坏的印象。在线客服人员经常需要否定客户，但是一定要说得委婉，不能伤及客户的自尊。

（3）安全感

安全感也是客户的心理需求之一，在线客服人员在工作中要注意保护客户的财产安全、个人隐私，避免给客户造成不必要的麻烦，同时在沟通中尽量让客户体会到是安全的。

在线客服人员和客户沟通时，要给客户营造出被保护的感觉，这样才能满足客户对安全感的需求。当客户获得安全感时，心理上的防范意识自然会松懈，会比较容易接受客服的建议，这时服务会更容易，也更有效。

（4）舒适感

在线客服人员在工作中还要尽量给客户提供舒适感，要让客户在心理上感觉到愉悦、放松，在沟通中在线客服人员用恰当的服务用语、恰到好处的表情等，可以给客户带来舒适感。

视觉、听觉、触觉等感觉系统会比较明确地体会到舒适感，尤其会对第一印象记忆深刻。舒适感可以缓解客户不安的情绪，同样，积极的情绪也可以增加舒适感，比如客户得到在线客服人员的美誉，心里会很高兴，然后和在线客服人员沟通时的舒适度也会增加。

（5）多得感

多得感是客户享受服务中的心理需求之一，作为客户，总是希望付出同样的代价而获得比别人更多的利益。所以，在线客服人员应该注重个性化服务，给客户营造多得的感觉。多得感并不一定是真正利益上的获得，而是一种心态上的满足。

在线客服人员只需让客户感觉他比其他人获得的更多，就可以让他产生多得感。人都是贪婪的，再多的利益回报也满足不了客户无限的需求，所以在线客服人员要注重个性化服务，并让客户认为自己的所得比别人更具价值。

5．紧密的团队联动协作

这一点经常会被很多在线客服员工忽略，往往很多企业里售前客服人员与真正参与执行销售工作的人员在岗位配置上是分开的，这样就涉及岗位间、部门间的工作衔接了。

在客户眼里，公司就是一个整体，他不会去考虑公司内部如何对接工作，需要多久对接，跟在线客服人员完成初步沟通后，他需要的是更深入更具体的意见，而同时作为服务方，公司也需要趁热打铁，派专人马上跟进此客户。这一点被很多公司忽视，从网站访客—在线咨询—意向客户这一路成漏斗状走下来，剩下的基本就都是意向比较强的客户了。如此高质量的客户资源往往在部门对接上出现严重的失调而造成资源流失，主要表现为：

1）信息移交不及时：如客户与在线客服首次沟通后，时隔几天才去想起去跟进，或许那时客户早已被抢跑了。

2）信息传递不对称：如客户的需求是 A，传递后变成了需求 B，又麻烦客户重复一次，导致对客服的专业度质疑。

3）信息传递前后矛盾：如前面向其首次报价 100 元，再次报价变成了 300 元，信任危机由此产生。

由此可见，在线客服人员的特殊性与重要性。在线客服的工作不是简单的面对计算机打字，看不到客户的容颜，听不到客户的声音，而是需要强大的心理感应，去揣摩客户的想法，提供更优质、个性、亲切的服务来提高客户满意度，这样提升在线客服的工作质量与形成高转化率也就不再是难事。

触类旁通

在线客服的作用和意义

在线客服在网店推广、产品销售以及售后客户维护方面均起着极其重要的作用，不可忽视。

1．塑造店铺形象

对于一个网上店铺而言，客户看到的商品都是一张张的图片，既看不到商家本人，也看不到产品本身，无法了解各种实际情况，因此往往会产生距离感和怀疑感。这时，客服就显得尤为重要了。客户通过与客服在网上交流，可以逐步了解商家的服务和态度以及其他信息。客服的一个笑脸（表情符号）或者一个亲切的问候都能让客户真实感觉到他不是在与冷冰冰的计算机和网络打交道，而是与一个善解人意的人在沟通，这样会帮助客户放下戒备，从而在客户心目中逐步树立起店铺的良好形象。

2．提高成交率

现在很多客户都会在购买之前针对不太清楚的内容询问商家或者询问优惠措施等。客服在线能够随时回复客户的疑问，可以让客户及时了解需要的内容，从而尽快达成交易。

有的时候，客户不一定对产品本身有什么疑问，仅仅是想确认一下商品是否与事实相符，这个时候一个在线的客服就可以打消客户的很多顾虑，促成交易。

同时，对于一个犹豫不决的客户，一个有着专业知识和良好的销售技巧的客服可以帮助买家选择合适的商品，促成客户的购买行为，从而提高成交率。

有的时候客户拍下商品但是并不一定是着急要的，这个时候在线客服可以及时跟进，通过向买家询问等方式督促买家及时付款。

3. 提高客户回头率

当买家在客服的良好服务下完成了一次良好的交易后，不仅了解了卖家的服务态度，也对卖家的商品、物流等有了切身的体会。当买家需要再次购买同样商品的时候，就会倾向于选择他所熟悉和了解的卖家，从而提高了客户再次购买的几率。

4. 更好地服务客户

如果把在线客服仅定位于和客户的网上交流，那么这仅是服务客户的第一步。一个有着专业知识和良好沟通技巧的客服可以给客户提供更多的购物建议，更完善地解答客户的疑问，更快速地对买家售后问题给予反馈，从而更好地服务于客户。只有更好地服务于客户，才能获得更多的机会。

案例分析

【案例4-3】

客服：您好，欢迎光临××官方旗舰店，我是××，请问有什么可以帮到您呢？

客户：我是混合性的皮肤，有什么好的护肤产品推荐吗？

客服：亲，您的皮肤适合使用多种护肤产品，最近我们有一款组合产品卖得挺好的，既实惠又适合您的肤质，要不为您推荐一下吧。

客户：好的，让我看看。

客服：这款××组合（链接）包含了爽肤水、乳液、面膜。三款配合起来护肤是不错的选择。

客户：价格好像有些贵哦。

客服：亲，这款组合确实有点贵，不过护肤品最重要的是适合自己，这样才是最好的，产品适合、好用才是最重要的，您说是吗？

客户：真会说，呵呵。

客服：（微笑表情）能为您推荐选择适合的产品才是最重要的。

客户：好吧，那我要了。

客户：尽快发货哦。不然我放假了就收不到了哦。

客服：会的，请您放心，我们会督促仓库人员尽快发货。

客户：您家要发什么快递呢？

客服：您好，我们目前是默认发圆通、申通、天天快递，系统会自动根据您的收货地址匹配相应的快递，请您放心。

客户：好的。

客服：亲，请问您平时习惯护肤吗？

客户：是的。

客服：亲，一套好的专业的护肤流程需要：卸妆—洁面—爽肤—去角质/去黑头—爽肤—涂上精华（脸部/眼部）—敷面膜—乳液—面霜—身体护理。这就为您推荐一些相应的护肤品好吗？请稍等。

客户：哇，这么多啊！我上班没时间用啊！

客服：亲，这个您可以在晚上睡前护理的，每天上班都会接触到空气中的灰尘，护肤就等于给您的皮肤添上健康的、干净的外衣。

客户：好的，发来看看。

客服：（链接）。

请思考：在客服与客户的对话中，客服的话术核心是什么？她的成功点在哪里？

任务 4　运用电子邮件服务客户

任务要点

关 键 词：电子邮件、客户服务、运用

理论要点：电子邮件在客户服务中的运用

实践要点：能利用电子邮件主动为客户服务、做好电子邮件的收阅与答复

任务情境

美国某花店经理接到一位顾客的 E-mail，说她订购的 20 支玫瑰送到她家的时间迟了一个半小时，而且花已经不那么鲜艳了。接到这个 E-mail 后，花店的经理立即给予了回复。

亲爱的凯慈夫人：

感谢您告知我们那些玫瑰在很差的情况下被送达您家的消息。在此信的附件里，请查收一张可用于偿还您购买这些玫瑰所用的全部金额的支票。

由于我们送货车中途修理的意外耽搁，加之昨天不正常的高温，所以您的玫瑰我们未能按时、保质交货，为此，请接受我们的歉意和保证。

我们保证将采取有效措施以防止这类事情再次发生。

在过去的两年里，我们总是把您看做一位尊敬的顾客，并一直为此感到荣幸。顾客的满意乃是我们努力争取的目标。

请让我们了解怎样能更好地为您服务。

您真诚的霍华德 • 佩雷斯（经理签名）

任务分析

对于客户的邮件，应该怎样去处理，每个企业都有自己的做法，但服务好客户是必须放在第一位的。使用信函的目的就是成功地向客户表达自己的意图；有效地促使客户采取行动；处理客户所投诉的问题；为客户的询问作出答复；广而告之公司的相关事宜等。

任务实施

步骤一　安排邮件通路

使用 E-mail 进行客户服务时将收到大量电子邮件，为了实现每一位顾客的电子邮件都得到认真及时的答复的基本目标，就要安排好顾客邮件的传送通路，以使顾客邮件能够按照不同的类别由专人受理。可以把公司的所有 E-mail 地址放在同一个网页上或是嵌入“邮向”指示器（Mailto）。正如很多企业服务热线的接线员所感受到的那样，客户期望他们的问题得到重视。无论是接线员直接为客户解决问题还是联系企业有关负责人解决问题，客户都希望接线员热心地帮助他们。在客户电子邮件管理中存在同样的情况，即如何有效地进行客户邮件的收阅、归类和转发等管理工作。

企业需要针对客户可能提出的各种问题做好准备工作。准备工作可从企业内部着手，比如，走访那些负责客户服务热线的人员，与为客户提供销售服务的工程师交谈，还可利用建立 FAQ 过程中所积累的经验分析并列出客户可能提出的各种问题及解决方案。对于客户可能提出的各种各样的问题，可按两个层次分类管理。

第一个层次是把客户电子邮件所提出的问题按部门分类。可分为：

1）销售部门：如价格、供货、产品信息、库存情况等。

2）客户服务部门：如产品建议、产品故障、退货、送货及其他服务政策等。

3）公共关系部门：如记者、分析家、赞助商、社区新闻、投资者关系等。

4）人力资源部门：如个人简历、面试请求等。

5）财务部门：如应付账款、应收账款、财务报表等。

第二个层次是为每一类客户的电子邮件分派专人仔细阅读。同时还必须对这些邮件按紧急程度划分优先级，比如划分为以下 5 种：

1）给企业提出宝贵意见的电子邮件，需要对客户表示感谢。

2）普通紧急程度的电子邮件，需要按顺序排队，并且应在 24h 内给予答复。

3）特殊问题的电子邮件，需要专门的部门予以解决。

4）重要问题的电子邮件。

5）紧急情况的电子邮件。

采用以上划分优先级的方式，大部分邮件可归入普通紧急程度的优先级中。对于此类问题，在企业的数据库中应准备好现成的答案，这样就可以迅速解决绝大部分问题，并且应该在回信中告诉客户当下一次遇到同样问题时，客户自己如何在网站上寻找解决问题的答案。特殊问题意味着在企业现有的数据库中还没有现成的答案可以使用，这就需要由有关部门人员如产品经理、送货员等给予答复。对于重要问题，需要借助相应部门的高层决策者的力量。此时往往需要不断地通过电话或其他方式提醒他们，直到他们真正意识到该邮件的重要性，并认真阅读和考虑解决方案。紧急情况是很少出现的。如果出现紧急情况，问题严重时，就需要跨部门的商议和决策才能解决。因此，应该把紧急情况的邮件发送到相关的各个部门，企业领导应立即召开部门负责人会议，共同解决。虽然这种紧急情况很少出现，但却需要投入更多的精力对过程进行预先设计，否则，一旦发生将可能使整个企业陷入混乱之中。

步骤二　向客户提供方便

一种方法是把所有的电子邮件都发送到一个地址，如前文所述的就是这种情况，这时企业需要派专人进行分类和转发。另一种方法是在网页中设置不同类别的反馈区，并提供企业各部门的电子邮箱地址，客户根据自己的问题把电子邮件发到相应的部门，这样做可以提高邮件的收阅率和答复率。为了保护企业的机密，企业所有的软件设计人员的电子邮箱地址都不在提供的地址之中，而且所提供的姓名中有些是化名。虽然这种方法使有些人需要处理过多的客户邮件，但是企业宁可这样也不愿意让客户对企业的服务感到失望。

企业的电子邮箱地址公布到何种程度是受本企业传统观念影响的。一些企业只允许员工在名片上印上企业的总机号码，而有的企业则鼓励员工把个人的手机号码、住宅电话号码也印在上面；一些企业很乐意外界了解其组织机构，而另一些企业则把它作为企业机密。一个比较合适的办法是把那些与外界联系较为紧密的职员的地址公布出来，或者其他职员也列在其中时让他们使用化名，客户可通过几个地址与同一个人联系。虽然这样做看上去容易发生混乱，但实际上邮件误投的情况只占 0.5%。而且，企业公布这些地址将会极大地鼓励客户与企业沟通，因为客户可以很方便地告诉企业他们所知道的很多情况。

1）对于客户问题描述很全面、很具体，问题很明确的情况。①如果已经有处理方法：可以根据问题处理方法给予解答。②如果经过判断属于客户方面的问题：（比如，因客户浏览器的问题无法看到附加码）建议客户用正确或者避免出现问题的方法或者其他达到客户目的、满足客户需要的操作方法，请客户尝试；③如果属于公司内部的问题：a）对于未知问题，需要及时上报，根据上级的处理方法来答复；提示客户如果不能解决则继续反馈。b）对于已知问题，如果客户没有明确指出责任和问题原因，则尽量不要提责任归属，可以多给客户一些处置方法建议，避免让客户感觉到公司内部存在严重问题，但处置方法必须正确。c）如果属于内部的问题，不仅需要让上级知道问题的具体信息，还需要提供咨询量、造成的后果等信息，尤其是当客户咨询量比较大时，需要向主管和上级通报此情况，以便上级准确判断，决定是否作及时、紧急的处置，对于突发事件需要有敏锐度，积极协同分析处理，查找原因以便尽快解决。d）对于临时遇到的问题，回复时建议客户换时间尝试，必要时给客户一个合理的解释（不一定是准确的解释）。比如网站由于某种原因出错，可以解释为：“网站临时调整，请您换时间尝试”。e）根据上级对问题的处理指导以及信息收集、邮件处理等要求来回复、标记、处置邮件。f）内部问题排除后，按照上级的安排和解答方法跟进问题，提示客户如果不能解决则继续反馈。

2）虽然问题描述简单，但可以知道客户的问题类型。注意，大部分邮件都属于此类。①把客户问题可能属于的几种情况分别予以解答，或者给一个概括性的答案；②提示客户如果需要进一步咨询，需要提供哪些详细的信息。

3）如果问题过于简单，则不知道客户要咨询什么内容。由于问题过于简单，无法准确答复，回复时首先表示歉意；然后告诉客户咨询时需要提供哪些信息，以便准确解答；最后给客户提供咨询问题的途径，以便客户继续联系咨询。

4）如果客户重复咨询同一个问题，则客户同一时间重复发送的邮件只保留和回复一封内容最全面的，其余删除；不同时间发送的邮件，需要参看之前的回复，然后调整答复方法和内容后再回复。

5）如果客户提出意见、建议，则向客户表示感谢，重视客户所反映的问题，尽快处理；如果有解决方案，则把解决方案告诉客户；如果没有，则必要时可以给客户一个替代的解决方法；如果客户反映给他带来不便，则要向客户表达歉意。

6）如果客户提出的要求无法满足，则首先要向客户表达歉意和同情，然后委婉但明确说明无法满足要求，之后告知现有的处理方法或者建议客户用其他替代的方法。

步骤三　主动服务客户来信

客户获得的重要信息越多，获得信息的途径越方便、迅速，他们就会越满意。因此，尽管来信中满是牢骚或信中所述内容十分奇怪，但这对于客户却是十分重要的，同样应该花时间仔细考虑，认真答复。有时认为给了客户一个好的答复，但未必是客户所期望的答复。如果的确是坏消息，则应该尽快通知客户，并提供临时性方案，以免给客户造成损失。如果告诉了客户解决问题的期限，则必须履行承诺，不能拖延。

客户服务人员不能只是坐等客户前来询问，而应进一步采取行动，在客户提出问题之前就帮助他们，并主动去了解客户需要什么服务。

1）运用电子邮件新闻主动为客户服务。电子邮件新闻是很好地为客户服务的工具。客户希望获得信息，了解最新情况。客户特别欢迎那些自己感兴趣的新闻，同时也很讨厌那些毫无价值的信息。客户通常喜欢收到行业新闻、促销以及其他更好地使用产品等方面的信息。此外，对于来自其他客户使用产品的经验、体会以及如何节省时间和费用的小窍门也很喜欢。

需要指出的是，在未收到客户订阅之前不要采用这种方式，否则将会引起客户的反感。即使是在获得客户允许后，也要注意在发给客户的每一封电子邮件的附言中说明如何方便地撤销订阅。

2）鼓励与客户对话，主动为客户服务。网络客户服务不仅能实现企业与客户的双向服务，同时还能实现客户与客户之间的交流和帮助。

客户与客户之间信息传播的范围和速度是远非现实生活所能比拟的。因此，客户间的交流对企业来说就像一把双刃剑：客户对产品的赞扬可以传播；同时对企业不利的议论同样可以传播。网络是一种崇尚自由的媒体，对于企业与客户的对话以及客户与客户之间的对话，企业的态度应是积极鼓励，而不是冷漠、忽视甚至强行遏制。

现代社会中的大多数企业会主动与客户对话，只有这样才能更主动地为客户服务。例如，某企业网站上设立了销售点，依此致力于客户服务。他们在每个页面上都设有一个大大的嘴形图标，旁边写着“与我们交谈”，希望使客户十分直观地感受到企业欢迎客户的意见和问题。

主动服务客户的同时，如果能注意 E-mail 信函的编辑技巧和 E-mail 信函的写作技巧，那么会更加事半功倍。E-mail 信函的编辑技巧如下。

1）注意基本礼节。礼貌待客，在 E-mail 的发送过程中要避免情感化。通晓网络缩略词，其目的不是在编辑 E-mail 时使用缩略词，而是在于更好地理解所收到的 E-mail，例如，BTW（By The Way，顺便问一下）。写清回复的地址，留下回复地址不仅方便顾客回复，同时也是对顾客的尊重。

2）注意编辑的准确率。在利用 E-mail 进行公关活动时，E-mail 的每个词、每一句话都既可能有助于企业形象的建立，也可能有损于企业形象。

3）信息简单扼要。

4）24h 原则（及时回复）。对社会公众的任何一项回复不得超过 24h，拖延答复有时比不予回复更糟糕。

5）尊重顾客来信。不管是什么样的用户来信都应该得到相同的对待。

6）建立有效签名。E-mail 推销信可以通过签名文件来实现邮件的自动签名，与传统信件不同的是，电子邮件的签名可以包括若干行内容，而且可以通过设置来实现对不同邮件给予不同的签名。

E-mail 信函的写作技巧如下：

1）专业性的要求。解决客户问题，这是首要的要求，给客户提供的解答方法是有效的；快速响应，快速解决；即使暂时不能解决问题，也要告诉客户问题已经在处理之中，会“尽快”给客户回复。对客户礼貌，关注客户的感受，使用礼貌用语，关注到客户的感受并予以相应的回应，比如，致谢、致歉、赞扬客户等。

2）回应客户并回答客户问题。不允许直接让客户电话咨询或者选择其他途径处理而不解答问题。

3）拒绝客户。如果客户的要求无法满足，则要在回复的时候表达歉意、对客户处境的理解和同情；如果不是敏感的问题，并且有其他可行的方案，则应给予建议；没有替代方案时，尽量给予适当的解释，争取客户的理解和支持。使用的致歉语言有：“对不起”“非常抱歉”“很遗憾”等；同情的语言有：“我理解您的心情/处境”“我们也很希望帮助您”等；给予建议的语言有：“建议您……”“您可以”“请您……尝试”等。

4）感谢客户。客户咨询问题本身也是对客服工作的支持。无论客户问题是否属于自己负责的范畴，都应在回复语言中表达对客户的感谢；如果客户在邮件中明确说明了相关信息，或者回复客户的邮件中需要客户配合做相关工作，都要对客户表达感谢，可以使用的语言有：“感谢您的支持”“感谢您的配合”。

5）赞扬客户与认同客户。如果客户对自己的工作给予了很大的支持和帮助，在感谢客户的同时，在适当的地方可以对客户的支持给予赞扬和鼓励：对客户提供信息推进了自己的工作给予赞扬，对客户的耐心给予赞美，对客户的宽容、细心给予称赞。

6）个性化。给客户的解决方法根据客户年龄、水平、能力的不同而有所差别，给客户使用起来最简单的方案。

7）对客户负责。给出解决方法后，如果客户再次遇到问题或者仍然不能解决，则提示客户继续与我们联系。

步骤四 实现自动答复

为了提高回复客户电子邮件的速度，可以采用计算机自动应答器实现对客户电子邮件的自动答复。自动应答器给电子邮件发出者回复一封预先设置好的邮件，这样做的目的是让发送电子邮件者放心，并说明邮件已经收到，已经引起企业的关注。这种自动答复可以采用某种特定格式，如“本公司经理对您的建议很感兴趣，并十分感谢您为此花费了宝贵的时间”。采取这一方法是因为经理实际上无法抽出时间来一一阅读这些邮件，而电子自动应答系统则可以更好地解决这一问题。自动应答邮件或长或短，有的写得非常得体且幽默。

在现代社会里，人们与各种机器、电子设备的接触越来越多，而人与人之间的直接接触不是在增加，而是在减少。正是在这种环境下，人们才更加珍惜人与人之间的关系。在客户电子邮件管理中存在同样的问题。现在虽然已经有了自动答复系统，但决不能忽视人与人之间的接触。企业选定有影响的人员邀请客户，与其对话，不仅能使企业及其产品在客户中树立良好的形象，而且能更好地满足客户的需求，促进企业的事业长期、稳定、健康地发展。

触类旁通

电子邮件的作用主要表现在以下几个方面：

1．利用电子邮件可与客户建立主动的服务关系

传统的客户服务常常是被动的，客户向企业提出问题后企业再解决。通过电子邮件，企业可实现主动的客户服务，而不是被动地等待客户要求服务。

利用电子邮件进行主动的客户服务有以下两个方面的内容。

1）主动向客户提供企业的最新信息。企业的老客户需要了解企业的最新动态，如企业新闻、产品促销和产品升级等。企业可将这些信息及时主动地以新闻邮件的形式发送给需要这类信息的客户。

2）获得客户需求的反馈，将其整合到企业的设计、生产和销售等系统中。要了解客户的要求可以通过电子邮件直接向客户询问，但不宜设计包括很多问题的问卷，因为这种问卷的回收率通常很低。网络客户通常是不耐烦的，对比较长的问卷往往没有耐心填写完毕，所以要想让客户回答问题，最好每次只设计一个具体的问题。这个问题应简洁明了，易于阅读，易于回答，只要用很短的时间就能回答完毕。同时，每次只提一个问题，为了不浪费客户的时间和精力，企业在设计需询问的问题时要慎重考虑，使之直接作用于产品质量、服务等，取得更好的效果。

2．利用电子邮件传递商务单证

为了规范电子商务的过程和信息服务的方式，人们常常在企业商务网站中设置许多表格。通过表格在网络上的相互传递来达到商务单证交换的目的。在网站的设计过程中，表格是通过设计结构和内容来完成的，而表格中所填写的内容是通过电子邮件来传送的。

以支持交易前的电子商务系统为例，经常用于网站的表格和单证有：客户意见及产品需求调查问卷，产品购买者信息反馈及维修或保修信息反馈表；对某种产品的需求意向、特殊要求、数量及商品报价申请表，初始产品的报价单，订货单及有奖问卷回执单等。

3．进行其他访问的信息服务

利用电子邮件除了可以进行正常的通信联系、与客户建立主动的服务关系、传递商务单证以外，还可以访问的信息服务主要有以下 4 种。

1）用电子邮件遨游互联网。互联网是链接着世界各地的 HTTP（超文本传输协议）服务系统上的超文本文档的总体集合。它能把各种类型的信息（静止图像、文本、声音和影像）有机地集成起来，供用户阅读、查找。

2）用电子邮件做 Gopher 搜寻。Gopher 是一种整合式的信息查询服务系统，可为使用者提供一个方便的操作界面。利用它可以用简单的菜单方式（Menu）来获得所需要的文件资料、生活信息、文件存取、新闻邮件查询等。

3）用电子邮件做文件传输服务（FTP）。FTP 是一种实时的联机服务，它的任务是将文件从一台计算机传送到另一台计算机上，而不受这两台计算机所处位置、连接方式以及所采用的操作系统的约束。

4）用电子邮件做文件查询索引服务（Archie、WAIS）。Archie 是互联网上用来查找满足特定条件的所有文档的自动搜索服务工具。Archie 系统的目的就是向互联网用户提供有效的数据库，负责这些数据库的创建和维护。给任何一个 Archie 发送一个电子邮件，Archie 就将执行用户的请求，并将结果返回给用户，以提供服务。

4. 使用电子邮件时的注意事项

1）如果客户在同一封邮件中咨询了多个问题，必须一一作答或者整合在一起一并解答，要求回答完全，不要遗漏；在回答的时候，每个问题之前需要先概要说一下客户问题，使解答语言连贯，客户容易阅读和理解。比如，某客户分别咨询了儿童购票和付款方式的问题，解答方式可以是“关于儿童购票的问题……”“关于付款方式的问题……”

2）仔细阅读客户的邮件，理解客户的意图，对于表述不清楚的邮件，解答时提示客户需要提供详细信息以便明确问题准确解答。

3）回答问题尽量全面。如果客户还有可能咨询其他问题，回复中可以把客户问题相关的信息一并提供给客户，尽量减少客户再次咨询。

4）如果客户的问题是可以测试或者复现的，在回复之前需要先自己操作一下，检查客户的说法是否准确，判断问题属于哪种情况，以便给客户准确的答复。

案例分析

【案例 4-4】

位于美国加利福尼亚州的减肥研究中心近日公布了一项成果，那些经常使用电子邮件接收减肥指导的人比那些没有接收这类指导的人的效果要好得多。这项调查是他们从去年开始对 90 名至少超重 20 磅（1 磅=0.45kg）的人分为两组进行试验得出的结果。

两组人事先都经过减肥的咨询服务，他们都有营养方面的指导及减肥指导。第一组人员要求每天上网写出他们的饮食清单，定时进行锻炼，并且每周得到专家的反馈意见和建议。他们也可进入网上论坛，同其他减肥者进行交流。而第二组人员只按照最先的减肥计划进行减肥。结果发现如下事实：

3 个月后，用电子邮件进行交流的那组人员平均减轻了 9 磅，而另一组人员只减轻了 3 磅。在之后的 6 个月里，专家继续用电子邮件对第一组人员进行指导。

到第 6 个月的时候，第一组的人员平均减少了 10 磅，而第二组的人员只减少了 4 磅。但在 9～12 个月时，专家停止给他们建议，结果两组人员的体重都有所恢复。到年底时，第一组人员的体重恢复了 3 磅，只减轻了 7 磅，而第二组人员的体重恢复了 2 磅，实际只减少了 2 磅。

尽管通过互联网获得的减肥效果比当面进行的指导减肥效果要差，但这也向人们提供了一些数据，如果有人在接受面对面的减肥指导有困难时，使用网络进行指导也不失为一个好方法。

请思考以下问题：

1）分析为什么使用电子邮件接受减肥指导的人比那些没有接受这种指导的人的效果要好得多？

2）你认为通过电子邮件对这些客户进行减肥指导要想达到最佳的效果，还需要注意哪些问题？

项目小结

网络客户服务的内容包括：售前服务、售中服务、售后服务。常用的网络客户服务手段有：FAQ、电子邮件、网络社区、在线表单、即时信息等。

FAQ 在客户服务中运用时应做好列出问题及答案、选择合理的 FAQ 分类、组织设计 FAQ 页面、设计客户 FAQ 搜索等几方面的工作。

在线客服人员应做到明确工作内容，练习各种话术等工作。

电子邮件在客户服务中运用时可做好：安排邮件通路、向客户提供方便、主动服务客户来信、实现自动答复等工作。

练习思考

一、单选题

1．“预先取之，必先予之”是形容（　　）服务的核心。

A．售前　　B．售中　　C．售后　　D．客户

2．一个好的客户服务人员应重视（　　）的设计。

A．调查问卷　　B．FAQ　　C．在线表单　　D．客户体验

3．作为一名在线即时信息网络客服人员，尽可能做到接到客户咨询后的首次响应时长在（　　）秒内。

A．8　　B．20　　C．15　　D．10

4．拒绝客户时，以下用语不合适的是（　　）。

A．非常抱歉　　B．很遗憾　　C．建议您……　　D．不行

二、多选题

1．良好的售后服务包括以下几个方面：（　　　）。

A．送货服务　　B．承诺无条件退货
C．建立和保留客户的购货记录　　D．加强与客户的联系

2．FAQ 的内容按照客户角度来设计，可以有以下几个针对方面：（　　）。
A．针对潜在客户的设计　　B．针对已流失客户的设计
C．针对老客户的设计　　D．针对新客户的设计

3．下列属于电子邮件信函的编辑技巧的是（　　）。
A．注意基本礼节　　B．赞美对方
C．24 小时内回复　　D．信息简单扼要

4．设计网络客户体验的步骤包含的内容有（　　）。
A．建立网络客户体验平台　　B．建立体验平台的推荐模式
C．设计网络客户咨询　　D．设计客户体验方案

三、思考题

1．服务网络客户是网络营销的有力保障，那么网络客户服务和传统客户服务有何区别？
2．网络客户服务的基本方法有哪些？最常用、最有效的是哪些？
3．分析网络客户服务对推动形成绿色低碳生产方式和生活方式的意义。

实战强化

➲ 实训一　利用电子邮件服务网络客户

一、实训目的

通过本次实训，熟练掌握运用电子邮件服务网络客户的方法及注意要点。

二、实训组织

可根据各自的兴趣进行分组，分别利用电子邮件模拟解决各种网络客户的问题，一部分学生担任某企业网络客户服务部工作人员，一部分学生可担任网络客户角色。一组完成后可进行角色互换，以达到共同体验的效果。

三、实训要求

1．利用电子邮件解决网络客户的问题，在邮件的收阅和答复过程中充分运用为客户服务的方法并体现以客户为本的理念。
2．教师事先准备好各类网络客户需要解决的问题，供学生自由选题，每组选一题。
3．教师对每一组进行指导、评价。

➲ 实训二　根据市场调研完成某一产品的体验设计

一、实训目的

通过本次实训，让学生尝试产品的体验设计，进一步知晓体验设计的多种方法及应该注意的设计要求。

二、实训组织

教师让学生分组演练某一网络公司的项目职员，开会讨论网站的用户体验设计需注意的事项的场景。或者学生自行组合，演练公司开会讨论某一产品的用户体验设计场景，形成会议记录，归纳讨论结果。

三、实训要求

1．教师布置几种产品，学生分组进行市场调研，提出产品的体验设计方案。或者学生自己找到熟悉的产品进行体验设计。

2．班级汇报，看看哪一组的方案比较合适、有创意。

3．教师点评、归纳。

项目 5

让客户满意

作为20世纪90年代管理学新发展之一的客户满意理论强调以人为本的本质，在质量指标评价体系中以客户满意为评价基础，具有前瞻性的分析、预测作用。随着竞争的日益激烈，越来越多的公司追求客户高度满意。如何将一次性客户转化为长期客户，把长期客户转化为终身忠诚客户，让客户满意可谓其中之关键。满意度一般的客户很容易更换供应商，而高度满意的客户在情感上对品牌形成了高度共鸣，进而引发理性偏好。

在现代营销理念中，营销是为了满足市场的需要。满足谁的需要、满足怎样的需要、如何满足需要，根本而言是如何使客户满意的问题。创造客户满意是营销的最终目标，因此客户满意营销也成为越来越重要的营销方式。

学习提示

学习目标：

- 知识目标：掌握客户满意的基本含义和基本内容、客户满意管理的方法。
- 能力目标：能够分析客户满意度，能够给客户提供满意产品、优质服务，能够处理客户的不满。
- 素质目标：培养全心全意为客户服务、让客户满意的意识。

本项目重点：

- 掌握对客户满意度的分析，使客户对产品满意、服务满意。

本项目难点：

- 处理客户的不满。

任务1　分析客户满意度

任务要点

关 键 词：客户满意度、体系、调研、分析

理论要点：客户满意度的构成，调研方案制定的方法

实践要点：能够进行客户满意度的测试并进行分析

任务情境

用餐结束后填写反馈问卷的做法在餐饮业分外流行，但同样很多人认为对于这样的调查问卷消费者有随意勾画的可能性，出于保护个人隐私他们也不愿留下更多信息。因此，这样调查得到的数据存在缺陷，用它来指导和改进生意完全靠不住。

来自台湾的第一大餐饮集团——王品集团（以下称王品），没有让这种顾客满意度调查只停留于表面。王品在过去几年挖掘、积攒了丰富的消费者反馈数据，王品台塑牛排在台湾的顾客资料已达到约200万份，自2003年进入大陆市场到现在累积的客户资料近20万份。初看王品台塑牛排的意见调查表与通常的餐后问卷并无二致，但细究一下则发现其细致之处，比如，在用餐后感觉的问题中详细列举了主餐、面包、汤类、沙拉、甜点、饮料、服务和整洁等类别。除了常规的满意度调查，王品的调查还涉及顾客生日和结婚纪念日等个人问题。许多公司会忽视顾客反馈后的分析，即使是在相关数据具备的情况之下。王品的开发部门成立了一个资料分析小组，专门从“满意度”寻找产品和服务的问题，从“用餐频率”分析消费者忠诚度，还询问消费者是否愿意推荐给家庭成员或朋友。透过数据分析，王品的店长也能从中针对异常情况作出管理控制。

海量的顾客资料和数据俨然成为王品发展的助力。2012年王品于台湾上市，旗下拥有王品台塑牛排、西堤牛排、陶板屋、原烧等13个品牌和300多家门店，年销售额25.40亿元，其中进驻大陆的5个品牌共58家门店，营收额为5.60亿元。

任务分析

衡量客户满意有一个量化标准，它可以对企业或产品在客户心目中的被接受程度进行具体测量，这一标准即客户满意度（CSD）。作为测量客户满意水平的量化指标，采用精确、可衡量的标准，在客户实际感知效果与预期获得间进行比对，以得出客户满意的结果。通过对客户满意度构成的分析，建立科学测试的指标体系，在完备有序的调研下对客户满意度进行具体分析，整理得出最终的测试结果。

任务实施

步骤一　明确客户满意度测试对象及内容

1．客户满意度测试对象

客户是产品、服务接受者的统称，包括现实客户、使用者和购买者、中间商客户、内部客户等。在实践中应根据客户满意度测试目的差异，针对不同的类别确定测评客户的对象范围。

（1）现实客户　已经实际体验过本企业产品或服务的客户即为现实客户。这类客户一般为客户满意度测试的主要对象。在实际操作中，很多企业并不是因为没有吸引到足够多的客户导致失败，而是由于未能提供客户满意的商品或服务引起客户流失。因此，测试并提高现实客户的满意度是至关重要的。它投入少，同时以特定客户为对象，目标固定，效果明显。对现实客户的调查是最常用的一种满意度测试方法。在客户对象明确的情况下，尤其对于已经建立客户档案，留有客户相关信息的企业，采用这种方法通常可以迅速得到反馈信息。通过印刷好的问题和答案选项的问卷进行调查，调查的效率较高。

（2）使用者和购买者　客户满意度测试是以商品或服务的最终使用者为测试对象还是以实际购买者为测试对象，这是需要预先明确的。由于商品或服务的性质不同，这两者经常存在差异。一般而言，产品的使用者和购买者是一致的，但也有例外。如儿童用品的消费过程中，购买者与使用者往往是由家庭的不同成员担任的。同时，在生产者市场为转售或为提供给最终用户使用而购买产品的行为中，购买者和使用者也是不一样的。

在客户满意度测试中，能够实现这两者都满意是理想状态，可以将两者都列为测试对象。当发生困难情况时也要尽可能使两者达到一定的均衡。

（3）中间商客户　中间商在产品流转的过程中承担着举足轻重的作用，许多产品与最终用户的见面直接由中间商控制，如很多食品和日用品。所以在产品分配过程中取得中间商的认可与支持是至关重要的。这时客户对产品或服务的满意度，与批发商、零售商等中间商有着很大的关系，在测试中也不应忽视对中间商的测试。

（4）内部客户　客户满意度的测试不仅要包括对传统客户的调查，还要包括对企业内部客户的调查。作为对外提供商品和服务的整体，企业内部各部门之间的相互协作程度、认可程度、满意程度直接影响企业的运作。因此，企业内部客户的满意度是客户满意测试中不可忽视的一方面，只有各部门都能为其他部门提供满意的产品或服务，企业才能最终提供给客户满意的商品或服务。

2．客户满意度测试内容

对于客户满意度的测试内容，这里主要介绍消费者和中间商两类客户测试的内容，见表5-1。

表5-1　客户满意度测试内容

<table>
<tr><td rowspan="11">消费者满意度测试内容</td><td rowspan="4">产品的满意度</td><td>产品的品质，包括功能、使用寿命、材料、安全性等</td></tr>
<tr><td>产品的设计，包括色彩、包装、造型、质感、体积等</td></tr>
<tr><td>产品的数量，包括容量、成套性、供求平衡等</td></tr>
<tr><td>产品的品味，包括品牌感、个性化、多样化、身份感等</td></tr>
<tr><td rowspan="4">服务的满意度</td><td>服务的绩效，指服务的核心功能及其所达到的程度</td></tr>
<tr><td>服务的保证，指核心服务提供中的准确性和回应性</td></tr>
<tr><td>服务的完整，指提供服务的多样性、周到情况</td></tr>
<tr><td>服务的方便，指服务的简易性、使用的灵活性</td></tr>
<tr><td rowspan="3">人员互动的满意度</td><td>人员礼仪，与客户接触时外表的整洁，接待的友善，考虑客户的立场</td></tr>
<tr><td>人员沟通，用客户能理解的语言，耐心倾听，确认客户需解决的问题，邀请客户参与</td></tr>
<tr><td>重复访问，如提供个性化的关心，准确识别老客户，满足客户特殊需求</td></tr>
<tr><td rowspan="9">中间商满意度测试内容</td><td rowspan="2">产品的满意度</td><td>产品实体的硬件条件</td></tr>
<tr><td>产品多样化、品质、功能、设计、颜色、命名、使用说明等软件条件</td></tr>
<tr><td rowspan="5">服务的满意度</td><td>产品交货期</td></tr>
<tr><td>技术能力和销售人员的培训</td></tr>
<tr><td>营销支持</td></tr>
<tr><td>物流配送</td></tr>
<tr><td>付款条件等</td></tr>
<tr><td rowspan="2">企业形象的满意度</td><td>品牌形象</td></tr>
<tr><td>社会公益贡献程度</td></tr>
</table>

步骤二　构建客户满意度测试指标体系

1. 客户满意度测试指标

客户满意度是衡量客户满意程度的量化指标，由该指标可以直接了解企业或产品在客户心目中的满意程度。客户满意度的测试指标通常包括以下内容：

（1）美誉度　美誉度是客户对企业的认可和赞赏的程度。对企业持积极肯定态度的客户自然对企业提供的产品服务满意。其满意的态度或直接来源于过去的交易事项或由其他满意者口传相告而建立。以美誉度为测试指标，可以知道企业在客户心目中的认可程度。

（2）指定度　指定度是指客户指明消费企业产品或服务的程度。若客户对某种产品或服务建立了高度的满意感，则会在消费过程中放弃其他选择，专门指定消费企业产品。

（3）重复消费率　重复消费即为回头客。客户消费了企业产品服务后再次消费或愿意再次消费或乐于介绍他人消费的比例即为重复消费率。当某一客户消费了产品服务后，若心里十分满意，则肯定会产生重复消费；如果产品或服务不能重复消费，客户也会向同事、亲友大力推荐，引导他们进行消费。因此，重复消费率也是衡量客户满意度的重要指标。

（4）销售率　销售率即产品或服务的销售比例。一般而言，如果产品、服务的销售率比较高，则说明客户满意度比较高，反之则客户满意度较低。

（5）抱怨率　抱怨率是客户在消费企业的产品或服务后产生抱怨的比例。抱怨是客户不满意的具体表现。统计抱怨率可以得知客户对产品服务不满意的情况。

2. 客户满意度测试指标体系（CSM）

建立客户满意度测试指标体系的目的是了解客户的期望和要求，了解客户关注的焦点问题，同时有效测评客户的满意度。在建立过程中必须以客户为中心，选择可测量的指标，突出与竞争者的比较并迎合市场的变化。一般情况下，批发和零售业、住宿和餐饮业以及居民服务和其他服务业开展的顾客满意度测评参照《商业服务业顾客满意度测评规范》进行。

小链接 5-1

客户满意度测试指标体系

瑞典早在1989年就率先建立了国家层次上的客户满意度测评指标体系，美国、德国、英国、日本等发达国家相继建立了具有本国特色的国家客户满意度测评体系，以此作为衡量经济增长质量的客观经济指标。我国于2005年出台《商业服务业顾客满意度测评规范（草案）》，并于2007年正式颁布《商业服务业顾客满意度测评规范》（SB/T 10409-2007）及相关行业标准（如SB/T 10425-2007等）。

商业服务业顾客满意度测评指标体系核心内容（一级指标）即为顾客满意度指数。二级指标包括8个指标，用于测量顾客在接受特定服务前后的有关感受，其中顾客满意度的原因指标有5个，结果指标有3个。三级指标共29个，见表5-2。

表5-2　三级测量指标

一级指标	二级指标	三级指标
顾客满意度指数	企业/品牌形象	企业/品牌总体形象、企业/品牌知名度、企业/品牌特征显著度
	顾客预期	总体质量预期、可靠性预期、个性化预期
	产品质量感知	总体产品质量感知、产品质量可靠性感知、产品功能适用性感知、产品款式感知
	服务质量感知	总体服务质量感知、有形性质量感知、可靠性质量感知、保证性质量感知、响应性质量感知、关怀性质量感知
	价值感知	给定质量下对价格的评价、给定价格下对质量的评价、与同层次竞争对手相比之下对价格的评价
	顾客满意度	总体满意度、实际感受同预期服务水平相比下的满意度、实际感受同理想服务水平相比下的满意度、实际感受与同层次竞争对手相比下的满意度
	顾客抱怨	顾客抱怨与否、顾客投诉与否、投诉处理满意度
	顾客忠诚度	接受服务的可能性、向他人推荐的可能性、价格变动忍耐性

步骤三　制定调研方案

在确认调查对象和建立评价体系后，就需要制定详细的调研方案，对后续工作的开展制定具体方法、内容。主要包括调研目的、调研内容、调研方式、样本规模和配额、研究方法、研究频率、调研执行时间、调研费用预算及报告撰写和提交时间等内容。

1．确定客户满意度调查的主要方法

客户满意度调查方法通常包括二手资料搜集、内部访谈、问卷调查、深度访谈和焦点访谈等。

（1）二手资料收集　二手资料的来源有很多，如政府出版物、公共图书馆、大学图书馆、贸易协会、市场调查公司、广告代理公司和媒体、专业团体、企业情报室等。二手资料的优点是成本低，可立即使用，但详细程度和有用程度均不足够，因而需要其他方法补充。不过在进行问卷设计的时候，二手资料能提供行业的大致轮廓，有助于设计人员对拟调查问题的把握。

（2）内部访谈　内部访谈是对二手资料的确认和重要补充。通过内部访谈，可以了解企业经营者对所要进行的调查项目的大致想法。

（3）问卷调查　它是一种最常用的数据收集方式，在设计出问卷后将其分发个别员工或集体。其特点是范围广、结合访谈效果更佳，有开放性问卷和封闭性问答两种。问卷调查通常采用抽样法。抽样调查的方法有随机抽样、等距抽样、分层抽样和整体抽样。抽样调查使顾客从自身利益出发来评估企业的服务质量，能客观地反映顾客满意水平。

（4）深度访谈　为了弥补问卷调查存在的不足，有必要实施典型用户的深度访谈。深度访谈是针对某一论点或话题进行一对一或 2～3 人的交谈，在交谈过程中提出一系列探究性问题，用以探知被访问者对某事的看法或做出某种行为的原因。

（5）焦点访谈　焦点访谈就是一名主持人引导 8～12 名顾客对某一主题或观念进行深入的讨论。焦点访谈通常避免采用直截了当的问题，而是以间接的提问激发与会者自发地讨论，从中发现重要的信息。

2．组建客户调查的队伍

客户满意度调查可以由企业内部人员完成，企业可根据调查所要达到的目标挑选调查人员并对其进行培训，以保证调查人员理解问卷内容以及调查中的注意事项，确保调

查过程中的公正性和客观性，提高有效答卷的比例。调查也可以由专业化的社会组织完成，或者由企业内部人员会同外部的研究专家联合形成课题小组共同完成。在寻求外部机构进行调研时，需要注意的是企业的内部情况甚而是机密资料需传递给外部人员，因此一定要慎重。

3．选择调查样本

在客户满意度调研中，往往是从众多的目标总体中抽取部分样本，为了增强调研的针对性和专门性，可采用以下方法：

（1）随机抽样　随机抽样是从调查总体中按一定规则抽取一部分单位作为样本，通过对样本的调查结果来推断总体。在要表明样本代表总体的程度时，一般使用随机抽样。

1）纯随机抽样。在完全随机的情况下从总体中抽取样本作为对象。具体可采用抽签法、乱数表法。

2）等距抽样。将全部调查对象按照某个标志排列后，按照一定的间隔抽取样本。

（2）重点调查　在客户群中，选择对于企业而言最重要的大客户进行调查，从调查个体量上而言较少，但调查的内容较为完整，可以帮助企业清晰地找到重点客户对企业满意的程度及具体的意见、要求，以期更好地为带来更多利润的企业客户做好客户服务。

（3）典型调查　与重点调查相区别的是，典型调查选取的往往是企业的中小客户。这类客户数量较大，单个客户给企业带来的经济利益并不高。如何给为数众多的中小客户服务，使其满意，并通过努力使其成为企业的忠诚客户，典型调查获取的数据更具有代表性。

4．预计调研费用及调研进度

调查方案设计到这一步需要对整个研究的费用作恰当的估计并预测研究的价值，进行成本——效益分析。有价值的调研结果需要时间和金钱，因此，在调研计划中，要根据调研需要做好预算，需要考虑劳务费、问卷费、差旅费、设备使用费等。另外要对调查的时间作周密的安排，规定每个阶段要达到的目标和任务。合理的日程安排既可以使调研者有紧迫感，又能让其有条不紊地推进调研计划的执行。

步骤四　设计调研表

调研的具体开展必须借助一定的媒介。调查表作为信息量充足、口径一致、便于统计分析的数据载体，在实践中有着广泛的运用。在其设计上，需注意以下一些问题。

1．题型设计

（1）选择式　选择式设计即给出问题的若干个备选答案，由客户进行选择。一般分为二项选择式和多项选择式。二项选择式是指提出的问题仅有两种答案可以选择。

例如，您家有计算机吗？有○　无○

多项选择式是根据问题列出多种可能的答案，由被调研者从中选择一项或多项答案。

例如，您购买服装时，通常依据哪些因素？（在您认为合适的○内画√）

价格○　款式○　品牌○　颜色○　面料○　做工○

选择式提问的优点是易于理解，客户乐于选择，可迅速得到明确的答案，便于统计处理，分析也比较容易。

（2）填空式　填空式设计是指在问题后面加一个短线，由被调查者将问题答案写在短线上。例如：

①您的出生年月__________，②您的职业__________。

（3）判断式 判断式设计即给出命题，由客户根据体验判断其正误。由于结果为“是”“否”两种，客户的主观判断直接明了，在操作中简便易行。但对于客户满意度而言，极端结果（很满意、很不满意）一般情况下不容易出现，所以此类题目的设计需慎重。

（4）矩阵式 矩阵式设计是将同类若干个问题及答案排列成矩阵，以一个问题的形式表达出来。这种形式可以大大节省问卷的篇幅，将同类问题放在一起又特别有利于被调查者阅读和填答。例如，

您对××牌牛奶的评价（请在○画√）

	非常满意	比较满意	一般	不满意	很不满意
口味	○	○	○	○	○
包装	○	○	○	○	○
价格	○	○	○	○	○

（5）顺位式 顺位式设计是列出若干项目，由被调查者按重要性决定回答的先后顺序。例如：

“您选购空调的主要条件是（请将所给答案按重要顺序1、2、3…填写在○中）

价格便宜○ 外形美观○ 维修方便○ 牌子有名○

经久耐用○ 噪音低○ 制冷效果好○ 其他○

顺位式便于被调查者对其意见、动机、感觉等做衡量和比较性的表达，也便于对调查结果加以统计。但调查项目不宜过多，过多则容易分散，很难顺位。

（6）开放式 开放式也称自由回答式。这种形式是调查者提出问题，但不提供问题的具体答案，由被调查者自由回答，没有任何限制。它适用于调查人们对某一事物和现象的看法。采用开放式的答题方式可以让客户充分发表见解，带来丰富的结论。但此类题目一方面对于答案的辨析、统计比较难统一口径，同时客户有畏难心理，不愿多花时间表述或用很简单的语言表达，易造成信息失真。

2. 测评级度设计

一般情况下，客户满意度可以分成7个级度，在问卷设计中应尽可能体现7个级度的过渡。根据心理学的梯级理论，对7梯级给出的参考指标见表5-3。

表5-3 7梯级的参考指标

梯级	指标	分析
很满意	满足、感谢	客户的期望不仅完全达到、没有任何遗憾，而且大大超出了自己的期望，客户会主动向亲朋宣传，介绍推荐，鼓励他人消费
满意	赞扬、愉快	期望与现实基本相符，客户不仅对自己的选择予以肯定，还乐于向亲朋推荐
较满意	肯定、赞许	客户内心还算满意，但与更高要求尚具有一段距离，而与一些更差的情况相比又令人安慰
一般	无明显情绪	没有明显正、负情绪的状态，不好也不差
不太满意	抱怨、遗憾	客户虽心存不满，但也不会有过高要求
不满意	气愤、烦恼	希望通过一定方法进行弥补，有时会进行反宣传，提醒自己的亲友不要去购买同样的商品或服务
极不满意	愤慨、投诉、反宣传	找机会投诉，还会利用一切机会进行反宣传以发泄心中的不快

3. 客户满意度调研栏目

在问卷设计中，项目不能太多，应根据近一段时间发生的问题有重点地提出，结构与问题尽量简洁明了，让客户容易回答。一般情况下客户满意度调研栏目见表 5-4。

表 5-4 客户满意度调研栏目

调研栏目	解释
基本项目	客户基本情况，购买的产品或服务，产品取得方式、时间等
总体满意度	即客户对企业总体的满意度评价
产品指标	产品的性能、价格、质量、包装等
服务指标	服务承诺、服务内容、响应时间、服务人员态度等
沟通与客户关怀指标	沟通渠道、主动服务等
与竞争对手比较	产品、服务等方面的比较
重复消费	再次消费及向他人推荐的可能性
问题与建议	对企业提出宝贵建议

步骤五 实施客户满意度调研

客户满意度信息的调研，不仅是客户服务部的工作，还需要其他部门成员如售后服务部、营销部人员的共同协作。

客户服务部负责将客户的资料输入有关客户管理的数据库，将接到的客户投诉意见进行预处理和登记，根据计划向客户派发客户满意度调研表，落实调研的有关具体工作。其他部门可以辅助收集客户对公司产品、服务、信誉等方面的意见。当调研规模较大时，也可以抽调相关部门的人员加入。调研中注意有关人员对相关指标的理解要统一，便于与客户做到有效沟通。若有专业化的社会组织介入，也需做好沟通工作。

调查结果的收回，一要讲究时效性，即注意调研整体进度的合理展开，不应过于匆忙或冗长；二要注意回收率应得到保证，对客户进行必要的答谢。

步骤六 客户满意度分析、汇总

1. 信息处理

对调研取得的资料，应经过适当的筛选和处理。对于调研取得的一手资料需要进行辨别、审核，以确定其真实性、有效性，并整理归档，录入计算机中，通过专业统计软件进行汇总，形成有关的数据表格、数据图形。

2. 资料分析

信息处理完毕，可进行具体的分析。客户满意度分析就是在客户满意度调查的基础上分析各满意指标对客户满意度影响的程度，以此来确认改善服务的重心。分析工作主要针对调研目的进行定性、定量的分析。

在满意度的定量分析中，数据分析既包括对各满意度指标百分率变化的描述性分析，也包括运用复杂的统计技术，如直接计算法、百分比法、加权评价法等来确定不同的满意度指标对整体满意度的重要性。同时，根据历史数据预测整体满意度以及比较本企业与竞争对手在各满意度指标上的优势和劣势。

在满意度的定性分析中，通过对满意度调查得出的开放性问题的答案进行分析，可以确定各个满意度指标的评价和重要性，也可以找出客户满意或不满意的主要原因。

小链接 5-2

资料定量分析

常用的统计分析方法包括：对比分析法、比例分析法、速度分析法、动态分析法、弹性分析法、因素分析法、相关分析法、模型分析法、综合评价分析法等。每种方法都有自己的优点和不足，在具体运用的过程中需要根据资料的特点、企业具体的需要加以综合运用，以得出科学、准确的结论。

3. 汇总报告

最终在调查资料分析的基础上，由专业人员撰写调研报告，包括技术报告、数据报告、分析报告及附件。技术报告详述如何定义调查对象，其代表性如何、样本的构成、采用何种抽样方法等。数据报告通过频数和百分比列表、图形、简单文字等说明本次调查的主要结果，确定企业在改进产品、服务和提高满意度上应该采取的措施。当发现客户满意度下降、某些评估指标分值很低、客户有明确投诉或建议时，应提出整改意见，以改进、纠正、预防不良后果的产生。分析报告及附件，根据调研数据给出本次满意度研究的结论与建议，对决策者有直接的参考意义。

小链接 5-3

关于客户满意的几个影响数据

美国客户事务办公室提供的调查数据表明：平均每个满意的客户会把他满意的购买经历告诉至少 12 个人，在这 12 个人里面，在没有其他因素干扰的情况下，有超过 10 个人表示一定会光临。而平均每个不满意的客户会把他不满意的购买经历告诉至少 20 个人，而且这些人都表示不愿接受这种恶劣的服务。

另据美国汽车业的调查显示，一个满意的客户会向 25 个人进行宣传，并能引发 8 笔潜在生意，其中至少有 1 笔能成交（著名的 1:25:8:1 定理）；而一个不满意的客户也会影响 25 个人的购买意愿。

触类旁通

客户满意度调研的误区主要有以下几种：

1. 客户满意度调研与中小型企业无关

许多中小型企业认为，客户满意度调研需要大量的费用支出，应当是资金雄厚的大企业的专利。但实际上客户满意度调研的方法有多种，每种方法所需费用支出各有区别。因此不同的企业应根据自己的不同需求配合适当的方法，将会取得意想不到的效果。

2. 抽样调查的样本越大越好

有人认为大样本的准确度比小样本高，因此样本的数量要足够大。但经过分析可以发现，在随机抽样调查中调查结果的准确程度受两种因素影响，一种是抽样误差，另一种是非抽样误差，这两个误差之和越小，调查结果的准确程度越高。样本增加导致样本平均数与母体平均数的差距减少，因此越大的样本越能降低抽样的误差；但同时样本的增加也会导致非抽样误差的增加，如样本单位拒绝回答，或调查过程、资料处理中发生的失误等也相应增加。因此，要改善抽样调查的准确程度，不仅靠增加样本，还要降低和控制非抽样误差，即提高调查的质量。

3．做客户满意度调研时不需要外部调查机构

许多企业担心将调研任务交由外部调查机构会导致企业核心资料外泄或调研过程无法控制，同时费用过高导致预算超支。其实是否邀请专业机构介入调研应视企业的需要和实力而定。一般情况下，简单、小量、近距离的客户调研可由企业自行调研；复杂、大型、远距离的调研可以借助外部机构调研。

案例分析

【案例5-1】

美的公司的客户满意度调研

美的公司曾经聘请专门的调查公司帮助其进行客户分析，以更好地了解客户满意度的情况。经过一系列的市场调研，美的公司建立了一整套满意度研究系统：先诊断企业的客户满意度，根据研究结果规范产品/服务并加以改进，然后跟踪测试改进后的执行情况，再次诊断客户的满意度。具体步骤为：

第一步，内部诊断。即以深度访谈的方式访问企业内部员工，从内部分析客户满意度，为消费者测试提供测试指标。

第二步，消费者前期测试。以座谈会的方式访问消费者，重点是询问影响他们对企业满意度的因素。

第三步，消费者的小样本调查。以电话访问的方式访问不少于200个消费者，以确定具有代表性的指标，把握定量调查所需的测试指标。

第四步，消费者定量调查。以前三步所得的信息设计问卷定量测量消费者的满意度，以诊断企业目前的客户满意度状况。

在此基础上，企业结合诊断结果对有关满意度的影响因素重新界定，确定满意度操作的新规范，再次实施。在实施的过程中对满意度进行跟踪调查，了解改进后的执行效果。

请思考以下问题：

1）美的公司的客户满意度测试对象涉及了哪些种类？如此选择有何用意？

2）调研的具体测试指标是如何确定的？为什么这样做？

3）实施客户满意度调研经历了哪些阶段？

4）美的公司的螺旋式满意度测试系统如何得以实现？对现实工作有哪些指导意义？

任务2　产品满意管理

任务要点

关 键 词：产品、需求、满意管理

理论要点：理解客户需求的构成，产品满意是客户满意的前提

实践要点：客户需求的构成分析，提供满意产品的途径

任务情境

王品台塑牛排主打中高价位套餐制西餐料理，消费群体多属中高端的商务人士。针对这样的消费群体，王品每个店大约设置 60 名服务员，一名服务员通常只负责两桌客人。当客人在就餐过程中对某项菜品表现出特殊喜爱时，服务员需要当场询问他是否需要多来一份，并将这个偏好信息录入王品的客户数据库。

在王品消费满 15 次后，可获得白金卡会员身份。据王品集团大陆事业群市场部副总经理赵广丰介绍，白金卡客户到任何一个城市的王品店就餐，服务员都会根据数据库了解到该顾客的相关信息，也会根据记录询问要不要多来一份他喜爱的菜品，以此营造一种宾至如归的感觉。被录入数据库的顾客会在特殊节庆日和新品上市时收到王品发来的祝福与新品信息。

任务分析

客户的满意度是客户的一种心理感受，具体来说就是客户的需求被满足后形成的一种愉悦感或状态。“现代营销学之父”菲利普·科特勒认为，“满意是一种人的感觉状态的水平，它来源于对一件产品所设想的绩效或产出与人们的期望所进行的比较”，此处的“满意”不仅是客户对服务质量、服务态度、产品质量和产品价格等方面直观的满意，更深层次的含义是企业所提供的产品或服务与客户期望的吻合程度如何。客户满意度是指客户满意程度的高低，为客户体验与客户期望之差，用公式可表示为：

客户满意度=客户体验–客户期望

当客户体验与期望一致时，即上式差值为零，客户是基本满意的。当客户体验超出客户期望时，上式差值为正数，客户就感到“物超所值”，就会很高兴，甚至赞叹，当这个差值为正数时数值越大客户满意度越高。例如，旅客奔波一天回到房间，惊喜地发现饭店送的生日蛋糕和鲜花，出乎他的预料，旅客的高兴和满意程度是不言而喻的。相反，当差值为负数时，即客户体验低于客户期望，客户是不满意的，这个负数数值越大，客户满意度越低。

任务实施

步骤一 了解客户需求层次、指标

消费者的需求是多样的，即使是购买同一种产品，也存在着多种需求。根据马斯洛需求层次理论，消费者的需求包含以下方面：生理需求、安全需求、社交需求、尊重需求和自我实现需求。这五类需求，依次由较低层次到较高层次。每一个需求层次上的消费者对产品的要求都不一样，需求层次越高，消费者就越不容易被满足。

马斯洛需求层次理论

马斯洛需求层次理论（Maslow's hierarchy of needs）亦称基本需求层次理论，是行为科学的理论之一，由美国心理学家亚伯拉罕·马斯洛于 1943 年在《人类激励理论》论文中提出。该理论把需求分成生理需求、安全需求、社交需求、尊重需求和自我实现需求五类，依次由较低层次到较高层次排列。一般来说，只有在较低层次的需求得到满足之后，较高层次的需求才会有足够的活力驱动行为。

客户服务人员要意识到客户的期望有不同层次，同时，客户的期望可以被分为两类：首要的期望和次要的期望。

首要的期望是客户对购买行为最基本的要求。比如，在餐馆里，客户首要的期望是填饱肚子，由厨师烹饪，然后支付合理的价钱。

次要的期望是比首要的期望更高层次的一种期待，同时建立在首要期望满足的前提下。如在餐馆用餐，客户次要的期望是享受好的服务，受到热情的招待并享用可口的食物。

客户的期望不是一成不变的，而且每一个客户都有一些自己独特的期望，这就对企业提出了挑战，同时也促使企业能够始终不懈地为成为符合客户期望的对象而努力。

构成客户需求的具体指标涵盖很多方面，如图 5-1 所示。

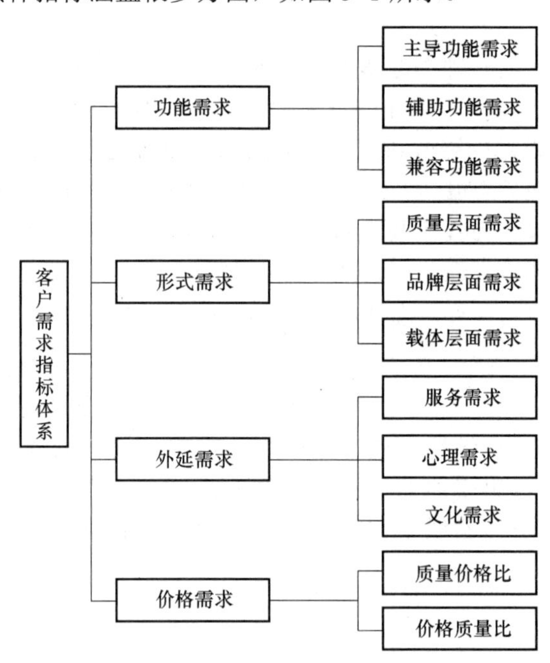

图 5-1　客户需求指标构成

步骤二　分析客户需求具体内容

在了解客户需求层次的基础上，要继续认真了解客户需求的具体内容。所有取得成功的企业都极其重视客户的意见，并认真研究客户需求的实际内容，采取对应的措施认真加以解决。

客户在购买某种产品时，实际希望得到的并非产品物质本身，而是这种产品所带来的服务，即产品的使用价值。如果企业能够充分满足客户的不同层次、不同内容的需求，将会在客户满意的体验中获取成功。

1．客户需求的具体内容分析

具体来说，客户对产品服务的需求内容可以由以下方面构成：

1）品质：包括功能、使用寿命、用料、可靠性、安全性、经济性。

2）设计：包括色彩、包装、造型、体积、装饰、质感、手感、质地。

3）数量：包括容量、成套性、供求平衡。

4）时间：包括及时性、随时性。

5）价格：包括最低价位、最低价质比、心理价格。

6）服务：包括全面性、配套性、适应性、态度、方便性。

7）品位：包括名牌感、风格化、个性化、多样化、特殊化、身份感等。

2．分析产品的整体概念

需要注意的是，营销中所提供的产品，应该是一个整体概念，即凡与产品有关的能够满足客户需要的一切东西都属于产品范畴。明确产品整体概念有利于全面满足顾客的需求，有利于创造特色，有利于开发新产品，最大限度地提高顾客满意度。

（1）核心产品　核心产品是产品整体概念中最基本的层次和最重要的部分，它既是指顾客购买产品时所追求的基本服务和利益，也是顾客购买目的所在，这部分产品必须满足客户的基本需要。如冰箱的保鲜、冷藏，空调的制冷、制热功能等；U 盘、移动硬盘、网盘，其核心都是“存储资料”。一个企业只有抓住核心产品并不断更新产品形式，才能避免被市场淘汰。

（2）基础产品　第二层次是基础产品或有形产品，即实现核心利益所必须的产品基本形式，是产品核心利益的载体。如一个旅馆应有床、浴室、衣柜、卫生间等。对于一个实体商品而言，基础产品主要表现在质量水平、产品特色、产品款式、品牌和包装 5 个方面。有关外在的可表现出的具体形式都应引起企业的重视和关注。

（3）期望产品　第三个层次是期望产品，是顾客在购买产品时所得到的附加服务和利益的总和。它包括提供产品的说明书、质量保证、安装、维修、送货、技术培训等售前、售后服务。如一个宾馆应具有干净的床单、新的毛巾、清洁的卫生间、相对安静的环境。

（4）附加产品　第四个层次是附加产品或延伸产品，即提供超过顾客期望的服务和利益的部分。营销者利用附加产品来实现把企业的产品与竞争者的产品区别开来的目的。如旅馆提供电视机、网络接口、鲜花、结账快捷、优质晚餐、优良服务等，让顾客获得惊奇和高兴。对一个实体产品来说，附加产品主要包括信贷支持、免费送货、安装、维修、质量保证等。

（5）潜在产品　第五个层次是潜在产品，它包括该产品在将来可能出现的附加部分和改变部分。潜在产品指出了产品将来的发展方向。

3．理解客户的期望

客户期望在顾客对产品或服务的满意度管理中起着关键性的作用。每个客户在进入一种已知或未知的环境时都有一系列的期望。期望可能是肯定的，也可能是否定的。很多情况下，客户预测到可能会有不愉快的结果，但仍然进行尝试，结果却发现其实根本没有尝试的必要。期望在某种程度上依赖于用户的感知。客户正是将预期质量与体验质量进行比较，据以对产品或服务质量进行评估，期望与体验是否一致已成为产品或服务质量评估的决定性因素。期望作为比较评估的标准，既反映客户相信会在产品或服务中发生什么（预测），也反映客户想要在产品或服务中发生什么（愿望）。若客户前次与企业的互动过程是消极的，当其再次需要与企业接触时，会抱有再次对企业产品不满意的期望，并以“全副武装、严阵以待”的姿态迎接新互动。

有时，企业和员工会错误地认为无法满足客户的期望，这通常是因为误解了客户的期望。

美国一所教育机构曾经就学生对学校的期望分别对校方和学生进行了非正式的调查，结果表明学生的期望与校方对学生期望的认知之间存在着巨大的差距。以下是校方列出的学生对学校最期望的五项内容：

1）不费力气就能通过考试。

2）为注册提供更多的便利。

3）短暂的课程。

4）没有阅读作业。

5）更多的车位。

下面则是学生列出的对学校的五项期望：

1）有利于学习的环境。

2）可调换的课程。

3）关心学生并知道学生姓名的辅导员。

4）在停车场或建筑物内的安全。

5）更多的车位。

两张列表之间的差别是显而易见的。若所有学生的期望与调查结果一致，是不正确的。若学生的期望中没有一个与校方的认知一致，也是不符合事实的。重要的是，从这组对比中可以看到，客户的期望往往比企业想象的简单，成本也更低廉。学生的期望实施起来比较容易或者说是轻而易举，但由于校方不理解他们的期望，所以就往往无法满足学生的需求。

步骤三　关注客户需求变化

客户服务的目的就是满足客户的各种需求，保证客户与企业之间的长期合作。而客户的需要不是一成不变的，随着时间的推移，随着角色身份的转换，客户的需求会随时发生相应的变化。通过以下操作可以帮助企业紧跟客户需求的步伐。

1. 主动获取客户信息

企业在经营中一定要主动获取客户的信息。将尽可能多的客户名输入数据库，大量收集客户的有关信息并及时更新。对重要客户，企业不仅要研究客户本身的市场情况、经营情况，还需要对客户所处的环境、市场竞争等有所了解，并在此基础上帮助客户提供一些力所能及的服务和产品。

2. 与客户保持主动的联系

通过提供特价、清仓处理、试用等产品或服务的促销活动信息，把客户打来的电话作为一次销售机会；识别价值高的客户，与他们保持更主动的联系；提供个性化的服务，指定专人与客户进行联络；将每天收到的抱怨进行整理分析，提高处理客户抱怨的成功率。

步骤四　适应客户需求

适应客户需求主要有以下 4 个方面：

1. 发展核心业务适应客户需求

在众多的业务中企业需要重点解决的问题应该是感动和吸引客户。企业吸引客户的手段不可能是平均适度的，应该有核心的内容。企业发展若是把产品的性能、质量作为吸引客户的重点，则应在产品开发设计和质量管理方面重点分配资源；若将辅助服务作为吸引客户的重点，则需强调市场销售的强度、服务和流通体制的配备、资金保证和有关的技能知识等；若重点强调价格核心，则在控制成本方面需加以格外关注。

2. 把握客户的期望

在需求变化之中，存在着不确定性和可预知性。当变化在一定程度上可以预知时，企业预测这种变化并制定战略实施方案很有必要。最积极的办法是企业自己主动去促其变化，这样可以在相当程度上预知客户变化的趋势。

要提高客户满意度企业必须采取措施来引导客户消费前对企业的期望，让客户对企业有合理的期望值，这样既可以吸引客户，又不至于让客户因期望落空而失望，产生不满。

1）不过度承诺。如果企业的承诺过度，客户的期望就会被抬高，从而会造成客户感知与客户期望的差距。可见，企业只能谈自己能够做得到的事，而不能夸大其辞。

2）宣传留有余地。企业在宣传时要恰到好处并且留有余地，使客户的预期保持在一个合理的状态，那么客户感知就很可能轻松地超过客户期望，客户就会感到“物超所值”。

3. 以客户为中心，实现客户满意

目前，“以客户为中心”的客户导向理念大多停留在口头上，很少落实在行动上。究其原因无外乎3个：第一，很多企业根本就不知道什么是客户导向或者是对客户导向一知半解，要做到客户导向更无从谈起；第二，企业在制度建设上没有跟上，缺乏制度保障；第三，没有将客户导向渗透在企业文化的建设中，没有使客户导向成为一种习惯、一种潜意识的行为，在这种情况下，要真正做到客户导向也很难。

那么，企业怎么才能真正做到客户导向呢？企业要做到客户导向，首先必须有强有力的制度作为保障，企业的所有活动必须围绕客户的需求展开，对非客户导向的行为进行约束。例如，有的医院推出了“病人选医生”的制度，将医生分成若干治疗小组，让病人自由选择，而且一旦病人不满意还可以重选。此项举措明确了服务关系中的角色的转换，即病人成了医院的“主人”，而医生无论水平多高都是服务者。其次，企业要真正客户导向，还需要在强化制度保障的基础上把客户导向融入到企业文化中，并使之成为企业文化的核心。最后，企业为强化“以客户为中心”的经营理念，实现客户满意，还必须做到以下几点：①充分掌握客户信息，实施有针对性的客户满意策略；②针对不同级别的客户实行不同的客户满意策略；③加强与客户进行充分的双向互动和沟通，让客户了解企业，也要使企业了解客户；④要重视对客户投诉和抱怨的及时处理，只有这样才能增进企业与客户的感情。

4. 用客户影响客户

客户之间存在着各种意义的相互影响作用，这种现象有时是由于企业活动促成的，有时是自然发生的，而客户群体对一个企业的互相影响具有合成的作用。在客户之间的相互影响作用中，最明显的是“客户吸引客户”的现象，如某个企业购入一种设备后，其他企业看好也想购入相同的设备，这些购买企业则成为活广告，吸引更多的同类客户。企业应研究如何有效利用这种由客户创造出来的波及效果。

在客户间相互影响中，另一种比较明显的现象是“需求吸引需求”，彼此吸引的现象不仅发生在客户之间，即使是在一个客户身上，也可能有需求吸引需求的情况。客户需求满足的同时，会派生出其他一些需求。究其原因，需求在客观上是有关联的，一个需求表现出来就会带动其他需求。如果能够抓住连锁式的需求总体，就能以较小的投入取得较大的成果。

步骤五 提供客户满意产品

了解客户需求、适应客户需求的目的，是为客户提供满意产品，从而实现客户的满意度。客户对产品满意的内容包括以下两个方面：

1. 产品功能满意

产品功能，即产品的使用价值，这是客户花钱购买的核心。客户对产品的显性功能需求和潜在功能需求都有一定的要求，所以研究产品的功能需求一方面可以通过消费者调查实现，另一方面可以借助推论让客户确认。产品功能需求包括：

（1）物理功能需求　这是产品最核心的功能，也是最原始的功能，是产品存在的基础。消费者之所以愿意购买产品，首先是消费它的物理功能。由于消费需求的层次不同，不同客户的需求也不尽一致。

（2）生理功能需求　客户希望产品能尽量多地节省体力付出，方便使用。生理功能和物理功能相比处于次要位置。

（3）心理功能需求　从客户为满足其精神需要的角度而言，在产品同质化、需求多样化、文化差异突出的消费时代，产品心理功能需求的满足是企业营销的重点。主要包括审美心理功能需求、优越心理功能需求、偏好心理功能需求、习俗心理功能需求、求异心理功能需求等。

2. 产品品位满意

产品品位满意是产品在表现个人价值上的满意状态。产品除了使用功能，还有表现个人价值的功能，产品在多大程度上能够满足客户的个人价值需求，不仅决定着产品的市场卖点，还决定着客户在产品消费过程中的满意程度，进一步决定着消费忠诚。所以，根据客户对产品品位的要求来设计产品是实现产品品位满意的前提。

（1）价格品位　价格品位主要是指产品价格水平的高低。从理论上说，客户购买产品时寻求功能与价格间的合理度，但事实上不同的客户对功能的要求与判断是不同的，对价格的反应也不同。企业根据客户价格品位满意的差异制定相应的产品价格在实践中有着重要意义。

（2）艺术品位　产品整体的艺术含量高低给客户以不同的感受，艺术品位高的商品一般而言更受客户欢迎。消费者不仅自我感受产品的品位，也借由产品向他人展示自身的艺术涵养，产品成为个人艺术品位的代表。

（3）文化品位　文化品位是产品整体所蕴含的文化含量，是产品的文化附加值。产品的文化品位是其艺术品位的延伸，不同消费者群有不同的文化，消费的文化特征借由相关产品突出地体现出来。

触类旁通

1. 产品的大质量观念

消费者的需求是多样的，有追求使用价值的，有追求艺术价值的等。按照传统的质量观念办事，是难以满足这些需求的，因此必须树立新的质量观念——大质量观念。

所谓大质量观念主要包括三个层次，第一层是内在质量，即产品的核心质量；第二层是外在质量，即产品的外形质量；第三层是服务质量，即产品的服务质量。树立大质量观念就是要求企业把产品的三层质量一起抓，不仅要提高第一质量，同时也需提高第二、第三质量。在一定时间内，提高第一质量总是有限的，而提高第二、第三质量则是无限的。这是因为提高第一质量要较多地受企业人力、物力和财力的限制，而提高第二、第三质量则限制较小。因此，三层质量一起抓，有利于产品更好地适销对路。

2. 产品满意的辩证关系

顾客满意度是顾客对产品和服务的期望与顾客对产品和服务的感知的效果的差距，亦即顾客满意是顾客期望与感知效果的比较结果，顾客期望是属于顾客心理范畴的概念，而感知效果既取决于企业提供的产品与服务实绩，又取决于顾客的感知水平，还取决于当时双方关系的情景。因此，顾客满意是顾客的一种心理感受，是一个复杂的心理过程，不同的顾客心理过程是不一样，即使是同一顾客在不同的情景下消费同一产品和服务，其满意度也会不一样。顾客满意与否不是绝对的，它具有以下5个基本特征：

（1）主观性　顾客的满意程度建立在其对产品和服务的感受上，感受的对象是客观的，而结论是主观的。顾客满意的程度与顾客自身条件，如知识和经验、收入情况、生活习惯、价值观念等有关，还和媒体宣传有关。

（2）相对性　顾客对产品的技术指标和成本等经济指标通常不熟悉，他们习惯于把购买的产品和同类型的其他产品或以前的消费经验进行比较，由此得到的满意或不满意具有相对性。

（3）个体性　客户满意有鲜明的个体差异，如A十分满意的提供物，B有可能十分不满意。因此不能追求统一的满意模式，而应因人而异，提供有差异的满意服务。

（4）层次性　处于不同层次需求的人，对产品和服务的评价标准不同，因而不同地区、不同阶层的人或一个人在不同条件下对某个产品或某项服务的评价可能不同。

（5）阶段性　任何产品都具有寿命周期，服务也有时间性，客户对现有产品和服务的满意程度来自过去的使用经验，是在过去多次购买和消费中逐渐形成的，因而呈现出阶段性。如企业产品在成长期阶段和衰退期阶段的营销策略往往是不同的，那么自然会引起顾客满意度水平的不同。

案例分析

【案例5-2】

上海恒寿堂药业有限公司（以下简称恒寿堂）是于1997年成立的一家集科研、开发、生产、营销于一体的，专业生产高科技生物医药保健系列产品的大型企业。经过多年发展基本形成了金乳钙、鲨鱼肝油、金枪鱼油三大系列产品。由于广告的强力推动作用，恒寿堂品牌的知名度迅速提高，其具有传统文化底蕴的企业形象逐渐为广大群众接受。药店、商场等传统铺货形式已经不能满足企业的发展需要，进入大卖场、连锁超市已经势在必行。在这个转型的过程中，产品包装所存在的问题也逐渐显露出来。首先，盒装的规格不适合超市、大卖场的货架陈列。其次，瓶装产品的包装为无色透明瓶体，容易受到光照导致胶丸变质氧化。最后，各产品包装外观差异太大，没有统一品牌的系列感，对统一宣传、产品推广、产品出样、堆装等不利。

经过企划部门与营销部门的相互沟通，企业决定全面对各产品包装重新定位设计。恒寿堂虽然有一个非常传统的名称，经营理念也极具有我国传统文化中的儒家思想，但生产的产品却是新型的现代保健品。在企业商标的表现上，就必须突出这一特点，应采用能体现“新古典主义”的设计风格。经过反复推敲，形成了初稿：以椭圆为基本图形，结合不同的代表画面为三个系列产品分别设计专业的图形标志。

金乳钙在醒目的中文字体下配以英文，并由一个扇形的图形衬托起来，古朴中带有现代感。一个大的主体椭圆形里面是一幅美丽的画面，体现了金乳钙产品追求的“牛奶钙源，天然之选”的精神。

鲨鱼肝油同样是在扇形的衬托下，配以中英文名称，主体的大椭圆里面是一片幽深的海水，跃起的一条凶猛鲨鱼，定格成为一幅强有力的画面，充分表现出“增强免疫力”的产品特性。金枪鱼油也同样规范在这一风格中，画面是一群充满活力的鱼群，衬托出一条大金枪鱼，活灵活现，“聪明、活力”的产品特色得以很好地体现。在这种统一的设计规范中，上市的各种产品都遵循这一风格，使产品的形象多而不乱，系统化地从视觉的角度进行管理。

为便于产品的出样陈列，把包装的外形尺寸定为两类：一类是针对商场、超市、大卖场的，称为普通装；另一类是针对药店的，称为药店装。两者款式一样，只是尺寸有区别，这就满足了不同终端的不同要求。瓶装产品以瓶中瓶的包装有效解决了胶丸的保存问题。

新的产品形象出台后，果然是焕然一新。品味得以明显提升，出样陈列取得了很好的效果，在保健品的包装海洋中跻身前列。

请思考以下问题：

1）恒寿堂是怎样通过改进产品包装来提升产品质量，满足客户不同需求的？

2）除了产品包装之外，恒寿堂还可以从哪些方面入手，以满足客户需求？

3）保健品客户对于此类产品的需求，还有可能在哪些方面体现？

任务3　服务满意管理

任务要点

关 键 词：服务意识、优质、满足

理论要点：服务是产品功能的延伸，企业的竞争目标就是服务竞争

实践要点：训练服务意识，制订服务指标，强化服务行为

扫码看视频

任务情境

当有在生日或结婚纪念日到王品就餐的顾客，王品就会提供其一些额外惊喜，比如赠送蜡烛和蛋糕等。这项支出来自于王品每家店每月500元的“慷慨基金”。王品集团大陆事业群市场部副总经理赵广丰表示，这500元每个月必须花出去，哪怕是帮助客人去购买王品本身并不提供的饮料。

如遇有客人在填写调查表时对某项菜品和服务打出差评，店长会马上道歉并找出原因和解决之道。王品设置了一个400意见专线，如果客户直接拨打电话进行投诉，专线负责人会将意见记录在案后，并马上电话通知该店店长，同时在30分钟内将此意见编辑短信发送至王品集团总经理李森斌和大陆事业群主席陈正辉，他们是第一时间了解情况的最高负责人。

该店店长需在3小时内联系到顾客并进行口头致歉，同时在3天内对顾客进行拜访。“只要客户有抱怨，跪也要把客人跪回来。”李森斌表示，这是公司内部的一条准则。

任务分析

服务是企业在充分认识满足消费者需求的前提下，为充分满足消费者需要在营销过程中所采取的一系列活动。有服务的销售才能充分满足用户的需求，缺乏服务的产品只不过是半成品，所以服务是产品功能的延伸。未来企业的竞争目标集中在非价格竞争上，服务在销售中已经成为了用户关注的焦点。

服务深刻地体现了企业与消费者利益的一致性。优良的服务可以得到客户的信任，正是从这一意义上讲，现代的品牌经营不仅是销售产品，而且还要使消费者获得温馨的感觉、愉快的体验、充分的满足感以及对将来的憧憬。

小链接5-5

服 务 质 量

从理论上看，服务质量是服务工作能够满足被服务者需求的程度。服务质量的高低受服务水平、目标顾客和连贯性的影响，即当一项服务满足其目标顾客的期望时，服务质量就可以认为是达到了优良水平，而目标顾客的期望决定着服务水平乃至服务质量的高低。连贯性则是服务质量的基本要求之一，它要求服务提供者在任何时候、任何地方都保持同样的优良服务水平。

服务质量的特性可以归纳为：功能性，即企业提供的服务所具备的作用和效能的特性；经济性，即被服务者为得到一定的服务所需要的费用是否合理；安全性，指企业保证服务过程中顾客的生命不受伤害、健康和精神不受伤害、货物不受损失；时间性，即服务提供的及时、准确、省时；舒适性，指在满足了功能性、经济性、安全性、时间性等方面的需求情况下，被服务者期望服务过程舒适而轻松；文明性，属于服务过程中满足精神需求的质量特征。

任务实施

步骤一 养成服务意识

服务意识是指企业全体员工在与一切企业利益相关的人或企业的交往中所体现的为其提供热情、周到、主动服务的欲望和意识，即自觉主动做好服务工作的一种观念和愿望，它发自服务人员的内心。“服务意识”的含义，不同的人有不同的理解，但有一点是共同的，即优质服务含有超出常规的和一般性的服务内容和服务满足。一般理解是“规范服务+超常服务=服务意识”，即服务意识是在规范服务的基础上有超乎常规的表现。

服务意识是企业的理念，需要贯彻到企业的全部系统中。作为一种意识，它不由规则来保持，必须内化为员工的自觉行动。将服务理念成功转化为行为，产生经济效益有两个关键：一是企业决策层必须有服务理念并能使其成为员工的行动指南，二是企业执行层（员工）能卓有成效地贯彻企业的服务理念，使之成为一点一滴的、无处不在的服务理念，并以此理念去为客户服务。

步骤二　建立服务指标体系

服务指标是企业内部为客户提供全部服务的行为标准。仅有服务意识并不能保证有让人满意的服务，企业还需要建立一套完整的服务指标作为服务工作的指导和依据。如果说服务意识是服务的软件保证，那么服务指标就是服务的硬件保证。

服务指标可以分为伴随性服务指标和独立性服务指标两部分。伴随性服务指标是伴随在产品销售过程中的服务指标，它的内容包括售前服务指标、售中服务指标和售后服务指标。独立性服务是指并不直接发生产品交换的服务，如旅游、宾馆、娱乐等服务。伴随性服务消费的是产品，其服务是保证未来更好地消费，而独立性服务消费的是服务，服务是客户购买的目标。因此独立性服务的好坏，决定企业的前途和命运。

不同行业的独立性服务指标是有差异的；同一行业的不同职务、岗位也有不同的服务内容。服务指标的建立是进行客户满意管理设计的关键内容。企业能否顺利导入客户满意战略，关键在于能否建立一套以客户为轴心的服务指标体系，这一套体系不仅是员工提供优质服务的依据，也是确立客户满意度的基础。

1．服务质量模型

服务质量是由服务产品的特点决定的，同时客户的素质如修养、审美、兴趣、价值取向等也都影响客户对服务的需求和评价。美国营销学者提出了一种服务质量模型，该模型分析了造成各类服务失败的5大差距，如图5-2所示。

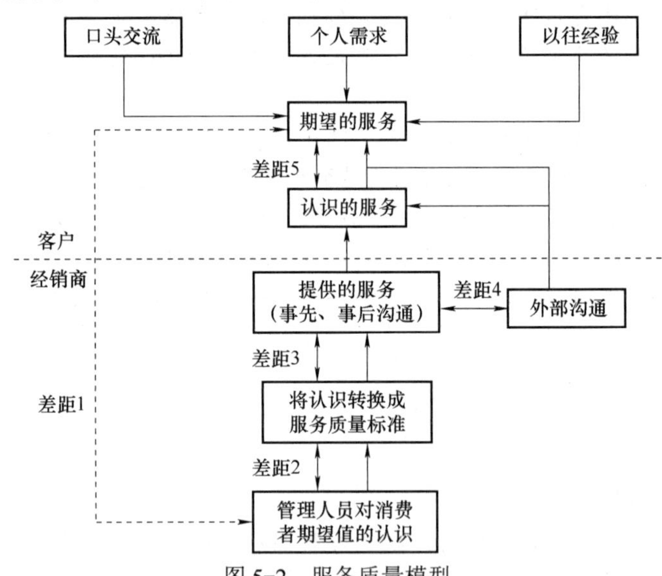

图5-2　服务质量模型

（1）顾客期望值与管理人员认识之间的差距　在现实生活中，管理人员并不知道顾客真正需要的是什么。例如，饭店经理很可能认为顾客希望饭店菜品种类繁多，口味好；而顾客实际上更加注重的是饭店的卫生与环境的舒适。

（2）管理人员认识与服务质量标准之间的差距　这一差距是指服务质量标准与管理者对

质量期望值的认识不一致。如饭店经理得知顾客需要一种卫生、舒适的就餐环境，但却无法确定顾客真正需要的是什么样的环境。

（3）服务质量标准与提供的服务之间的差距 由于训练不当、能力不强或其他原因，服务人员无法按照质量标准提供服务。服务质量的具体标准有时是相互冲突的。这也会影响按标准提供服务。例如，快速的服务和仔细周到的服务常常是两个冲突的质量标准。

（4）提供服务与外部沟通之间的差距 顾客的期望值经常受到广告公司和营销人员宣传的影响。例如，某酒店的宣传册展示的房间富丽堂皇，但顾客到达后发现房间残旧，因而感到失望。这就是外部沟通造成了顾客期望值的扭曲。

（5）认识的服务与期望的服务之间的差距 在不同的环境下，顾客对于服务质量的期待是不同的。如果服务人员不注意这种区别，刻板地运用通常的服务标准，就会使自己认为的标准服务与顾客所期望的服务之间产生差距。例如，需要在安静无干扰的环境中进行信息交流的买卖双方在过程中总被服务员打断，服务员以热情周到的服务标准询问其需求，如此服务不仅不会得到好评，反而会被认为不礼貌。

2. 建立科学的服务指标体系

科学的服务指标体系，能够客观、如实地反映企业为客户提供的各项服务工作的情况，能够体现企业的服务水平，更好地反映客户的满意度，了解并不断满足客户的需求，科学指标体系的建立要根据不同行业、企业的具体情况进行。

以电信公司的客户服务中心的服务指标体系为例来说明服务指标体系的建立。客户服务指标体系应分为外部度量标准和内部度量标准两大部分。外部度量标准衡量客人进入客户服务中心的方便程度，包括对咨询员的满意程度、对问题解答的满意程度和完成整个服务的满意程度。内部度量标准则包括了平均回答问题的速度、客户排队等待的时间、客户一次呼叫解决问题的百分率和客户放弃率等。这些明确的服务衡量标准，使员工清晰地知道公司和客户对服务水平和质量的要求。

（1）服务水平指标 服务水平指标预示着客户服务中心是否存在问题，并应建立在不断监听的基础上。目前电信行业大多数的标准是80%的电话都是在20s之前作出的回答。如果服务水平高于目标值，则意味着电话量较原计划少，或电话的长度较原计划短，也可能是安排值机的咨询员人数太多，造成人力浪费。如果服务水平低于目标值，则需要结合其他度量指标寻找原因。如话务量测得不准、员工的实际工作效率太低、没有安排好不同技能组的队列和优先级等。

（2）呼叫放弃率 放弃电话是指已经被接到中心但又被呼叫者在咨询员接听之前自动挂断了的电话。放弃率是指放弃电话数与全部接通电话的比率。系统可以根据需要及时提供这一数据，同时明确“短时放弃”的时间长度是多少。“短时放弃”按通常标准是20s或更少。目前电信行业中的呼叫放弃率指标大多数为3%，建议在3%～5%。

（3）事后处理时间 事后处理时间是指一次呼叫电话接听完成后，咨询员完成此呼叫有关的整理工作所需要的时间。这个指标应按班组和个人来进行统计，制成日、周、月表，以与过去的记录进行比较。可以针对每一个咨询员将呼后处理所需的动作都做一遍，认真观察、评价每个动作，看是否所有程序都是必需的，鼓励坐席人员在谈话后做好信息处理，减少事后处理时间。电信行业平均事后处理时间为60s，建议目标是30～60s。

（4）平均通话时间 平均通话时间是指与客户谈话的时间和事后处理的时间。它因客服中心工作性质、提供的服务内容的不同而不同，平均通话的努力目标也不同。从电信行业来看，平均通话时间是5～8min。若这一指标的时间过长可能表示人员过剩，会引起费用增高。过低则可能是服务不够细致，不能使客户满意。

（5）平均持线时间　平均持线时间是指咨询员让客户在线上等待的平均时间。客户持线时间的长短直接影响到呼叫者的情绪乃至满意程度。同时过长的持线时间表明咨询员回答客户问题时业务不够熟练，或因系统原因不能很快地进入所需要的资料领域。这个指标应该尽可能控制在一个较低的水平上，目前电信行业平均持线时间为60s，建议目标范围控制在20～60s。

（6）平均排队时间　平均排队时间是指呼叫者被自动呼叫分配设备列入名单后等待坐席人员回答问题的时间。类似于现在的人工服务应答时限指标。这个指标具有不同行业的特殊性，目前电信行业的平均排队时间为150s，建议的目标范围在30～90s。排队时间在建立整个服务水平的总目标上属于关键因素，如果排队时间为零，则意味着企业付出大量的人力让咨询员坐在坐席上等电话到来，这是很不经济和缺乏效率的。但如果排队时间过长，则势必会使呼叫放弃率增大，客户满意程度下降。

步骤三　提供优质服务

1. 明确优质服务标准

一般而言，衡量客户服务质量水平高低的标准主要包含以下3个方面：

（1）时间的迅速性　时间的迅速性是指企业对客户的反应灵敏度与行动的迅速性。从问题的产生到彻底解决问题的总时间越短越好。客户服务可以看做是一个解决问题的过程，从客户问题产生开始，对企业的不满也随之产生，时间拖得越长，对企业的不满就越多，这就要求企业一旦发现问题应迅速予以解决。

（2）技术的准确性　客户服务活动提供的技术，包括采用的方法、措施、策略等必须准确规范。如中国联通规定，移动通信服务业务变更时限、恢复通话时限最长时间为24小时，平均时间为10min，及时率为99%；无线接收率为97%、无线信道拥塞率为1.7%，通话中断率为0.2%，计费差错率为0.001%。

（3）承诺的可靠性　承诺的可靠性既是衡量企业客户服务水平的指标，也是衡量企业管理水平的指标，它和企业的信誉与形象紧密联系在一起。因此，企业承诺必须不惜代价执行，可以说客户服务管理成功与否很大程度上取决于承诺的执行与兑现。

2. 提供满足客户需求的服务

如何让客户满意企业的服务，可以从以下方面入手。

（1）迅速响应客户需求　当面对客户的需求时，最好的办法就是以最快的速度解决客户的问题，响应客户的需求。有一次，一名顾客到沃尔玛寻找一种特殊的油漆，而沃尔玛没有这种商品。于是油漆部门的经理亲自带这位顾客到对面的油漆专门商店购买，使得顾客和油漆店老板都非常感谢。

（2）满足客户多元化需求　麦当劳为了满足不同客户的需求尽可能提供各种丰富多彩的食品。在美国高速公路两旁的麦当劳会事先将卖给乘车客户的食物包装妥善，装汉堡的塑料盒、包薯条的纸袋、塑料刀叉等都妥善摆放好，便于客户使用。而麦当劳店内的“儿童游乐场”供小孩子们使用，也赢得了家长和孩子们的欢迎。

（3）持续提供优质的服务　持续提供优质服务是很重要的，企业或服务员必须重视持续的优质服务，如果只求销售而不考虑客户得到产品后的需求，就极易给客户造成一种印象——销售员在为销售而服务，这样就不利于建立一种长期的友好合作关系。

（4）尽可能为客户提供方便　在快节奏、高效率的今天，人们每天都要处理或应付许多事情。顾客大多没有时间将精力花费在无聊的事情上，所以在为顾客服务时，首先要考虑的是如何减少顾客的时间，如何为顾客提供便利的服务。

小链接 5-6

提升服务意识的7种方式

1．避免服务不好的印象

肯定和成功的第一印象会给公司带来良好的收益，而不良的第一印象所带来的危害远比能意识到的还要严重。客户不但会因不能忍受不好的服务而离开公司“另寻新欢”，而且会将对公司不好的印象向更多的人传播。所以，要提升服务质量，首先要避免给客户留下服务不好的印象。

2．弥补服务中的不足

对服务中的不足要及时弥补，而不是找借口推脱责任。通过“服务修整”，不但可以弥补服务中发生的问题，还可以使挑剔的客户感到满意，使你和竞争者之间产生明显差别。

3．制定服务修整的方案

每个企业及其员工都会犯错误，客户对这点能够理解，但客户关心的是你怎样改正自己的错误。对服务中出现的问题，首先是道歉，但并不仅仅如此，还需要制定出切实可行的方案，用具体的行动来解决客户的问题。

4．考虑客户的实际情况

在为客户提供服务的过程中，要考虑客户的实际情况，按照客户的感受来调整服务制度，也就是为客户提供个性化的、价值最高的服务。

5．经常考察服务制度

企业制定服务制度的目的是更好地为客户服务，帮助客户解决问题，满足他们的需求，达到和超过他们的期望。如果因为制度问题影响了客户服务质量的提高，就要及时地修改制度。

6．建立良好的服务制度

良好的服务制度的含义基本上就是好事好办。通过良好的服务制度可以很好地指导客户，让他们知道能向他们提供什么以及怎样提供。通过良好的服务制度可以极大地提高企业内部员工的服务意识，提升服务质量。

7．老客户和新客户

即使做不到更好，也要把为老客户服务看得与为新客户服务同等重要。因为发展新客户的成本要大大高于保持老客户的成本，等到老客户失去了再去争取就得不偿失了。所以，重视对老客户的服务可以显著地提升服务的质量。

步骤四　服务满意度考查

1．服务满意度考查方法

按时间分为定期考查和随时考查，按对象分为全面考查、典型考查和抽样考查，按方式分为直接考查、谈话考查和问卷考查。

2．服务满意度考查内容

（1）员工意见考查　要推行客户满意管理不仅要注重外部客户的满意，还要把员工的满意放在重要位置。要了解员工对服务工作的意见，一方面可以据此改进管理人员的工作方法，另一方面可以修正不完善的管理措施。

（2）客户满意度考查　服务的最终目的是让客户满意，要全面了解客户状况，必须实施客户满意度考查。

（3）内部满意度考查　内部满意度考查主要是考查企业内部各部门、各程序、各环节之间的相互服务状况，了解这种状况不仅可以考查各部门的服务水平，而且可以借此改变工作状况，提供更为优秀的内部服务。

步骤五　服务满意的行为强化

当员工按照企业拟订的服务指标完成了使客户满意的服务时，企业必须对其行为进行强化，以巩固和发扬这样的行为。

（1）赞许　这是一种最简单易行的强化手段，赞许的方式有当面称赞、当众夸奖、通报表扬等。

（2）奖赏　奖赏分为物质奖赏和精神奖赏两个部分，两种手段需要互相组合使用。

（3）参与　让优秀员工参与企业的重大决策，以满足其自我实现与尊重的需要，也是一种行之有效的行为强化措施。参与的方式可以包括列席某些重要会议、入选有关委员会、聘为某方面参谋、征询重大事件意见等。

（4）职务提升　对表现优良又具备领导才能的员工可以提升其职务，不仅赋予他更多的权力、责任，也提供更优厚的待遇。

小链接5-7

服务沟通的禁忌与技巧

服务沟通的5大禁忌：

忌据理力争　忌刻意说服　忌当场回绝　忌海阔天空　忌背后议论

服务沟通的24个技巧：

着眼于成为专业人员　从销售情况和策略着手　搞清客户不感兴趣的原因
关注最有潜力的客户　为以后的销售活动作铺垫　启发客户思考
主动发掘客户的需求　把益处传达给客户　建立友好关系
引导客户谈价钱　整合你的销售行为　销售专家的忠告
明确说明你想让客户怎么做　确信客户明白你说的一切
通过事实依据赢得信任　预先处理可能出现的问题
克服阻碍客户购买的障碍　面对否定评论依旧努力
进行销售跟踪促进客户购买　帮助客户解决好待办事务的优先顺序问题
指导客户作出购买决定　直接或间接地与购买决策者沟通
帮助客户精明购物　销售前后都力求让客户满意

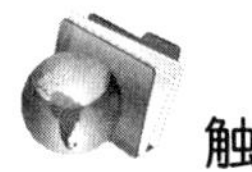

触类旁通

10种客人对应的服务意识

1．吊儿郎当型

这种顾客没有主见，如在点菜时很难下决心。当服务到这种客人时，应该和蔼可亲地为客人说明各种商品的特色并提出建议，引导他下决心，如此就可以节省时间，又增加了顾客的信心。

2．妄自尊大型

这种客人有种自大感，认为自己是世界上最伟大的人，让人觉得有点目中无人之感，总认为自己所做的都是对的，所以当服务这种客人时，最好是顺从其意见，遵照他的话去做，不要与他争论。

3．老马识途型

对于这种类型的客人，最好是多听他的说话，不能批评他所讲的内容，他要什么就给他什么。

4．浪费型

这种客人喜欢交际，用钱没有节制，更爱吹牛，对这种类型的客人服务时应保持距离，不可太接近，以免万一发生事故反将责任推到我们身上，得不偿失。

5．啰嗦型

这种客人应尽量避免和他长谈，避免因一谈上就没有完而影响了工作，在介绍商品时应柔和地将要点简明扼要地说明，让他接受，最忌辩论。

6．健忘型

此类顾客对于服务员告诉他的商品名称等有关事情很容易忘记，必须说好几遍。因此在下单后必须要他确认，否则当商品送来时他又提出质疑就麻烦了。

7．寡言型

此类顾客平常很少说话，所以当他向我方工作人员交代事项时，应专心倾听其意见并提出简明扼要的建议，以确保服务的完整性。

8．多嘴型

此类客人喜欢说话，一说就不停，当服务人员为他服务时，最好是尽快引导他切入正题，以免耽误了服务别人的时间。

9．慢吞型

此类顾客喜欢东张西望，动作滞笨，说话吞吞吐吐，需要一段很长的时间才能下决定，所以服务人员在为他选择商品时最好能帮助他迅速作出决定。

10．急性型

这类顾客个性急躁，任何事情都希望快速解决，所以服务员为他服务时必须动作迅速，与他交谈应单刀直入，简单明了，否则此种客人很容易发脾气。

案例分析

【案例5-3】

迪士尼乐园高效、完善的客户服务系统

作为世界最大的传媒和娱乐巨头之一，迪士尼是一个魅力无穷的商业品牌。迪士尼在全球十大国际品牌排名第5，品牌价值超过600亿美元，它的业务涉及影视、旅游、网络、服装、玩具等众多领域。目前在全球有6个迪士尼乐园，分别位于美国的加利福尼亚州和佛罗里达州、日本东京、法国巴黎、中国香港和上海。

一般迪士尼乐园含魔术王国、迪士尼影城和伊波科中心等若干主题公园。整个乐园拥有大量娱乐设施、32000余名员工、1400多种工作。通过主题公园的形式，迪士尼致力于提供高品质、高标准和高质量的娱乐服务。迪士尼乐园的生命力在于能否使游客欢乐。由此，给游客以欢乐成为迪士尼乐园始终如一的经营理念和服务承诺。

迪士尼乐园每年接待着数百万计慕名而来的游客。人们来到这里仿佛到了童话世界一般，而各种娱乐设施也令游人流连忘返。然而，人们更为称赞的是它高品质的服务质量、清新洁净的环境、高雅欢乐的氛围以及热情友好的员工。

迪士尼乐园不只是游乐场，更是现实的“乌托邦”。通过一系列游戏设施和表演，游客在早已预设的轨迹和效果中与各种童话中的人物一同历险。最后，在迪士尼世界固有而唯一的规律下，游客所感受到的是一段既惊险又安全，却又充满快乐的旅程，这种旅程的欢乐氛围是由员工与游客一起创造的。其中，员工起着主导作用，具体表现在对游客的服务行为上，这种行为包括微笑、眼神交流、令人愉悦的行为、特定角色的表演以及与顾客接触的每一细节。

引导游客参与是营造欢乐氛围的另一重要方式。游客们能同艺术家同台舞蹈，参与电影配音、制作小型电视片，通过计算机影像合成成为动画片中的主角，亲身参与升空、跳楼、攀登绝壁等各种绝技的拍摄制作等内容。

在迪士尼乐园中，员工们得到的不仅是一项工作，而且是一种角色。员工们身着的不是制服，而是演出服装。他们仿佛不是为顾客表演，而是在热情招待自己家庭的客人。他们根据特定角色的要求，扮演真诚友善的家庭主人或主妇。

公司要求32000名员工都能学会正确地与游客沟通和处事，因而制定了统一服务的处事原则，其原则的要素构成和重要顺序依次为安全、礼貌、演技、效率。公司会以此原则来考查员工们的工作表现。同时，迪士尼还十分注重对全体服务人员的外貌管理。所有迎接顾客的公园职员（“舞台成员”）每天都穿着洁净的戏服，通过地下阶梯（“地下舞台”）进入自己的活动地点。他们从不离开自己表演的主题。对于服务员工，迪士尼乐园制定了严格的个人着装标准。职工的头发长度、首饰、化妆和其他个人修饰因素都有严格的规定，且被严格地执行。迪士尼的大量着装整洁、神采奕奕、训练有素的“舞台成员”对于创造这个梦幻王国至关重要。

此外，公司还经常对员工开展传统教育和荣誉教育，告诫员工：迪士尼数十年辉煌的历程、商誉和形象都具体体现在员工们每日对游客的服务之中。创誉难，守誉更难。员工们日常的服务工作都将起到增强或削弱迪士尼商誉的作用。公司还指出：游客掌握着服务质量优劣的最终评价权，他们常常通过事先的期望和服务后的实际体验的比较评价来确定服务质量的优劣。因此，迪士尼教育员工：一线员工所提供的服务水平必须努力超过游客的期望值，从而使迪士尼乐园真正成为创造奇迹和梦幻的乐园。同时，为了调动员工的积极性，迪士尼要求管理者勤奋、正直、积极地推进工作。在游园旺季，管理人员常常放下手中的书面文件，到餐饮部门、演出后台、游乐服务点等处加班加点。这样，加强了一线岗位，保证了游客服务质量，而管理者也得到了一线员工一份新的友谊和尊重。

当然，所有的服务运作都离不开迪士尼完善的服务系统，小至一部电话、一台计算机，大到电力系统、交通运输系统、园艺保养、中心售货商场、人力调配、技术维修系统等，这些部门的正常运行均是迪士尼乐园高效运行的重要保障。

请思考以下问题：

1）迪士尼乐园是如何全方位、多层次、多渠道开展顾客服务的？

2）从本案例的内容描述中，你受到了什么启发？

任务4　处理客户的不满

任务要点

关 键 词：不满、抱怨、失误、商机

理论要点：正确认识和处理客户不满、抱怨的方法

实践要点：及时发现并修正产品、服务的失误，寻找新商机

任务情境

“如果有店员通知400来电话了，店长几乎会吓得腿都软了。”据王品集团大陆事业群市场部副总经理赵广丰介绍，尽管该专线对外被称之为“天使专线”，但对于店长来说则几乎是“死亡之音”。按照王品的规定，如果一个店铺一个月内没有收到任何投诉，则可以在月底拿到集团下发的1000元奖金，供所有店员外出活动使用。

400意见专线由上海呼叫中心的3名专职人员负责。由于服务的不断改进，目前抱怨和投诉意见的电话大约每月不到10个。曾经有一次，一位女性顾客向专线人员抱怨了整整8h。让顾客使用畅通便捷的渠道表达不满会带来什么结果？“越刁钻的客人其实我们越欢迎。”王品集团总经理李森斌透露，几天前刚拜访了一位“刁钻”的顾客，此人几乎吃遍了王品在北京的所有门店，几乎每次就餐结束都会拨打王品的400意见专线进行抱怨，诸如上菜慢了些、汤不够热、柠檬少了一片或者服务员笑容不够热情等细小问题。在郑重道歉和拜访后，李发现这位顾客其实已经是王品的铁杆粉丝，他经常把公司活动和客户见面的地点选择在王品。事实显示，哪怕是最挑剔的客户也可以让王品受益。

任务分析

在销售过程中，经常会听见顾客抱怨价格高、服务差、质量不可靠等，客户的抱怨就是

客户不满意的一种表现。如前所述，当客户对其要求已被满足的程度感受越差，客户满意度也就越低，客户抱怨的情况也就由此产生。而企业只有重视客户满意、实施客户满意，才能创造更多的客户价值，获得立足市场的资本。

任务实施

步骤一 正视客户不满

客户表现不满给了企业与客户深入沟通、建立客户忠诚的机会。同时，一切新产品的开发、新服务的推出，无一不是对客户需求的一种满足，而这些潜在的需求往往表现在客户的购买意愿和消费感觉上。企业要通过对客户的牢骚、投诉、退货等不满举动的分析来发现新的需求，并以此为源头，提升企业自身。

1. 不满中蕴含商机

客户对产品的不满往往蕴含着巨大的商机，正确分析客户的不满可以使商家更容易抓住商机，提高业绩。当客户得不到满足的需求能够被企业开发的产品所满足时，带来的经济利益是不可估量的。

2. 客户的不满是创新的源泉

创新营销是发现和解决客户没有提出但会积极响应的要求，并加以满足的过程。索尼公司是创新营销的典范，它成功导入了客户不满意创新和咨询系统，这样很多新产品如随身听、录像机、CD 播放机等就在该系统的支持下迅速面市。海尔的洗衣机、诺基亚的运动型手机，这些产品的开发都与客户的不满紧密相连。

3. 客户的不满使企业的服务更加完善

客户对商家服务的不满往往是商家服务的漏洞。企业想要完善服务就必须依靠客户的“无理取闹”来打破看似完美的现状，以发现企业可以改进的地方。只有细致地发现客户可能存在不满的地方，洞悉客户心态的变化，才能在激烈的竞争中发现先机，拔得头筹。

小链接 5-8

一些公司鼓励客户投诉的做法

联邦快递保证，如在客户递交邮件次日 10:30 前，收件方没收到邮件，则邮递费用全免。并且在此基础上还要增加处理投诉的透明度，设立奖励制度鼓励客户投诉，从而加强客户与企业、企业与员工、员工之间的理解。

芝加哥第一银行定期将客户的投诉信件公布在布告栏中，并选择典型事例发表在企业内部刊物上；同时奖励由于其投诉给企业带来产品或服务改进的客户，并奖励正确处理客户投诉、提高客户忠诚度的员工。

步骤二 洞察客户不满

当客户对企业的产品或服务感到不满意时，通常会有两种表现：一是显性不满，即直接将不满表达出来，告诉厂家；二是隐性不满，即客户不说，但从此以后可能再也不来消费，企业无形中失去客户甚至是客户群。对于显性不满，企业往往注重处理，而对于隐性不满，企业却缺少防范。据调查显示，隐性不满往往占到客户不满意的70%，因此企业更应多加关注。终端销售人员观察、领会客户意图的能力需要加强，以便及时发现客户的变化。

步骤三 倾听、安抚客户不满

当客户表现出不满意时，企业应该迅速了解客户的不满，这需要工作人员学会倾听、安抚和平息客户的怒火。

1. 学会倾听

以诚恳、专注的态度来听取客户对产品、服务的意见，听取他们的不满和牢骚。倾听客户不满的过程中需要注视着客户，使其感到企业对他们的意见非常重视，若有需要还应及时记下客户的意见重点。这些虽然不能彻底安抚客户，却可以平息客户的怒火，防止事态进一步扩大。同时需要确认自己理解的事实是否与对方所说的一致，并站在对方的立场理解。

2. 安抚客户

客户在开始陈述其不满时，往往都是一腔怒火，所以要在倾听的过程中不断表达歉意，同时承诺事情会在最短时间内解决，从而使客户逐渐平静下来，怒火平息。针对客户的不同表现，应给予不同的引导，需要较强的观察能力和沟通能力。

步骤四 辨别客户不满

有许多客户往往因为自己的不良动机而故意夸大自己的不满，以求重视，实现自己的目的。如一位客户的冰箱出现问题，他会在陈述中强调冰箱的耗电量大、异味重、设计不合理等多种问题。客服人员需要在倾听的过程中准确判断客户的真正不满之处，有针对性地进行处理。

1. 分清恶意不满

随着市场竞争的白热化，企业间竞争的手段也更加复杂。不可否认，有些厂家会利用客户不满意这种武器，向竞争对手发动攻击。某啤酒企业曾遇到这样的事故：一位消费者喝该企业的啤酒时酒瓶爆炸，消费者受伤。事件快速扩大，媒体的介入也使事情更加复杂，该企业的啤酒销量也一落千丈。事后企业发现一切事情都因竞争对手在背后操作。对于这类不满，企业需要有敏锐的触角，及时判断，将问题控制在一定范围内。

2. 认准善意不满

大多数消费者投诉时确实对企业的产品或服务感到不满，认为企业的工作应该改进，其出发点并无恶意。不满完全是企业工作失误或客户与企业沟通不畅造成的，如饭店饭菜不合口味、企业的产品质量与客户的要求不符、企业认为客户能操作的机器客户却不会等。这些原因造成的客户不满，企业若经过认真处理是可以增加客户忠诚度的。

企业在处理客户的不满时，要判断出客户不满意的善恶之分，并结合实际情况进行具体处理。恶意不满需及时控制局面，拿出应对措施，防止节外生枝；而对善意不满则要多加安抚，赠送礼物，提供更优质的服务来拉住客户。

步骤五　妥善处理客户不满

对于客户提出的不满若处理不当，就有可能小事变大，甚至殃及企业的生存。若处理得当，客户的不满就会变成满意，客户的忠诚度也会得到进一步提升。

一方面，企业需要真心真意为客户着想。站在客户的角度，真心实意地为客户服务，想客户之所想，急客户之所需，才能把客户的不满转为满意，实现企业与客户的双赢。

另一方面，选择处理不满的最佳时机至关重要。在什么时候处理客户的不满才能取得最佳效果？若处理过快，则客户正在气头上，双方难以进行良好的沟通；而过慢则使事态扩大，会造成客户流失。

当客户的不满意是因为企业的工作失误造成时，企业要迅速解决客户的问题，并提供更多的附加值，最大限度地平息客户的不满。

步骤六　评估处理客户不满的效果

处理客户不满意不是“客户走人”就算了，企业还应该根据实际的处理结果进行必要的评估，了解每一次不满处理的效果是否达到了预期的目标，是否加强了与客户之间的联系和沟通，是否提高了客户的忠诚度。

1．深入沟通

加强企业同客户的联系，派专人同客户进行沟通。企业可通过向客户赠送小礼物、纪念品、提高企业产品的后续服务来维护与客户之间的关系。

2．评价效果

在同客户沟通的过程中，对企业处理不满意的效果作出评价可以使企业明白处理的得与失。评估要从以下几个方面进行：客户是否满意企业处理不满的效率、处理的方法、处理的结果以及客户有无其他要求等。

通过对上述问题的分析和评价，企业可以充分了解客户对处理效果的满意程度。从而在以后的工作中加以完善，并通过工作人员表现出的诚意，打动客户的心，培养其忠诚度。

小链接 5-9

处理客户不满的自我评估

完成下列测试，对你平息顾客不满的技能作出评估。

得分说明：1—从不这样　2—极少这样　3—有时这样　4—通常这样　5—总是这样

A. 我觉得我能够平息大多数顾客的不满　　1 2 3 4 5

B. 当我遇到一个不满的顾客时，我

1. 保持平静　　1 2 3 4 5
2. 不去打岔　　1 2 3 4 5
3. 专心于他或她所关心的事情　　1 2 3 4 5
4. 面对口头的人身攻击时不采取对抗姿态　　1 2 3 4 5
5. 减少文书工作和电话的干扰　　1 2 3 4 5
6. 体态专注　　1 2 3 4 5
7. 面部表情合适　　1 2 3 4 5

8. 与对方对视时眼神很自信 1 2 3 4 5
9. 耐心地听完对方的全部叙述后再作出回答 1 2 3 4 5
10. 适当作些记录 1 2 3 4 5
11. 表现出对对方情感的理解 1 2 3 4 5
12. 让他或她知道自己乐意给予帮助 1 2 3 4 5
13. 知道在什么时候请出自己的上司 1 2 3 4 5
14. 语调自信而殷勤 1 2 3 4 5
15. 不使用会给对方火上浇油的措辞 1 2 3 4 5
16. 避免指责自己的同事或公司引起麻烦 1 2 3 4 5

C. 不满的顾客走了之后，我

1. 能控制住自己的情绪 1 2 3 4 5
2. 不多次讲述所发生的事情 1 2 3 4 5
3. 分析一下自己哪儿做得很好，哪儿本应采取不同的做法 1 2 3 4 5

你的分数：81～100分 优秀；61～80分 良好；41～60分 好好练练你的技能；21～40分 你需要上司的帮助；1～20分!!!!!!!!!!!!!!!!!!

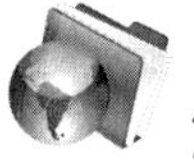

触类旁通

戴尔·卡耐基说过：“在生意场上，做一名好听众远比自己夸夸其谈有用得多。如果你对客户的话感兴趣，并且有意愿听下去的话，那么订单通常会不请自到。”

倾听不仅可以帮助企业了解客户的内心世界、处境情况，而且可以显示企业对客户的重视，从而使其对企业产生信赖感。当然也只有认真的倾听，才能听出客户的弦外之音，明白客户的深层愿望。

与客户沟通是一个双向互动的过程。从客服人员来说，需要通过陈述向客户传递相关信息，以达到说服客户的目的。同时，客服人员也需要通过提问和倾听接收来自客户的信息，如果不能从客户那里获得必要的信息，客服人员的工作将事倍功半。从客户角度而言，他们既需要在客服人员的介绍中获得产品或服务的相关信息，也可以通过接受客服人员的劝说来坚定购买信心。在不满意处理的过程中，倾听是必需的。有一位名叫赫兹的商人，当他开始从事机场的汽车服务时，他的注意力放在了培训司机为客户服务方面，如怎样帮客户搬运行李，怎样准确报站等，司机们也做得很好。但是，赫兹刚开始没有意识到客户的一个最主要的需求，即对客户来说，最主要的是两班车之间间隔的时间要短。这一服务上的缺陷也引起了不少客户的抱怨，尽管事实上客户的平均等车时间也只是7～10min。为此，赫兹投资巨款购买了汽车和雇用司机，把两班车之间的标准间隔时间定为最长5min，有时两班车之间间隔仅2～3min，最终使客户满意。赫兹公司的另一项业务是租车给乘飞机来该市的客户，待他们回来乘飞机时再将车还回。由于租车的客户大多数是商人，因此，对他们来说最重要的是速度。赫兹也认真地处理了这些租车客户的抱怨，尽管租车时的服务速度很快，但还车时的速度太慢，客户没有时间在柜台前站队等着还车。赫兹想了一个办法，能使客户即刻还车。这个办法是：当客户将车开到赫兹的停车场时，服务人员就将汽车上的号码（车的挡风玻璃上设有车的编号牌）输入到计算机里，这些计算机与主机相连，等客户到柜台前时，服务人员能叫出其姓名，整个手续也只需再问两个问题：里程数与是否加过油，然后就能把票据打印出来。这样一来，原来需要 10min 的服务时间缩短到只需 1min，使客户十分满意，从此之后，生意十分兴隆。

案例分析

【案例 5-4】

美国鞋王 Zappos：创造“WOW”价值

尽管 Zappos 公司在 2009 年已经通过换股的方式出售给了亚马逊，但它仍然保持了公司的独立性和管理团队。在其成立后的第 11 年，Zappos 公司的销售额已经超过 10 亿美元！能想象吗？仅仅是在网上卖鞋。

无敌的购物体验

从一开始，Zappos 就给客户提供一种特别的购物体验，它让顾客在结束自己的购物后很惊讶地叫声“WOW”。关于顾客服务的重要性，投资者谢家华说：“这不是一个秘密，人们很久之前已经意识到，提供高质量服务的公司经营得好，但没人这样做。”将服务顾客当作一项投资而非成本。

英国《金融时报》对这家公司的报道说：“飞跃性的增长主要取决于快乐、忠诚的顾客群基础。随着公司的发展，回头客的比重从 2004 年的 40%增长到 2008 年的 75%。”谢家华指出，这是公司获得持续成功的必要条件：“你可以让任何一个人买一次你的东西，而最难的就是让别人一次又一次地购买你的东西。”谢家华为公司制定的价值观的第一条，也正是“用服务让客户感到惊喜”。

向客户提供一个很有意思的购物体验，让 Zappos 的方方面面都很出名。比如，Zappos 的网站下载速度要比任何其他网站快得多，电话服务增加了顾客的购物体验。跟其他零售网站不一样，这里的平均电话等候时间会控制在 20s 内，客服中心人员有权力解决任何事项。

Zappos 明白，自己主要的竞争者是传统企业的店铺。为了成功运营，需保证顾客舒适地完成网上购物。公司用了很多不同的方式来处理这一挑战，包括免费退货、提供特别的网上产品信息、电话联系、免费凌晨购物等。

退货、延期付款打消客户顾虑

让顾客愿意在网上购买鞋子，最重要的就是处理问题要恰当。顾客可以舒服地购买可获得的合适产品，如果不合适也可退货。Zappos 很快意识到，他们可以通过提供免费退货来解决这个关键问题。开始是 60 天免费退货，后来延伸到 365 天。顾客可以购买几双不同风格的鞋，试穿之后保留合适的，将不合适的退回来。

这样做是否有风险？Zappos 会实时观察顾客的行为。他们发现，最有利润可赚的顾客并非是那些退货次数最少的人。而那些总是选择免费退货的顾客事实上是打算试过所有不同品牌和风格的鞋之后购买。因此，虽然他们有很高的退货率，但同时他们也会购买更多产品。总的来说，退货率大概为总销售额的 35%。

事实上，Zappos 的做法大大释放了消费者的决策压力，加上随后推出的延期付款政策，消费者做出决定变得非常简单。2004 年，即便除去退货成本，Zappos 的毛利率也达到了35%。

翔实的网上产品信息

当客户进行选购的时候，给他们提供尽量多的信息是非常必要的。Zappos通过几个方式来完成。例如，普通零售网站可能有小的产品照片，通常图片只是一个角度的，或者经常未能把重要的图案显示出来。Zappos则提供完善的实体信息，当新的款式（或不同颜色的款式）上市时，图片会从不同角度展示实体产品。到2008年，每种颜色和风格的产品都有8张照片。如果顾客对某样产品有兴趣，就能轻易看到大量的图片、可选择的颜色以及不同的角度，还包括了鞋的详细说明。例如，人的步伐（人走路或者跑步的方式）在寻找合适的运动鞋时是非常重要的。Zappos网站有对步伐的细节性讨论，并教会顾客们如何选择一款适合他们的鞋，同时也提供顾客意见反馈平台。顾客可以对其购买的鞋写下建议，公司并不对这些建议实施任何的编辑处理，更不会删除那些不敬的言语。

不受限的客服中心

Zappos公司的成功在于不惜一切代价追求客户满意，它著名的客户服务中心广受好评，经常给客户带来“WOW”的惊喜。为了客户满意，客服可以亲自坐飞机将货物给客户送过去。最极端的服务是，如果商品缺货而客户又很着急，他们甚至会把客户介绍到竞争对手那里去。

2007年7月，一位顾客通过电子邮件和客服中心沟通退货时说，她觉得很愧疚，她本来是打算买鞋给生病的母亲的，鞋到了母亲却过世了，她没有及时退回这双鞋子。于是，客服人员亲自来到顾客的家里，再次送上那双鞋，并将一张慰问卡送给顾客。不用说，顾客被深深地感动了，并将这件事发到博客上广为传播。

Zappos的大多数客户都通过网站交流，其中约95%的订单处理是通过网络进行的。其余的订单以及有关产品、退货或其他问题都是通过客服中心来处理的。Zappos所有在总部的雇员都要经过四个星期的培训课程。在课程的最后，所有受训员工都被要求至少在客服中心工作两个星期。

为了提供好的购物体验，Zappos还会致力于更多。例如，如果讨论顾客的跑步体验，客服中心工作人员被鼓励去参与此类讨论，接此类电话。如果顾客寻找的是本公司没有的产品，工作人员需要为他们提供至少3个其他网址，尽量找到顾客所需。即使公司表面上并没从那项订单中获益，但以后顾客依然会来光顾。谢家华说：“我们呼吁客服中心的工作人员重视顾客。我们并不介意他们是否购买此产品或者其他的，对于我们来说，每一次交易都是展示我们品牌的机会。”

在Zappos，客服中心的工作人员可以处理所有问题。他们有权去选择最佳的解决方法，不必再向主管或者管理人员咨询。为了更好地保证客服质量，电话都有公司职员监控，以确保工作人员协助顾客满足自己的期望，同时保证其购物体验的舒适。

客服中心每天大概有5000个电话。Zappos将这些当作让顾客满意的“私人机会”。正如谢家华所说：“当你获得顾客的所有关注，你就获得巨大的机会。”获得很好购物体验的人会将自己的经历分享给朋友，积极或者消极的顾客体验会被传播出去。

为了降低成本和提升反馈速度，管理者决定把Zappos迁移到内华达的亨德森，这是拉斯维加斯的市郊。拉斯维加斯是一个服务导向的城市，工作时间表是每天24小时，一周7天；在拉斯维加斯，已经有许多电话销售中心的总部都设在这里，互联网的连接性能也非常好。

吸引品牌入驻

在公司运营的第一年，Zappos 签下了 60～70 个品牌的网络分销合同。Zappos 很重视那些顾客提出购买的品牌。顾客常常会告诉客服中心的接线员他们想要什么品牌的鞋。客服记录本上记载了顾客在 Zappos 网站上没有找到的鞋的品牌，Zappos 会评估将这些品牌上架的价值并寻求签约。随着 Zappos 在这个产业变得远近闻名，品牌商们开始联系 Zappos 去商谈网上要卖的货物。

到 2008 年，Zappos 增加了户外活动（例如，徒步旅行）模块和短途旅行店，其中短途旅行店主要经营滑雪、冲浪、越野骑车等产品。这些模块吸引了很多对高档产品充满热情的顾客，这导致很多品牌都渴望加入 Zappos 的产品模块中来。

在享受 Zappos 带来惊喜的“哇哦”服务的同时，顾客们开始要求 Zappos 售卖鞋之外的其他商品。于是，Zappos 开始卖电子娱乐产品，因为公司雇员中有很多是狂热的游戏迷，他们想要卖这些游戏设备。林君睿说：“我们发现，对某一个产品类型有强烈感情的人，要比其他员工能更好、更有效率地经营它。”

如今，Zappos 销售的非鞋类产品包括：手提包、皮箱、服装、耳环、电子产品（数字摄像机、计算机、游戏机、电话和 GPS 设备）、手表、日常用品和首饰。

请思考以下问题：

1）Zappos 公司从哪些方面建立客户服务体系？

2）在具体操作中，Zappos 公司怎样体现了企业自身的资源特色和行业特色？

项目小结

满意是一个人通过对一种产品的可感知的效果或结果与他的期望值相比较后形成的一种失望或愉悦的感觉状态。

客户满意的层次分为横向满意层面（企业的理念满意、行为满意、视听满意）和纵向满意层面（物质满意层、精神满意层、社会满意层）。在对客户满意度充分彻底衡量的前提下，保证做到产品满意、服务满意。产品满意是客户满意的基础，服务满意是客户满意的强化，正确处理不满意是保证客户满意的必要条件。只有将客户的满意贯穿于产品、服务的生产、销售、实施中，才是真正将客户满意的理念落在实处。

对客户满意度进行系统分析、准确测试的前提下，剖析客户需求的具体内容，通过产品满意、服务满意求得客户的全方位满意。同时对于客户的不满能够通过卓有成效的高效工作加以扭转，以赢得客户对企业的认可。

练习思考

一、单选题

1．客户满意度是客户满意程度的高低，可以用公式表示为：客户满意度=（　　）−客户期望

A．客户满意　　B．客户体验　　C．客户忠诚　　D．客户反馈

2．（　　）是指企业全体员工在与企业利益相关者的交往中所体现的为其提供热情、周到、主动服务的欲望和意识。

A．市场意识　　B．竞争意识　　C．服务意识　　D．创新意识

3．当客户表现出不满意时，企业应该迅速了解客户的不满，这需要工作人员学会（　　）、安抚和平息客户的怒火。

A．倾听　　B．交谈　　C．妥善处理　　D．观察

4．在服务质量模型中，顾客的期望值经常受到广告公司和营销人员宣传的影响，造成（　　）之间的差距。

A．顾客期望值与管理人员认识

B．服务的质量标准与提供的服务

C．提供服务与外部沟通

D．认识的服务与期望的服务

二、多选题

1．客户满意度测试对象包括现实客户、（　　）、内部客户等。

A．潜在客户　　B．使用者　　C．购买者　　D．中间商客户

2．产品品位满意是产品在表现个人价值上的满意状态，企业应根据客户的（　　）要求来设计产品。

A．价格品位　　B．艺术品位　　C．文化品位　　D．功能品位

3．服务满意的行为强化方式主要有（　　）。

A．赞许　　B．奖赏　　C．参与　　D．职务提升

4．当客户对企业产品或服务感到不满意时，其表现可以分为（　　）。

A．显性不满　　B．抱怨　　C．退货　　D．隐性不满

三、思考题

1．什么是客户满意度？其测试指标有哪些？

2．客户需求的构成包含哪些方面？如何做到满足客户需求？

3．怎样有效地提升客户满意度？

实战强化

➲ 实训一　客户需求与行动关联分析

一、实训目的

通过实训，对客户需求进行分解，并与满意管理建立相关联系。

二、实训组织

在客户与供应商互动的时候，客户的需求可以分为基本需求（交易的基本需求）和个性需求（对交易结果的感受）两部分，而个性需求又可以继续细分。组织学生通过生活实例仔细分

析客户需求的具体内容，并将有关行动细化，以便对客户的行为及需求建立联系。

三、实训要求

请列举客户需求，完成表5-5，并考虑如何将表5-5运用到提高客户满意度上去。

表5-5　客户需求与行动关联分析表

客户需求			行动
基本需求		● 产品或服务的提供效率 ● 诚实而且公平的待遇 ● 殷勤有礼 ● 始终全神贯注 ● 感到舒服的环境 ● 没有耗时等待 ● 完全知道所发生的一切 ● 兑现承诺	
个性需求	情感需求	● 个人的热情 ● 获得归属感	
	安全需求	● 得到问题的解决方案 ● 镇定下来 ● 相信你站在他们这边 ● 用他们能够完全理解的方式解释 ● 有人能够理解他们的需求 ● 比通常更迅速的反应 ● 对他们下一步该怎么做提出详细的建议	
	尊重需求	● 让客户感觉到他们对你很重要 ● 得到重视 ● 客户知道你知道他们的名字 ● 感觉你为他们做了一些特殊工作	

➲ 实训二　服务满意策略分析

一、实训目的

通过实训，使学生明白提供满意服务的做法有很多，有些是通过满足客户需求，有些是通过感动客户，有些是通过一些细致体贴的做法等来提高客户满意度。服务人员要根据不同的服务对象和不同的服务内容采取相应的服务策略。结合服务的实际情况进行讨论，理清思路，有助于提高客户的满意度。

二、实训组织

（1）6人一组，讨论服务满意的做法有哪些，可以选择某一特定行业进行讨论

（2）小组进行汇报，各组之间进行对比、评比

（3）教师归纳、点评

三、实训要求

需确定讨论所选择的行业，每组有自己的特色，同时做好分工，记录、汇报的人员尤其需要提前确定。

项目 6

培育忠诚客户

忠诚是一个有着悠久历史的人文概念。在我国，早在几千年前就有了对忠诚的定义及推崇。随着时代的发展，人们逐步将忠诚概念引入了经济领域。实践证明，现在的企业管理比以往任何一个时期都更需要“忠诚”的加盟。

客户忠诚实际上是客户行为的持续反映。忠诚客户经常性地购买本企业的产品或服务，甚至会向家人、朋友推荐企业的产品或服务。忠诚客户所带来的收效是长期且具有积累效果的。一个客户能够保持的忠诚度越久，企业从他那里获得的利益就越多。

网络时代改变了交易活动的很多方面：科技的进步使客户易于得到充分的信息，互动的便捷使买卖双方紧密相连，客户要求企业倾听他们的想法。企业需要认识到：拥有的客户并不是固定不变的。这就需要花大力气来研究“客户忠诚”，并给以最合理的解释和完美的应用。

学习提示

学习目标：

- 知识目标：了解并掌握客户忠诚、客户流失的基本含义，理解客户忠诚与客户满意的关系。
- 能力目标：能够分析忠诚客户的价值、培育忠诚客户、应对客户流失。
- 素质目标：建立忠诚客户的理念。

本项目重点：

- 培育忠诚客户，应对客户流失。

本项目难点：

- 积极应对客户流失。

任务1　分析客户忠诚的价值

任务要点

关 键 词：忠诚、分析、价值

理论要点：能够掌握客户忠诚的价值构成，重视客户忠诚的建立维护，客户忠诚的含义、类型，客户忠诚的价值

实践要点：测量客户的忠诚度

任务情境

张芳在服装销售公司已经工作两个月了，除了和同事建立了协作、密切的工作关系，也通过自身努力与客户建立了融洽、友好的关系。张芳发现，很多客户来店内选购服装都会找自己熟悉的营业员，一是由她们向自己推荐新款，二是听取她们对自己着装的意见，并给出搭配等专业指导。这样的交易往往成交效率非常高，客户在交易过程中也一直保持愉悦的情绪。营业员也都能非常亲切地叫出一些客户的姓名，他们之间的关系就像熟悉的老朋友一样。张芳发现，公司日常销售收入中的绝大多数都来自这些忠诚的老客户。

任务分析

客户忠诚是指客户对某一特定产品或服务产生了好感，形成了偏爱，进而重复购买的一种行为趋向，客户忠诚实际上是一种客户行为的持续性。客户忠诚度是指客户忠诚于企业的程度。

分析客户忠诚的价值，首先要辨别客户忠诚的类型，分析影响客户忠诚的主要因素，熟悉测量客户忠诚的主要指标，才能充分认识实现客户忠诚的价值。

任务实施

步骤一　辨别客户忠诚的类型

客户忠诚于某一公司不是因为其促销或营销项目，而是因为他们得到的价值。不同企业所具有的客户忠诚差别很大，不同行业的客户忠诚也各不相同。那些能为客户提供高水平服务的公司往往拥有较高的客户忠诚度。忠诚顾客一般具有以下的特征：客户经常重复地消费企业的产品或服务，企业甚至可以定量分析出他们的购买频率；客户在选择企业商品时，选择呈多样性，他们更信任企业的产品或服务，支持企业的活动；客户乐于向他人推荐企业的产品，被推荐者相对于其他客户会更亲近于企业，更忠诚于企业的产品和服务；客户会排斥企业的竞争对手。

一般而言，客户忠诚有以下类型：

1．垄断忠诚

垄断忠诚是指客户别无选择下的顺从态度。比如，因为政府规定只能有一个供应商，客户只能有一个选择。这种客户通常是低依恋、高重复的购买者，因为他们没有其他选择，如自来水、煤气、电力等公用事业公司就是垄断忠诚的最好实例。

2．惰性忠诚

惰性忠诚是指客户由于惰性而不愿意去寻找其他供应商。这些客户同样是低依恋、高重复

的购买者，他们对公司并不满意。如果其他公司能够让他们得到更多实惠，这些客户便很容易被人挖走。拥有惰性忠诚的公司应该通过产品和服务的差异化来改变客户对公司的印象。

3. 潜在忠诚

潜在忠诚的客户是低依恋、低重复购买的客户。他们希望不断购买产品和服务，但公司的一些规定或因素制约了他们。例如，客户原本希望再次购买，但买主仅对消费额超过2000元的客户提供免费送货。由于商品运输方面的问题，该客户就放弃了购买。

4. 方便忠诚

方便忠诚的客户是低依恋、高重复购买的客户。方便忠诚类似于惰性忠诚。同样，方便忠诚的客户很容易被竞争对手挖走。某个客户重复购买是由于地理位置比较方便，这就是方便忠诚。

5. 价格忠诚

对价格敏感的客户会忠诚于提供最低价格的零售商。这些低依恋、低重复购买的客户是不能发展为忠诚客户的。现在市场上有许多二元店、十元店等，就是从低价格出发做生意的，但重复光临的人并不多。

6. 激励忠诚

公司通常会为经常光顾的客户提供一些忠诚奖励。激励忠诚与惰性忠诚相似，客户也是低依恋、高重复购买的那种类型。当公司有奖励活动的时候，客户们都会前来购买，当活动结束时，客户就会转向其他有奖励或奖励更多的公司。

7. 超值忠诚

超值忠诚即典型的感情或品牌忠诚。超值忠诚的客户是高依恋、高重复购买的客户，这种忠诚对很多行业来说都是最有价值的。客户对于那些使其从中收益的产品或服务情有独钟，不仅乐此不疲地宣传其好处，还会向他人热情推荐。

小链接 6-1

客户忠诚层次

根据客户忠诚度的情况，客户忠诚的层次可以分为4个层次：第一层次，无忠诚感，对企业漠不关心，仅凭偶然因素购买。第二层次，对企业感到满意或习惯，熟悉企业的产品或服务，并对其留有良好的印象，比较习惯性地去购买。第三层次，对企业品牌产生一定的偏好情绪，了解企业品牌，从心理上对企业的产品或服务高度认可，在同类产品中特别偏好企业品牌的产品。第四层次，高度忠诚，对企业品牌有强烈的偏好和情感寄托，对企业的产品或服务特别喜爱，对企业品牌忠贞不二。客户的忠诚层次越高，购买行为越稳定，所以提高客户的忠诚度是企业的重要任务。

步骤二 分析客户忠诚的影响因素

客户忠诚是对企业提供的产品或服务所表现出来的一种信任程度，是对企业综合优势的认可。客户的忠诚是可以培养的，但也会受到很多因素的影响。当外在的环境和条件变化时，客户的忠诚也会随之改变。当今社会，市场竞争越来越激烈，谁获得了消费者，谁就占据了市场。影响消费者的选择，建立起客户对企业的忠诚，有着诸多方面的影响因素，具体如下：

1．客户满意度

满意是指实际效果与期望值进行比较所获得的一种愉悦、满足的心理感觉。客户满意度是一种感觉状态水平，源于客户对产品或服务可感知的绩效与期望进行的比较。当实际绩效高于期望值时，客户满意度就高，当实际绩效不如期望值时，客户就会不满意。比如，客户听说某品牌商品非常好，于是前往购买该公司的产品，但购回后却发现使用效果比想象中的差，客户自然而然就会觉得不满意。因此，企业能否满足客户的个性化需求、为客户提供优质的服务是当今企业能否保持竞争力的主要因素。让客户感到满意是形成客户忠诚的重要一环。客户消费过程是一个客户与企业相互交换的过程。客户付出金钱、时间、精力，以期从企业那里得到他们的需求，然后，客户根据感受到的需求的满足程度形成对企业的态度，满意或者不满意。很多情况下，客户的态度决定了他们是否继续选择该企业。如果客户感到不满意，他们可能就会选择其他企业，所以说客户满意度是建立客户忠诚的基础。

客户满意度仅是形成客户忠诚的第一步。一些企业简单地认为：只要客户感到满意就可以锁定他们，但事实并非如此。在当前生产能力高度发达、市场竞争日益激烈的情况下，每个企业都把质量当做重中之重，同类企业的产品质量（包括服务质量）都相差不大。满足客户需求，让客户感到满意，已不再是企业追求的目标，而应该成为企业必备的能力。客户满意是客户在消费后产生的满足感和态度，这种满意并不会带给企业后续的利润；客户的忠诚则是一直持续交易的行为，表现为客户日后会重复消费，能够直接为企业创造利润。客户满意度只代表过去，客户忠诚度则可以预测未来。客户满意度是客户忠诚度的基础，没有客户满意度就谈不上有客户忠诚度，客户满意度经过积累可以最终转化为客户忠诚度，使客户成为企业最有价值的客户。在客户满意的基础上继续提升，建立起客户对企业的忠诚。

2．客户价值选择

随着社会的发展，丰富的产品让客户的选择越来越多。而客户对产品的要求也越来越高。从客户的价值变迁而言，大致经历了3个阶段：一是理性消费阶段，仅考虑产品的价格和实用性。二是感觉消费阶段，除考虑价格和质量要求外，还考虑了对产品的喜欢与否。三是情感消费阶段，在这一阶段客户追求的是购买产品所带来的满足程度，重视对消费的整个过程是否满意。

为了让客户在3个阶段都能够拥有满意感，企业应该帮助客户在其消费过程中感到愉悦并产生信赖。客户感到满意仅是因为产品或服务达到了他的需求，但这仅是一个基础。如果想让客户难忘，就要想办法让他们体会到难忘的感受，消费中的愉悦正是这样的一种感觉。有调查表明，能够让客户感到愉悦的企业与仅让客户感到满意的企业相比，销售额要高出6倍。舒适的购物环境、优美的轻音乐、员工热情的笑脸、企业完善的售后服务都会给客户带来愉悦。同时，面对值得信赖的企业，客户会将自己的消费风险感受降到最低。与值得信赖的企业合作，客户总能够享受到最为个性化和满意的服务以及消费中的愉悦。只有当客户真正产生信赖时才会锁定企业，成为企业的忠实客户。

3．客户让渡价值

客户的预期绩效可以用客户让渡价值来表示。客户在消费过程中的选择和满意程度是紧密相连的，要了解消费者是否能够选择企业的产品或服务，并最终对企业产生忠诚感，客户的让渡价值至关重要。

客户让渡价值是科特勒在 1994 年提出的，是指客户总价值与总成本的差额部分，即：客户总价值–客户总成本=客户让渡价值。其中，客户总价值是指客户从企业提供的产品或服务中获取的全部利益，它包括四个方面。

（1）产品价值　产品的质量、功能、款式等，是满足客户需求的基础。

（2）服务价值　企业提供的售前、售中、售后服务情况，是建立客户忠诚度的重要因素。

（3）人员价值　企业员工与顾客接触过程中体现出来的工作作风、能力、责任感和整体形象，很大程度上决定企业对顾客的服务质量，对顾客向企业产生忠诚度有巨大的影响作用。

（4）形象价值　企业及产品的总体形象在公众中产生的价值。形象价值也会直接影响顾客的忠诚度。

客户总成本是指客户从企业获得全部利益所付出的整体成本，也包括四个方面的因素：

（1）货币成本　客户为购买产品所付出的货款及交通费用等附属开支。

（2）时间成本　客户购买产品过程前后所花费的时间。

（3）精神成本　客户在购买产品时耗费的心理代价。

（4）体力成本　客户在购买产品全过程中所消耗的体力。

客户让渡价值是一个综合性指标，企业要获得客户的高忠诚度，必须要有高的客户让渡价值。即一方面要提高客户的总价值，如，提高产品的质量、改善外观、加强对企业人员的培训、梳理企业良好的品牌形象来吸引客户。另一方面要降低客户的总成本，例如，降低产品生产成本或流通环节成本，从而降低销售价格；设置方便客户的服务网点，节约客户的时间、体力等，让客户能够用更少的付出获得更优质的产品和服务，从而进一步提高客户的满意度。

现代企业有一种流行的做法，就是希望通过折扣或回馈招徕顾客，留住顾客，并将这种活动称为“忠诚营销活动”。但并不是所有的“顾客贿赂”都能留住老顾客。实际上一般的折扣营销或顾客回馈最大的受益者还是企业的一般顾客，而不是重要顾客。企业在这种活动中做的很大一部分工作都是无用功。

总之，客户的让渡价值是影响客户忠诚度的核心因素，只有提高客户让渡价值，才能让客户全方位感受到真正的满意和物有所值，从而促进企业和客户的关系，让客户建立起对企业高度的忠诚。

步骤三　测量客户忠诚度

测量客户忠诚度的指标较多，一般来说，相对重要的测量指标主要有 5 种。

（1）客户重复购买率　客户重复购买率的定义是客户在一段时间内购买企业产品或者服务的次数。客户重复购买率与客户忠诚是成正比的，即在确定的时间内，客户购买公司产品或者服务的次数越多，说明客户偏好该产品或者服务，反之则相反。

值得注意的是，在衡量客户重复购买率这一指标时，首先需要确定是在多长的时间内衡量客户购买次数。这就需要根据产品的用途、性能和结构等因素来合理地确定衡量时间。例如，对于汽车、家具、家电等耐用消费品而言，客户购买的时间间隔一般都在 3 年以上，如果以1年来衡量客户的重复购买率，显然是不合适的。然而对于银行、饭店及许多快速消费品而言，其衡量客户重复购买率的时间一般以月计算较为合适。其次，在衡量客户重复购买率时，不能仅局限于同一类产品或者服务，而是应当从企业经营的产品品种的角度考虑。如果客户并不是重复购买同一种产品，而是购买企业不同种类或者品牌的产品，那么也应当认为客户具有较高的重复购买率。

（2）客户挑选时间的长短　有关消费者行为的研究表明，挑选是大多数客户购买产品的必经环节。在挑选这一环节中，客户花费时间用于了解企业产品，同时也是在比较不同企业的产品。如果客户对企业的信任感较低，那么客户就会花费较长的时间来收集信息，比较不同企业提供的产品，最后才决定是否购买。相反，如果客户对企业有较高的忠诚度，那么其用于挑选的时间就会大大缩短，会快速决定产品的购买。因此，客户挑选产品的时间长短也是衡量客户忠诚的重要指标。

（3）客户对价格的敏感程度　价格是影响客户购买产品或者服务的重要因素之一，事实上，客户对不同产品的价格变动有着不尽相同的态度和反应。许多研究和企业实践都表明，对于客户喜爱和信赖的产品或者服务，客户对其价格变动有着较强的承受力，其购买行为受到价格波动的影响较少，即客户对价格的敏感度低；相反，对于客户不喜爱或者不信赖的产品或者服务，客户对其价格变动的承受力较弱，往往一旦价格上涨，客户立刻会减少购买行为，即客户对价格的敏感度高。因此，客户对企业产品或者服务的价格敏感程度也可以用来衡量客户忠诚。

（4）客户对产品质量问题的态度　对企业而言，即使有非常仔细的产品质量检查，都无法保证产品100%没有问题。因此，不论是知名企业还是一般的中小企业，其生产的任何产品或者服务都有可能出现各种质量问题。对企业忠诚度较高的客户面对质量问题时，往往会采取相对宽容的、协商解决的态度；相反，对企业忠诚度较低的客户面对产品或服务的质量问题，会表现出强烈的不满，会要求企业给予足够的补偿，甚至会通过法律途径解决问题。

（5）客户对待竞争品牌的态度　客户对待竞争品牌的态度也是衡量客户忠诚的重要指标。一般而言，当客户对企业的忠诚度较高时，自然会主动地把更多的时间和精力用于关注本企业的产品或者服务，而不会去关注竞争品牌。相反，如果客户对企业的忠诚度不高或根本没有忠诚度，那么客户就会对竞争品牌的产品或者服务产生兴趣或者好感，并且花费较多的时间了解竞争品牌。

步骤四　实现客户忠诚的价值

企业为客户提供服务的头5年中，在不考虑其他因素的情况下，企业的利润是逐年上升的。客户忠诚对企业盈利能力的影响，主要表现在以下几个方面。

1．获得新客户成本

利用外部营销手段来争取新的客户是大多数行业所采取的措施。尽管自行开发软件、进行数据收集和分析来维系老客户需要相当大的人工成本，但经实践证明发现，获得新客户的成本远高于维系老客户的成本。一般来说，获得新客户的成本是维持一位老客户的成本的5～6倍，并且维系老客户的成本呈下降趋势。显然，忠诚的客户给企业显著地节约了成本。

2．基本利润

在某些情况下，企业用第一年客户支付的价格就可以将服务的成本完全弥补，并且获得新客户的成本可以用不断累计的利润逐步抵消掉。然而，在很多服务行业中，企业用头几年甚至若干年内客户所支付的价格都无法弥补服务的成本。当然，不同行业的情况是不同的，要对具体行业进行具体分析。

3．成本节约

在客户和服务提供者相互了解以后，服务失误率会降低，进而服务速度会提高，最终服务过程变得更加顺利。因此，为每个客户提供服务的成本会减少，企业的利润会增加。

4．客户推荐

忠诚的老客户对产品或服务有极高的满意度，往往乐于向亲友推荐。这种口碑推荐的方式给企业带来了新的客户，并且降低了吸引新客户的高昂成本。

5．溢价

在许多行业中，当企业的产品或服务价格较高时，老客户往往愿意接受，而新客户接受的意愿就较低。当然，即使是老客户，也并不总是愿意支付溢价。另外，企业在老客户那里可以省去许多对新客户必须支付的成本。

除上述直接增加企业盈利的效应外，忠诚客户对企业盈利还有间接影响。企业拥有忠诚客户会增强企业员工和投资者的自豪感和满意感，进而提高了员工和股东的保持率。不仅如此，忠诚的员工会展现出更好的服务态度，保留老客户的同时，还可以吸引新的客户。同时，忠实的股东会从长远价值来进行投资和考虑问题，而不是短期利益。由此可见，这无疑将进一步加强了客户忠诚，形成一个良性的循环，最终实现总成本的收缩和生产力的提高。

小链接 6-2

忠诚客户让汉莎航空扭亏为盈

1994 年，德国汉莎航空公司（以下简称汉莎航空）一个用于巩固老客户的“里程计划”（Miles&More）启用。“里程计划”的目的在于巩固老客户以及使新客户变为老客户。其做法相当简单：航空公司发给所有的客户一张里程磁卡，所有的飞行都被记录在案，当客户飞行里程总和超过既定数目时，就可以发给客户免费机票。当客户飞行里程超过 5 万公里时，就可以给客户一张“常客卡”。航空公司对于拥有“常客卡”的客户有特殊的服务及附加的价值，例如，允许客户带更多的行李、免费的旅行保险等。如果客户飞行里程超过 15 万公里，则成为“最重要的客户”，公司会发给他一张“议员卡”，又有更多的服务和更大的附加值。这时候，“议员卡”成为地位的象征，那些最有消费能力的、大部分因公务而飞行的客人因此而成为汉莎航空的忠诚客户。这项“里程计划”的有效实施，不仅使那些本来就喜欢汉莎航空的“老客户”更忠诚，而且使那些面临多种选择的客户为了得到免费机票以及更好的服务而放弃了其他的选择。汉莎航空的业绩也随之直线上升，1994 年扭亏为盈，1997 年净利润超过 8 亿德国马克。

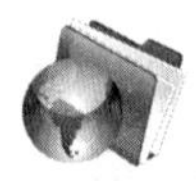

触类旁通

1. 客户满意与客户忠诚的比较见表6-1

表6-1　客户满意与客户忠诚的比较

项　目	客户满意	客户忠诚
比较对象	过去期望与现实的感知效果	现实期望与预期利益
表现形式	心理感受	行为反应
可观察的程度	隐含的	外显的
受竞争对手影响的程度	影响小	影响大

2. 客户满意度和客户忠诚度的关系

大量的研究表明，客户满意度和客户忠诚度之间存在着如图6-1所示的关系。

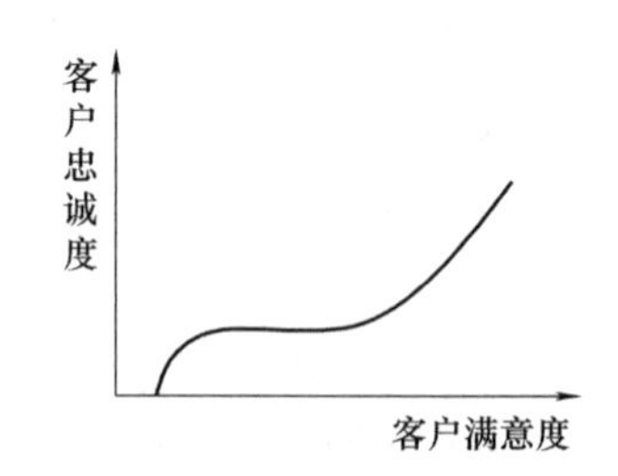

图6-1　客户满意度和客户忠诚度关系

从图6-1中可以看出，客户满意度与客户忠诚度关系曲线上有一段较为平缓，客户满意度的提高并没有使忠诚度得到相应的提高，这一阶段即为高满意度低忠诚度的情况，而在图的右上端，客户满意度和客户忠诚度呈现出近似线性的关系，而且斜率很大，客户满意度上升或是下降都会引起客户忠诚度的巨大变化。造成这一现象的原因是：客户的期望是由基本期望和潜在期望构成的，当客户的基本期望的满意度达到一定程度，客户忠诚度就会随着满意度的提高而提高，但是这种满意度对客户忠诚度的边际效用是递减的。尤其是客户忠诚度上升到平均忠诚度（行业平均水平的产品或服务所激发的客户忠诚度）附近，不管企业采取何种措施提高客户满意度，客户忠诚度的变化都不大。这是因为基本期望对客户而言需求层次比较低，其他供应商也能提供类似的价值，因此客户很难作出不满意的评价却缺乏再次购买的热情。但是当客户从产品或服务中获得意想不到的价值（包括物质、心理、精神几个方面的价值），满足了自己的潜在期望时，客户就会感到高度满意，在下次购买时，为了再次体验到这种感觉，客户很可能仍然选择同一品牌。经过多次重复购买，客户对该产品或服务逐渐产生信任和依赖，形成长期的忠诚。

由此可见，客户满意度不一定必然导致客户的忠诚，客户满意度是一种心理的满足，是客户在消费后所表露出的态度；但客户的忠诚是一种持续交易的行为，是为促进客户重复购买而产生的。客户忠诚度的获得必须有一个最低的客户满意度，在该水平线以上的一定范围内忠诚度不受影响，但是满意度达到某一高度，忠诚度会大幅度增长。

需要注意的是，提高客户满意度和忠诚度并不是指一定要提高所有客户的满意度和忠诚度。正确的做法是，在对客户进行细分的基础上，采取有针对性的策略，最大限度地让更有价值的客户满意，而不是取悦所有的客户。例如，瑞典银行组织实证性研究表明了客户满意水平很高，但企业却不一定有盈利。在研究了客户的存贷行为，并将收入、利润同成本比较后，他们发现，80%的客户并不具有可盈利性，而这类客户对从银行获得的服务却很满意；另一方面，20%的客户贡献了超过银行利润的100%，但这类客户对银行的服务不满意，所以，瑞典银行采取措施努力改善对可盈利客户的服务，并取得了极好的效果。

案例分析

【案例 6-1】

IBM 通过优质服务赢得客户忠诚

“IBM 就是服务!”这是 IBM 公司一句响彻全球的口号，是 IBM 成功的三大精神之一，也是 IBM 质量文化的精髓所在。

IBM 从客户的要求出发，在销售产品的同时，帮助用户安装调试、排除故障、定期检修、培养技术人员，及时解答他们提出的各种技术问题，提供产品说明书和维修保养的技术资料，听取使用产品后的评价意见等。通过多种多样的全方位服务，使用户达到100%的满意，从而建立起企业有口皆碑的信誉，营造出独特的 IBM 质量文化。

为了保持与客户的经常性联系，IBM 每月定期评估客户的满意程度，其评估结果对员工及资深主管的报酬多少和职位升降紧密联系，并且每隔 90 天，他们还要做一次员工服务态度调查。此外，IBM 总部的高级主管也要按照公司规定拜访客户。IBM 认为，一个人如果不了解客户的需求和想法，就根本不可能制定出受客户欢迎的服务策略。

IBM 还提出了“增值销售和延伸销售”的概念。“增值销售和延伸销售”是指产品售出后为客户提供专家咨询，不断改进产品性能，为客户提供最新的科技成果和情报资料，不断开拓售出产品的应用范围等，从而延伸销售增值链。IBM 宣称，他们每接受一位客户，无论其购买力有多大，都要为这个客户提供高品质的服务，使客户从中受益。

IBM 反对以各种方式向客户提供过分昂贵或不适合客户的产品。即使客户提出要购买某些产品，如果 IBM 经调查确认这些产品不适合客户需求，它也会冒着失去这笔生意的危险向客户提出建议，劝其购买更适宜的产品。IBM 认为，只有这样才能保证公司上下真正为客户着想，才能保证与客户保持最良好的关系，从而提高公司的声誉和形象，促进产品的销售。

大多数人似乎都有一种错觉，即认为 IBM 生产的是世界上技术最先进的机器，其实这只是 IBM 质量文化，特别是优质服务带来的波及效应。公正地说，IBM 在技术上仅仅是跟上时代发展和消费者需求而已。有专家认为，至少在过去的 10 年里，IBM 并非工业技术方面的领导者。IBM 的成功完全靠它那无懈可击的服务策略，以及由此凝结成强大的向心力、凝聚力、责任感和使命感的质量精神、质量文化。

一位客户介绍了他为什么会选中 IBM 产品的感受，他说：“要论技术，有好多家公司都比 IBM 的花样多，他们的软件用起来也确实更容易些。不过只有 IBM 肯下功夫来了解我们，他们找我们公司所有的人都面谈过。他们的要价比其他公司足足高出 25%，可是他们所保证的可靠性和提供的服务却是其他公司遥不可及的。他们提供的意见都恰到好处，他们使人感到放心，万无一失。尽管我们的预算很紧但我们却轻而易举地作出了购买 IBM 产品的决定。”这是 IBM 通过最佳服务赢得客户忠诚的真实写照。

请思考以下问题：

1）从哪些方面可以看出 IBM 重视客户忠诚的建立？

2）最后一位客户介绍的案例有怎样的实践意义？

任务2　培育忠诚客户

任务要点

扫码看视频

关 键 词：忠诚、培育、奖励

理论要点：认识高管员工的支持对培育忠诚客户的意义

实践要点：采用适当的方法奖励忠诚客户

任务情境

张芳因为工作上进步很快，受到了企业管理层的肯定，被选派进入了研修班进一步学习培训。在学习中，讲师与学员分享了一些案例，引起了张芳的思考。

英国裤袜国际连锁公司的创始人米尔曼开始只经营男士领带，且营业额不大。后来她发现不仅是男士，妇女也要求购物方便、快捷，她们往往不愿为购买一双长筒袜而挤进百货商场，而只愿意花几分钟在一家小店购买。米尔曼对顾客的这种心理摸得很清楚，十分注重经营速度、方便顾客和周到服务。尽管她出售的商品在价格上略高于百货商场，但周到的服务足已弥补价格较高的不利因素，而且还绰绰有余。米尔曼 1983 年 4 月在伦敦一个地铁车站创建第一家袜子商店时资金不足 10 万美元，经过几年的经营，已成为世界上最大的妇女裤袜零售专业连锁公司，在英国已有上百家分店，在欧美其他国家有 30 多家分店，销售额已近亿美元。该公司的发展靠的就是向顾客提供快捷、方便和周到的服务。在美国得克萨斯州利昂时装店有一名叫塞西尔的女销售员，已经 67 岁了，她一年销售的鞋子价值 60 万美元，她自己的年收入达 10 万美元。由于她的出色服务质量而被人称为传奇人物。顾客总是慕名而来，也满意而去。走进这家商店，经常看到不少妇女在等她，在她的顾客中，有政府女职员，有在公司工作的女职员，也有女律师、女医生，还有政府官员和企业界巨头的夫人。她们不仅每隔一定的时间就到塞西尔那里去买鞋，而且当准备出差或旅行时也去她那里，以觅一双舒适美观的鞋。妇女们喜欢去她那里买鞋并非那里的鞋特别时髦，也不是店里的设施特别讲究，而是塞西尔给予她们的那种特殊的、情意绵绵的关注和服务，当她接待顾客时，会使顾客感到好像她生活中除你之外再没有任何人似的。如果这双鞋你穿着不合适，她是不会让你买的，如果另一双鞋穿在你脚上不好看，她也绝不会卖给你，她进库房为你拿出来挑选的鞋，有时可多达 300 双。每次你试穿一双，她都陪你照镜子，而且，她有时会跪在你脚下，帮你穿上脱下。塞西尔这样做，自有她的服务观念，即人们都希望生活中有些令人高兴的事，而大部分妇女，她们来到我这里，所需要的正是热情周到的服务。这种服务观念像一块强大的磁石，吸引了众多忠实的顾客。

任务分析

把潜在客户转化为现实客户，将新客户转化为老客户，进而培育成忠诚客户，是企业客户关系管理的不懈追求。那么，怎样培育忠诚客户呢？首先，作为企业的高层管理人员必须在培育忠诚客户的工作中大力支持、率先垂范，并关心企业员工，提高员工对企业的忠诚度。其次，要利用现代化的信息技术手段建立客户数据库，为服务部门提供及时、高效的技术支持，确保为客户提供高质量的服务。第三，给予忠诚客户令他们心动的奖励是培育忠诚客户不可缺少的积极手段。最后，提高客户的流失成本也是挽留一部分可能流失客户的有效手段。

任务实施

步骤一 赢得高管、员工的支持

1．赢得企业高层管理人员的支持

建立客户忠诚计划是一个从上而下的过程，如果没有企业高层领导的支持和表率，恐怕很难进行下去。企业的高层管理人员在建立客户忠诚计划的过程中所起到的作用不仅是发号施令和协调统一，他们应成为这一过程中非常重要的一个组成部分和决定因素。

优秀经营者在吸引和留住合适的人才方面的做法是一致的，即挑选顾客喜欢的管理层。这些领导者都创造了自己独特的、富有吸引力的机会，积极参加到招聘录用的过程中间，想方设法地确保公司所录用的员工是顾客所喜欢的。

当然，企业的高层管理人员距离客户比较远，但仍然可以采用如下方式接近客户，为普通的员工作出表率：

1）与具体接触客户的员工交流。

2）出席为赢得客户忠诚而举行的会议，并明确表达自己的观点。

3）参加有关与客户交流的活动。

4）从更高层次制定赢得客户忠诚的各种企业标准。

2．赢得企业内部员工的忠诚

为了赢得客户，必须首先赢得员工，这包括两个方面，一方面是要赢得员工在工作中的忠诚，另一方面是要保证员工不跳槽。

很多企业为了赢得客户都制定了严格的标准，但如果员工不遵守这些规章标准，那么企业的努力就等于零。为了解决这一问题，企业一方面要选用高素质的员工，另一方面还要制定引导、监督政策，对员工进行定期的培训，让每个员工都拥有良好的职业道德和“客户第一”的意识。越来越多的公司意识到一个有足够权限并且有能力的员工可以增加顾客的忠诚，所以他们建立有效的雇佣和培训员工机制，授予员工解决顾客投诉的权力，这样当场解决问题才能让顾客满意。同时鼓励员工成为构建忠诚顾客工程的一分子，如果员工的观点被采纳并付诸实践，他们会更加有动力。如果真心实意构建顾客忠诚，对员工给予支持和酬谢，尊重他们并让他们自己作出决定，那么员工就会用同样的方式对待顾客。

当前企业面临一个很普遍的现象就是员工跳槽。据统计，美国每家企业中平均有半数的员工在不到半年的时间内就会离职。我国虽然没有这么严重，但在一些企业中员工跳槽也相当频繁。员工的这种高流动性对于建立客户忠诚是一个很大的障碍，尤其是那些与客户近距离接触的市场人员的流动，给企业带来的影响更加严重。频繁的流动不仅增加了企业的员工培训成本，还使客户不得不重新建立与业务员的关系。所以企业应当从员工的需求出发去关心他们，赢得企业员工的忠诚是赢得客户忠诚的基础。

步骤二 建立客户数据库

相对于传统的企业，电子商务类企业更容易深入了解客户的需要，它们可以通过记录客户的购买经历来获得大量的客户信息，分析客户的偏爱，为客户提供定制化产品或服务。然而，在实际工作中，很多企业往往忽略了这一点，没有尽力搜集和利用这些信息，没有跟踪经常光顾客户的购买经历，更没有深入地了解客户“跳槽”的原因。

企业建立完整的客户数据库，并以它为中心，跟踪客户的购买方式，分析挖掘本企业的客户忠诚的决定因素，以此来进一步展开促销等商业活动，以便了解并满足客户需求，培育客户忠诚。只有这样，吸引和留住的忠诚客户才能使企业获得长期收益。以“美国在线”为例，为了测量客户忠诚度和购买模式，它充分利用了搜集到的客户信息，并用这些信息去指导网站建设。在决定促销方案时，在对不同消费群体的客户挽留率和生命周期分析的基础上，公司先对各种促销方案进行小规模的市场测试，然后才决定选定那些最能吸引忠诚者购买的促销方案。戴尔计算机公司也在建立客户数据和吸引忠诚客户方面投入了很大的精力。它有专门的部门和经理来管理客户忠诚，并用一系列的标准逐月、逐季度地跟踪监测客户的经历并研究分析客户挽留数据。

步骤三 奖励忠诚客户

企业想要赢得客户忠诚，就要对忠诚客户进行奖励。奖励的目的是要让客户从忠诚中受益，让三心二意者得到鞭策，让客户因“不忠诚”而付出代价，从而使客户在利益驱动下保持忠诚。

近年来，以累积积分为主要形式的忠诚计划在各行各业广泛应用。这些忠诚计划主要有独立积分、联盟积分、联名卡和认同卡、会员俱乐部几种模式。

1．独立积分模式

这是由客户购买本企业产品和服务或推荐其他人购买，企业提供积分并根据积分额度给予奖励回馈的一种模式。这种模式比较适合于容易引起多次重复购买和延伸服务的企业。现在许多服装店、百货公司或大型超市等都采用这种独立积分模式。

2．联盟积分模式

所谓联盟积分是指由多个企业合作共同使用同一个积分系统，使客户能够用一张卡在不同的商家消费、积分。联盟积分对消费者而言使用更方便，更具有吸引力。既能减少携带量，又能更快地使积分奖励兑现。

小链接 6-3

Nectar 积分联盟

目前世界上最成功的联盟积分项目是 Nectar，积分联盟是由 Nectar 这个专门的组织机构设立，本身并没有产品，只靠收取手续费盈利。项目吸引了包括 Barclay（巴克莱）银行、Sainsbury 超市、Debenham 商场和 BP（英国石油公司）加油站等很多企业加入。顾客凭 Nectar 卡可以在特约商户消费或者用 Barclay 银行卡消费，都可以获得相应积分，并凭借积分参加抽奖或者领取奖品。Nectar 因此把消费者对他们的忠诚转变成对特约商户的忠诚，并由此向特约商户收取费用。在很短的时间 Nectar 就将当时 5880 万英国居民中的 1300 万变成了自己的客户，并从中取得了巨大的收益。

3. 联名卡和认同卡模式

联名卡是银行与盈利性机构合作发行的银行卡附属产品，其功能等同于信用卡。一般以某一特定群体为对象，较具有商业导向，常见的有百货公司联名卡、航空信用卡等。如美国航空公司和花旗银行联名发行的 Advantage 卡就是一个创立较早而且相当成功的联名卡品牌。持卡人用此卡消费时可以赚取飞行里程数，积累到一定里程数后就可以到美国航空公司换取飞机票。

4. 会员俱乐部模式

在单个消费者创造的利润非常高、客户群集中、密切联系消费者有利于业务拓展的情况下，适宜采用会员俱乐部模式。这种模式对促进企业与客户的沟通，了解客户需求，建立客户对企业的情感有较好的效果。

小链接 6-4

奖励要注意的问题

1）客户是否重视本企业的奖励。如果客户对奖励抱着无所谓的态度，那么企业就不必花“冤枉钱”。

2）不搞平均主义，要按贡献大小区别奖励。

3）奖励是否有效果。奖励效果一般由现金价值、可选择的奖品类别、客户渴望的价值、奖励方法是否恰当、领取奖励是否方便等因素决定。

4）不孤注一掷，要细水长流。要注重为客户提供长期利益，因为一次性促销活动并不能产生客户忠诚，而且还浪费了大量的财力，即使促销有效，竞争者也会效仿跟进。因此，企业要考虑自己是否有能力对客户持续进行奖励，能否承受奖励成本不断上升的压力，否则，就会出现尴尬的局面——坚持下去，成本太高；取消奖励，企业信誉受影响。

步骤四 提供高质量的客户服务

高质量的客户服务加强了客户对企业的信任感，从而培育更多的忠诚客户。提供高质量的客户服务有很多方法，对网络经营企业而言，可以从两个方面入手来提供高质量的客户服务。

1. 提供及时、准确的商品配送服务和方便、安全的结算方式

一个完整的商务活动要包括信息流、商流、资金流和物流 4 个相关部分。电子商务也涉及网上信息传递、网上交易、网上结算及物流配送等多个环节。实体商品的配送货、服务合同的履行，对于网络商家而言，是一个很重要的问题。及时把客户指定的商品送到指定的地点非常有助于客户信任感的形成，因此，在企业中务必把网上业务与网下的后勤和服务系统结合起来。不完善的配送系统和太麻烦的结算方式可能会导致客户因感到购买不方便而流失。

2. 建立方便的客户交流系统

除了完善的配送和结算等服务外，为了给客户购买提供充分的信心，使客户便捷地完成购买过程，企业还应该在网站上提供清晰、简明的商品目录来介绍使用和保养方法等。除此之外，为了确保客户拥有满意的消费体验，企业还可以提供像技术支持或故障排除手册等简便的在线自主服务，使客户得以自行解决可能的问题。同时应采用在线答疑、网上社区和信件自动答复等方法，以方便客户和企业、客户和客户之间的互动交流。例如，Adobe 软件公

司为用户和开发者构建了一个网站社区。在这样的一个平台上，客户和企业及客户和客户之间可以经常交流使用经验和技巧及其他相关信息，进而紧密地联系起了用户和公司及品牌，最终，客户产生了强烈的归属感，从而建立了与客户十分密切的联系。

步骤五　提高客户流失成本

一般来讲，如果客户在更换品牌或企业时感到流失成本太高，或客户原来所获得的利益会因为更换品牌或企业而损失，或者将面临新的风险和负担，就可以加强客户忠诚。

小链接 6-5

流失成本的含义

流失成本指的是客户从一个企业转向另一个企业需要面临多大的障碍或增加多大的成本，是客户为更换企业所需付出的各种代价的总和。

流失成本可以归为以下 3 类：①时间和精力上的流失成本，包括学习成本、时间成本、精力成本等；②经济上的流失成本，包括利益损失成本、金钱损失成本等；③情感上的流失成本，包括个人关系损失成本、品牌关系损失成本。相比较而言，情感流失成本比起另外两个流失成本更加难以被竞争对手模仿。

例如，软件企业一开始为客户提供有效的服务支持，包括提供免费软件、免费维修保养及事故处理等，并帮助客户学习如何正确使用软件。那么，一段时间以后，客户学习软件使用所花的时间、精力将会成为一种流失成本，使客户在别的选择不能体现明显优越性时自愿重复使用，成为忠诚客户，而不会轻易流失。

另外，采取成套礼品等方法，如机票的贵宾卡、超市的积分卡以及快餐店的组合玩具等，也可以提高客户的流失成本。因为客户一旦流失就将损失里程奖励、价格折扣、集齐玩具等利益，这样就可以将客户“套牢”，使客户从主观上尽量避免流失而尽可能地忠诚，尽管这种忠诚很可能是势利忠诚、虚假忠诚。

此外，个性化的产品或服务在可能增加客户满意度的同时，也增加了客户的特定投入，如时间、精力、感情等，即增加了流失成本，因而能够提高他们的退出障碍，从而有效地阻止客户的叛离。

例如，亚马逊网上书店具有基于历史交易数据的客户需求推荐系统及积分系统，客户能够从中获益。如果客户转向另一网上书店，就将损失其在亚马逊书店中的交易积累和大量交互点击的投入，失去本来可以得到的利益，这样就会使客户选择留下。

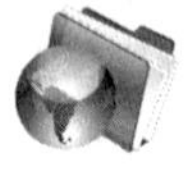

触类旁通

胡雪岩为客户打伞

初春的一天上午，胡雪岩正在客厅里和几个分号的大掌柜商谈投资的事情。这时，外面有人禀告，说一个商人有急事求见。前来拜见的商人满脸焦虑。原来，这个商人在最近的一次生意中栽了跟头，急需一大笔资金来周转。为了救急，他拿出自己全部的产业，想以非常低的价格转让给胡雪岩。

胡雪岩不敢怠慢，让商人第二天来听消息，自己连忙吩咐手下去打听是不是真有其事。手下很快就赶回来，证实商人所言非虚。胡雪岩听后连忙让钱庄准备银子。因为对方需要的现银太多，钱庄里的又不够，于是胡雪岩又从分号急调大量的现银。第二天，胡雪岩将商人请来，不仅答应了他的请求，还按市场价来购买对方的产业，这个数字大大高于对方转让的价格。那个商人惊愕不已，不明白胡雪岩为什么连到手的便宜都不占，坚持按市场价来购买那些房产和店铺。

胡雪岩拍着对方的肩膀让他放心，告诉商人说，自己只是暂时帮他保管这些抵押的资产，等到商人挺过这一关，随时来赎回这些房产，只需要在原价上再多付一些微薄的利息就可以。胡雪岩的举动让商人感激不已，商人二话不说，签完协议之后对着胡雪岩深深作揖，含泪离开了胡家。

商人一走，胡雪岩的手下可就想不明白了。大家问胡雪岩，有的大掌柜赚钱少了被训斥半天，为什么他自己这笔投资赚钱更少，而且到嘴的肥肉还不吃，不仅不趁着对方急需用钱压低价格，还主动给对方多付银子。

胡雪岩喝着热茶，讲了一段自己年轻时的经历："我年轻时还是一个小伙计，东家常常让我拿着账单四处催账。有一次，正在赶路的我遇上大雨，同路的一个陌生人被雨淋湿。那天我恰好带了伞，便帮那人打伞。后来，下雨的时候，我就常常帮一些陌生人打伞。时间一长，那条路上的很多人都认识我。有时候，我自己忘了带伞也不用怕，因为会有很多我帮过的人为我打伞。

说着，胡雪岩微微一笑："你肯为别人打伞，别人才愿意为你打伞。那个商人的产业可能是几辈人积攒下来的，我要是以他开出的价格来买，当然很占便宜，但人家可能就一辈子翻不了身。这不是单纯的投资，而是救了一家人，既交了朋友，又对得起良心。谁都有雨天没伞的时候，能帮人遮点雨就遮点吧。"

众人听了之后，久久无语。后来，商人赎回了自己的产业，也成了胡雪岩最忠实的合作伙伴。在那之后，越来越多的人知道了胡雪岩的义举，对他佩服不已。官绅百姓都对有情有义的胡雪岩敬佩不已。胡雪岩的生意也好得出奇，无论经营哪个行业，总有人帮忙，有越来越多的客户来捧场。

案例分析

【案例 6-2】

海底捞的客户忠诚之道

海底捞成立于 1994 年，是一家以经营川味火锅为主、融汇各地火锅特色于一体的大型跨省直营餐饮品牌火锅店，全称是四川省简阳市海底捞餐饮股份有限公司。海底捞顾客忠诚的独特之处体现在以下 3 个方面。

1．用心服务

即使是提供免费的服务，海底捞一样不曾含糊。一名食客曾讲述，在大家等待美甲的时候，一个女孩不停地更换指甲颜色，反复折腾了大概 5 次。一旁的其他顾客都看不下去了，为其服务的阿姨依旧耐心十足。

待客人坐定点餐的时候，围裙、热毛巾已经一一奉送到眼前了。服务员还会细心地为长发的女士递上皮筋和发夹，以免头发垂落到食物里；戴眼镜的客人则会得到擦镜布，以免热气模糊镜片；服务员看到顾客把手机放在台面上，会不声不响地拿来小塑料袋装好，以防油腻……

每隔 15min，就会有服务员主动更换你面前的热毛巾；如果你带了小孩子，服务员还会帮你喂孩子吃饭，陪他们在儿童天地做游戏；抽烟的人，他们会给你一个烟嘴，并告知烟焦油有害健康；为了消除口味，海底捞在卫生间里准备了牙膏、牙刷，甚至护肤品；过生日的客人，还会意外得到一些小礼物……

餐后，服务员马上送上口香糖，一路上所有服务员都会向你微笑道别。孕妇会得到海底捞的服务员特意赠送的泡菜，分量还不小；如果某位顾客特别喜欢店内的免费食物，服务员也会单独打包一份让其带走……这就是海底捞的粉丝们所享受的，“花便宜的钱买到星级服务”的全过程。毫无疑问，这样贴身又贴心的“超级服务”，经常会让人流连忘返，使之一次又一次不自觉地走向这家餐厅。

2．放弃非目标顾客

海底捞的北京分店大部分时间能保持每晚高达 3～5 桌的翻台率，堪称餐饮界的奇迹。海底捞不断在菜品与服务上创新，以求为顾客带来意想不到的体验，但并非每一位等待要求被满足的顾客都能在海底捞如愿。

有人曾经借机问过海底捞管理人员：“3 个小时的等位时间对一些人来说未免太漫长，他们不在乎免费茶水，也不需要擦鞋、美甲，你将如何吸引这些顾客？”管理人员的回答简单而干脆：“对时间过于敏感的顾客不会选择吃火锅，也就不会选择海底捞。”提前预订或者两三个小时的等位时间已经成为海底捞的特色之一。这一特色已经超出了大多数中低档餐饮服务对便利、廉价的追求。海底捞倡导并竭力营造“为家庭、朋友聚会提供优质服务的场所”，定位于看重体验而非效率的顾客。因此，对于等位时间过于敏感的顾客，海底捞也只好放弃。

3．重视提供服务的员工

如果说有董事长张勇不在乎的顾客，但几乎没有他不在乎的员工。在大多数餐饮业打工者居住在简陋的地下室时，海底捞不仅为员工提供公寓，还配套 24h 热水与空调。公寓内电话、电视和网络一应俱全，有专人打扫卫生，换洗床单。员工生病了会送上药品和病号饭，下夜班的员工还能享受到夜宵服务。

家是一个人奋斗的最大动力。当海底捞努力为顾客提供家庭聚会的优质服务的同时，也在为员工提供家长式的全方位照顾。除去员工本人，海底捞还优先解决配偶及亲戚的工作机会。对于优秀员工，海底捞会每月把一定金额的奖金直接邮寄给员工的家长，让他们一起分享孩子进步的喜悦。

“员工比顾客重要”，张勇从不考察分店的营业额，他只关心员工的满意度。他把两眼只盯着利润的企业家称为糊涂，但他不重视利润并不代表不能获得。海底捞的利润有目共睹，相对于顾客付出的金钱与时间，海底捞不仅依靠优质服务为其营造轻松悠闲的就餐体验，更重要的是通过菜品创新为其提供味觉享受，这才是餐饮业为顾客提供的根本价值。而所有这些价值取决于他们的直接传递者：员工。

请思考：海底捞在培养客户忠诚方面有哪些具体的举措？

任务 3　应对客户流失

任务要点

关 键 词：客户流失、原因、挽回流失客户

理论要点：正确认识客户流失

实践要点：能够采取适当的措施预防客户流失，并尽力挽回有价值的客户

任务情境

“火锅店等位客叠千纸鹤，一只 0.5 元，可抵部分餐费。”这条消息在微博上一出立即引起热烈讨论。这是海底捞火锅店为留住等位的顾客而开展的活动。海底捞相关人员说，抵现金的事情发生在上海门店，旨在避免等待的客人流失。餐馆等位排队历来是老大难问题，在等位时流失的顾客量最大。海底捞餐厅将等位变成娱乐，不仅减少了顾客等待的厌烦情绪，还可以防止客源流失，值得借鉴。不妨算一下经济账：海底捞客户等候 20min，折了 20 只千纸鹤，能抵扣 10 元钱，但是流失一桌客人损失的就不止这些钱了。

加油站在农忙、道路管制、出租车交班时，也常遇到客户排队等候现象。有的加油站会送开水、泡面让客户平息焦虑情绪，有的加油站很有创意，发放客户可能感兴趣的报刊，吸引阅读。那么，加油站有没有更加有效的措施，留住客户呢？

任务分析

解决客户流失这个问题，首先，要对客户流失有正确的认识，然后，分析客户流失的具体原因，采取有针对性的措施解决客户流失问题。在解决客户流失的过程中要采取积极措施，以预防客户流失为主，对于已经流失的价值较大的客户要尽力挽回。

任务实施

步骤一　正确认识客户流失

1．流失客户可能会给企业带来很大的负面影响

客户背后有客户，流失一位重复购买的客户不仅使企业损失了这位客户可能带来的利润，还可能失去与受其影响的客户进行交易的机会。此外，还可能会极大地影响企业对新客户的开发。因此，面对流失客户，企业一方面要争取“破镜重圆”；另一方面，实在无法“重归于好”的客户，也要将其安抚好，从而有效地阻止无法挽回的流失客户散布负面评价，造成不良影响。

2．有些客户流失是不可避免的

有些客户的流失是很正常的。这些客户对不同企业提供的产品或服务的差异根本就不在乎，转向其他企业不是因为对原企业不满意，而是因为自己想换“口味”，只是想尝试一下新的企业的产品或服务，或者只是想丰富自己的消费经历。对于这种客户流失，企业是很难避免的，流失是必然的，是企业无能为力和无可奈何的。因此，完全避免客户流失是不切实际的，企业应当冷静看待客户的流失，确保将客户流失率控制在一个很低的水平。

3．流失客户有被挽回的可能

有些企业认为客户一旦流失便会一去不复返，再也不可能挽回，这种认识是片面的。这其中的原因主要是：一方面，企业拥有流失客户的信息，他们过去的购买记录会指导企业如何下功夫将其挽回，而企业对潜在客户和目标客户的了解就明显薄弱得多；另一方面，流失客户毕竟曾经是企业的客户，对企业有了解、有认识，只要企业下足功夫，纠正引起他们流失的失误，他们还是有可能回归的。

研究表明，向流失客户销售每 4 个中会有 1 个可能成功，而向潜在客户和目标客户销售每 16 个才有 1 个成功。可见，争取流失客户的回归比争取新客户要容易得多，而且只要流失客户回归，他们就会继续为企业介绍新客户，从这个意义上讲，企业也不应完全放弃他们。

4．“亡羊补牢”为时未晚

如果深入了解、弄清客户流失的原因，企业就可以获得大量珍贵的信息，发现经营管理中存在的问题，也就可以采取必要的措施及时加以改进，从而避免其他客户再流失；相反，如果企业没有找到客户流失的原因或者需要很长时间才能找到原因，企业就不能采取有效措施加以防范，那么这些原因就会不断地“得罪”现有客户而使他们最终流失。

步骤二　分析客户流失原因

客户的需求不能得到切实有效的满足往往是导致企业客户流失的最关键因素，一般有以下几个原因：

1．质量不稳定

企业产品质量的不稳定是使客户利益受损、最终导致客户流失的常见原因。在我国生产企业中因管理不够到位、质量意识不够全面导致的产品品质不过硬、无法满足客户全面需要的情况非常多。在客户抱有良好愿景的前提下，企业无法提供质量稳定的产品往往会给客户以极大的冲击。

2．缺乏创新

企业缺乏创新会导致客户将注意力转向更有创新能力的品牌。任何产品都具备自己的生命周期，随着市场的成熟及产品价格透明度的提高，产品带给客户的利益空间往往越来越小。若企业不能及时创新，推出吸引客户眼球的新产品、新服务，客户自然会从手中流失。

3．服务意识淡薄

企业内部人员不具备完整的服务意识，员工对待客户的态度不佳、就客户提出的问题不及时进行解答甚至粗暴对待、咨询无人理睬、投诉无人受理等服务大忌是企业的软肋。

如果存在这些内部问题，客户的流失是正常的。例如，一名顾客根据商场促销人员的建议购买了某品牌的照相机，该品牌产品宣称可以保修三年。顾客在使用一年以后，照相机出现了小故障，于是准备送企业保修，却被告知保修需顾客亲自将产品送至省会城市的维修点，一个月后取回。这样的售后服务让顾客追悔莫及，心里想着：今后再也不购买该品牌的产品了！

4. 市场控制力度不够

拥有关系良好的市场协作伙伴对于企业而言至关重要。渠道的建设、开发，良好合作关系的形成，需要倾注企业大量心力。而良好的市场运作环境会让客户体会到企业的实力，为培养忠诚度打下基础。若企业对市场监控不严格，控制力度不够，则会导致销售受到影响，从而流失大量客户。

5. 内部员工跳槽带走客户

很多企业由于在客户关系管理方面工作做得不够细腻规范，客户与业务员之间关系很好，企业自身对客户的影响相对缺乏。一旦业务员跳槽，老客户会随之而去。由此带来的是企业元气的损伤和竞争对手实力的增强。

6. 竞争对手的拉拢

市场竞争激烈，为了能够迅速在市场上获得有利地位，竞争对手会不惜代价以非常优厚的待遇条件吸引、拉拢那些资源丰富的客户。在经济利益的驱动下，客户的离去也是顺理成章的。

7. 短期行为

企业为了实现某些短期目标，有时出台的政策、手段会影响到老客户的利益，认为受到不公平待遇的老客户很有可能放弃对企业产品的忠诚。

在流失的客户群体中，包含着各种不同的客户类型、原因等。企业要密切关注流失客户的数量和类型，要区分导致客户流失的差异化原因，分析各种原因的比率。这可以让企业分清原因，对症下药，改善不足。

步骤三　加强与客户沟通

1. 向客户灌输长远合作的意识

在企业与客户合作的过程中，经常会发生很多短期行为。这就需要企业对其客户灌输长期合作的好处，并对其短期行为进行成本分析，指出其短期行为不仅会给企业带来很多不利，而且还给客户本身带来了资源和成本的浪费。而企业与客户合作的目的是追求双赢。双方长期的合作可以保证产品销售的稳定，获得持续的利润，还可以与企业共同发展，赢得企业的信任，获得企业更大程度的支持。

2. 向客户描述企业发展的远景

企业应该向老客户重复阐述自己企业的美好远景，使老客户认识到自己只有跟随企业才能够获得长远利益，这样才能使得客户与企业同甘共苦，不会被短期的高额利润所迷惑，投奔竞争对手。

3. 经常与客户沟通，防止误解

（1）将企业的信息及时反映给客户　企业应及时把企业的经营战略与策略的变化信息传递给客户，便于客户顺利开展工作。同时企业把客户对企业产品、服务及其他方面的意见、建议收集上来，把其融入于企业的各项工作改革中，一方面可以使老客户知晓企业的经营意图，另一方面也可以有效调整企业的营销策略以适应客户需求的变化。当然，信息不仅包括企业的一些政策，如新制定的奖励、返利、促销活动等内容，还包括产品的相关信息，如新产品的开发、产品价格的变动信息等。

（2）加强对客户的了解　主要包含以下几个方面的工作：

1）要掌握客户的资料。很多销售人员跳槽能带走客户，主要原因就是企业对客户的情况不够了解，缺乏企业与客户之间的沟通和联系。企业只有详细地收集客户资料，建立客户档案进行归类管理并适时把握客户需求，才能真正实现“控制引导”客户的目的。企业还需要保证客户的订货能够正确及时地得到满足，收集客户有关改进产品、服务等意见，并将其反馈到企业的相关部门。

2）引进新型的客户关系管理软件。目前流行的CRM软件给企业提供了了解客户和掌握客户资料的条件。使用通信和互联网技术实现对客户的统一管理，最大程度上对客户的有关情况了然于心，并为其提供完善的服务，才能留住客户。

3）经常进行客户满意度的调查。一些研究表明，客户每四次购买中会有一次不满意，只有5%的客户会因不满意而向企业抱怨，而大多数客户会少买或转向其他企业。所以，企业不能以抱怨水平来衡量客户的满意度，而应通过定期调查直接测定客户满意状态。测定的方法是在现有的客户中随机抽取样本，向其发送问卷或打电话咨询，以了解客户对公司业务各方面的印象。企业还可以通过电话向最近的买主询问其满意程度为高度满意、一般满意、无意见、有些不满、极不满中的哪一类型。企业在收集有关客户满意的信息时，询问一些其他问题对了解客户再购买的意图是非常有利的。一般而言，客户越是满意，再购买的可能性就越高。调查客户是否愿意向他人推荐本公司及其产品也是很有用的。因为好的口碑意味着企业创造了高的客户满意度。企业只有了解了客户不满意的所在才能更好地改进，以赢得客户的满意，防止老客户的流失。

4. 建立感情关系

感情是维系客户关系的重要方式，日常的拜访、节日的真诚问候以及婚庆喜事、过生日时的一句真诚祝福、一束鲜花都会使客户深为感动。交易的结束并不意味着客户关系的结束，在售后，企业还须与客户保持联系，以确保他们的满足持续下去。维系客户关系是企业工作的职责。

5. 建立投诉和建议制度

95%的不满意客户是不会投诉的，而仅是停止购买。防止不满意客户停止购买，最好的方法是方便客户投诉，一个以客户为中心的企业应为投诉和提建议提供方便。许多饭店和旅馆都备有不同的表格，请客人诉说他们的喜忧。宝洁、通用电气、惠而浦等很多著名企业也都开设了免费热线电话，欢迎客户投诉。很多企业还开通了网站和电子邮箱，以方便双向沟通。这些信息流为企业带来了大量的好创意，使他们能够更快地采取行动，解决问题。

步骤四 预防为主，尽力挽回

世界著名的信用卡公司 MBNA 的年度封面报告上写着：成功在于获得合适的客户并且留住他们。也许有人会认为客户流失可以用发展新客户来弥补，但实际上，由于在争取新客户的前期必须投入大量的成本，而旧客户的流失也使企业丧失了原来相对稳固的利润，所以客户的流失等同于营销费用的增加和利润的流失，给企业带来沉重的负担。企业仅关注新客户的增长是不够的，还要通过有效的途径主动去预防、减少客户流失，挽回流失的客户。

1. 预防客户流失

针对客户流失的主要原因，企业可以未雨绸缪，防患于未然。

1）把好产品质量关，做好质量营销，提供让顾客信赖的产品，发现质量问题及时、主动修补，让顾客感受到企业“视质量为生命”。

2）树立“客户至上”的服务意识，为客户提供满意、贴心的服务。

3）加强创新，紧跟社会发展需求，及时调整、更新产品或服务，推出更多引领潮流的新产品，为客户带来耳目一新的购物感受，提供更多元的选择。

4）加强市场监控力度。加强市场巡查，建立与经销商畅通的联系，及时发现问题采取措施处理，保证流通渠道的有序运作，有效降低经营风险，留住客户。

5）与客户建立良好关系。客户包括内部客户和外部客户，企业要致力于提高其忠诚度，感情是维系客户关系的重要方式。可以通过日常拜访、节日问候、有针对性的专访等方式加强与客户的沟通联系。

6）建立完善的客户关系管理体系，增加企业实体与客户的沟通和联系，减少因员工跳槽而导致的客户流失。

7）增加客户的让渡价值，增强企业产品的市场竞争力。

8）强化与客户的沟通。通过了解客户的意见和需求及时调整企业的经营策略。

2. 争取即将流失的客户

当客户流失的危机摆在面前时，企业应采取合适的态度、措施，主动提出适合客户的鼓励方案，争取将客户留下来。

（1）正面应对问题，不要推诿　故意拖延问题的处理从而增加客户获取相关服务和补偿的困难，最终使客户知难而退的办法，虽然可以让企业减少麻烦，但却严重伤害了客户的感情，极易造成客户的流失。负责任的企业应该积极处理好各种问题，并承担起自身责任，这才能最大限度地留住客户，保持客户满意度。

（2）避免正面冲突　在服务过程中，企业人员要摆正态度，处理与客户的冲突，用耐心、诚心和专业的态度去化解矛盾。不要指责客户、使客户难堪，更不要激化矛盾。与客户发生的正面冲突会很大程度上直接导致客户的流失。而企业人员的专业服务态度，将会给客户留下深刻的印象，可以帮助企业挽留客户。

（3）重视客户的抱怨　据统计，通过较好地解决客户投诉可以挽回 75%的客户，尽最大努力去解决客户投诉的将有 95%的客户还会继续接受服务。

3. 挽回流失客户

对于已经流失的客户，企业可以根据流失分析得出的结果，区别对待。对于优质客户，一方面，企业可以进一步改善、提高客户的让渡价值，加强产品和服务的市场竞争力，把客户重新吸引过来。另一方面，可继续关注客户的情况，仍然建立适当的沟通渠道与客户保持联系，如寄送新品信息、促销信息、问候信息等，让客户感受到企业的存在和发展。

步骤五　总结流失教训，防患于未然

企业要对流失客户的产生、挽回流失客户的工作进行总结，总结教训和经验，警钟长鸣，防患于未然，防止类似的流失现象再次发生，不断改进企业工作中的缺陷。

例如，随着健康观念的增强，中国消费者认识到洋快餐易导致肥胖，在这种观念的影响下肯德基的部分顾客流失。肯德基通过产品创新及推广活动，使品牌与健康和运动紧密结合，并且向“均衡营养、健康生活倡导者”转化，从而挽回了流失的客户。

触类旁通

对不同级别客户的流失采取不同的态度

因为不是每一位流失客户都是企业的重要客户，所以，如果企业花费了大量的时间、精力和费用留住的是使企业无法盈利的客户，那就不值得了。

为此，在资源有限的情况下，企业应该根据客户的重要性来分配投入挽回客户的资源，挽回的重点应该是那些最能盈利的流失客户，这样才能实现挽回效益的最大化。

针对下列不同级别的流失客户，企业应当采取的基本态度如下。

1. 对“VIP客户”的流失要竭力挽回

一般来说，流失前能够给企业带来较大价值的客户，被挽回后也将给企业带来较大的价值。因此，给企业带来重大价值的VIP客户应是客户挽回工作的重中之重，他们是企业的基石，他们的失去，轻则会给企业造成重大的损失，重则伤及企业的元气。

所以，企业要不遗余力地在第一时间将VIP客户挽回，而不能任其流向竞争对手，这也是企业必须做和不得不做的事情。

2. 对“主要客户”的流失要尽力挽回

主要客户的重要性仅次于VIP客户，而且主要客户还有升级的可能。因此，对主要客户的流失要尽力挽回，使其继续为企业创造价值。

3. 对“普通客户”的流失可见机行事

企业可根据自身实力和需要决定投入到对普通客户的流失的挽回努力。如果不用很吃力或者是举手之劳，则可以试着将其挽回。

4. 基本放弃对“小客户”流失的挽回

由于小客户的价值低，对企业很苛刻，数量多且很零散，企业挽回他们需要很大的成本，甚至高于他们带来的利润，放弃这类客户对企业反而有利。因此，企业对这类客户可以抱基本放弃的态度，采取冷处理，顺其自然。

5. 彻底放弃根本不值得挽留的流失客户

对企业的整体发展而言，有些流失客户企业根本就不值得挽留：①不可能再带来利润的客户；②无法履行合同规定的客户；③无理取闹、损害了员工士气的客户；④需要超过了合理的限度，妨碍企业对其他客户服务的客户；⑤声望太差，与之建立业务关系会损害企业形象和声誉的客户。对于这些根本不值得挽留的客户，企业要彻底放弃。

总之，对有价值的流失客户企业应当竭力、再三挽回，最大限度地争取与他们“破镜重圆”“重归于好”；对其中不再回头的客户，企业也要耐心安抚，使其无可挑剔、无闲话可说，从而有效地阻止他们散布负面评价而给企业造成不良影响；而对没有价值甚至是负价值的流失客户，企业应该抱放弃的态度。

案例分析

【案例 6-3】

健身俱乐部如何防止老客户流失

健身俱乐部利润最简单的描述就是“收入减去成本”，留住老会员就会使利润提高，增强健身俱乐部在市场中的竞争能力，那么如何防止老客户流失？

1．建立客户至上的经营理念

找出对营销产生明显影响的关键要素，不断调整经营策略。及时采取适当措施，在优化客户群结构的同时，保障全程服务的最优化，以获得客户青睐，达到客户贡献度最大化以及忠诚度最高化。健身俱乐部与客户合作的过程中经常会发生很多短期行为，这就需要健身俱乐部对其客户灌输长期合作的好处，对其短期行为进行成本分析，指出其短期行为不仅给健身俱乐部带来很多不利，更给客户本身带来了资源和成本的浪费。健身俱乐部应该向老客户充分阐述自己健身俱乐部的美好远景，使老客户认识到只有跟随健身俱乐部才能够获得长期利益，这样才能防止客户投向竞争对手。

2．定期跟踪调查

在健身行业，很多会籍顾问跳槽会带走大批老会员，究其原因就是健身俱乐部管理人员对客户情况不了解，缺乏与客户的有效沟通和联系。只有详细收集客户资料、建立客户档案、进行归类管理并适时把握客户需求，才能真正实现“控制”客户的目的。研究表明，客户每4次消费中就会有一次不满意，而只有5%的不满意客户会抱怨，大多数客户则会减少来健身俱乐部消费的次数或转向其他健身俱乐部。所以，健身俱乐部绝对不能以抱怨水平来衡量客户满意度，而应通过定期调查直接测定客户满意状况。可以在现有客户中随机抽取样本，向其发送问卷或电话咨询，以了解客户对健身俱乐部环境、服务各方面的印象。在收集客户满意信息时，询问一些其他问题对了解客户再消费的意图将十分有利。

一般而言，客户越满意，到健身俱乐部消费的可能性就越高。衡量客户是否愿意向其他人推荐本院及其服务也是很有用的，好的口碑意味着健身俱乐部创造了高的客户满意度。了解了客户不满意所在才能更好地改进，防止老客户的流失。

3．善用感情法宝

健身俱乐部与客户的交易结束并不意味着客户关系的结束，在服务后还须与客户保持联系，以确保他们的满足感持续下去，而感情是维系客户关系的重要方式。日常拜访、节日问候、一束鲜花都会使客户深为感动。某健身俱乐部的老板会在每年的大年三十带上漂亮的鲜花和丰盛的年货，到最“忠诚”的客户家中拜访，了解客户新的需求，为来年的继续服务打下良好的基础。

防止客户流失既是一门艺术又是一门科学，它需要健身俱乐部不断创造、传递和沟通，这样才能最终获得、保持和增加客户，锻造健身俱乐部的核心竞争力，使健身俱乐部拥有立足市场的资本。

请思考以下问题：

1）怎样正确对待客户的流失？可以从哪几个方面来解决客户的流失？

2）如何奖励企业的忠诚客户？

项目小结

客户忠诚是指客户对某一特定产品或服务产生了好感，形成了偏爱，进而重复购买的一种行为趋向，客户忠诚实际上是一种客户行为的持续性。客户忠诚度是指客户忠诚于企业的程度。客户忠诚能够直接增加企业盈利，同时对企业盈利有间接影响。客户对某品牌的忠诚度可以用客户重复购买次数、购买挑选时间、对价格的敏感程度、对竞争产品的态度、对产品质量的承受能力等指标来测量。

企业通过提高员工忠诚度、建立客户数据库、奖励忠诚客户、提供高质量的客户服务、提高客户流失成本等培育忠诚客户。客户流失难以避免，但企业应分析客户流失的具体原因，采取有效措施尽可能降低客户流失率，在解决客户流失的过程中，要采取积极措施，以预防客户流失为主，对于已经流失的价值较大的客户要尽力挽回。

练习思考

一、单选题

1.（　　）是影响客户忠诚度的核心因素。

A．客户满意度　　B．客户价值选择

C．客户让渡价值　　D．形象价值

2.（　　）是指客户对某一特定产品或服务产生了好感，形成了偏爱，进而重复购买的一种行为趋向。

A．客户流失　　B．客户推广　　C．客户满意　　D．客户忠诚

3．客户满意度与客户忠诚度关系曲线上有一段较为平缓，客户满意度的提高并没有使忠诚度得到相应的提高，这一阶段即为（　　）。

A．高满意度高忠诚度　　B．低满意度低忠诚度

C．高满意度低忠诚度　　D．低满意度高忠诚度

4．在企业资源有限的情况下，企业应该竭力挽回流失的（　　）。

A．主要客户　　B．VIP客户　　C．普通客户　　D．小客户

二、多选题

1．测量客户忠诚度相对重要的指标有客户重复购买率、（　　）。

A．客户挑选时间的长短　　B．客户对价格的敏感程度

C．客户对质量问题的态度　　D．客户对竞争品牌的态度

2．不同企业客户流失的原因不尽相同，归纳起来主要原因包括（　　）、市场控制力度不够、内部员工跳槽带走客户、竞争对手的拉拢等。

A．质量不稳定　　B．缺乏创新

C．服务意识淡薄　　D．优惠少

3．企业可以通过（　　）、提高客户流失成本等培育忠诚客户。

A．提高员工忠诚度　　B．建立客户数据库

C．奖励忠诚客户　　D．提供高质量的客户服务

4．企业可以采用的客户忠诚计划模式有（　　）。

A．忠诚证书　　B．独立积分　　C．联盟积分　　D．会员俱乐部

三、思考题

1．忠诚客户的类型主要有哪些？忠诚客户对企业有什么好处？

2．如何奖励企业的忠诚客户？

3．怎样正确对待客户流失？

实战强化

实训一　满足客户需要

一、实训目的

通过本次实训，能够充分掌握分析满足客户需要的最佳做法。

二、实训组织

每四人分为一组，根据案例内容分角色扮演，体验买、卖双方在交易活动中的不同心态，以理解如何寻找满足客户需要的最佳做法。

三、实训要求

小朱的一位特别要好的朋友小强要过生日，小强喜欢打篮球，小朱想买一双李宁音速刀锋球鞋作为生日礼物送给小强。小朱在星期六下午去李宁专卖店，他必须赶在星期天中午小强的生日聚会前买到球鞋。假如你是服务小朱的店员，但发现李宁音速刀锋球鞋缺货，这个月已经有很多人来买它。你问过采购员，他说随时有可能货到，但事实上新货尚未到达。现在你可以怎样帮助小朱？

1）告诉小朱，你会在货到达时马上通知他。可是，你不能肯定那是什么时候，说不定新货今天稍后就会运到。

2）询问小朱，能不能另外选一款李宁球鞋作为生日礼物。如果他不接受这个建议，打电话给另一家店，问他们有没有小朱要找的这款球鞋。

3）马上打电话给另一家专卖店，问他们有没有李宁音速刀锋球鞋。客人看来非常着急，

必须马上买到这款球鞋。

实训二　妥善预防客户流失

一、实训目的

根据虚拟突发事件的进展，寻找妥善预防客户流失的方法。

二、实训组织

每四人分为一组，根据虚拟事件的内容讨论企业应该如何根据事态发展给出处理方式并阐明理由，讨论结束后作班级交流。

三、实训要求

根据以下虚拟事件，完成表6-2的填写。

表6-2　预防客户流失虚拟事件处理表

情景设置	拟处理方式	理　由
1．有一名顾客购买了一部手机。大概过了7个月，顾客找来说手机不显示内容，已经坏了。拿到维修部，经检测是电池漏液导致电路板腐蚀，只能更换电路板。手机返回厂家后，发现该款产品已经停产。顾客要求索赔，退货		
2．企业工作人员说："我们给您调换一个，您可以选另外一款同价格的手机。"顾客说："不行，一定要退钱。"		
3．后来发现，电池漏液造成电路板腐蚀不完全是顾客的原因，产品设计也存在一定缺陷		
4．企业没有答应退款，没想到顾客非常强硬，每天都到企业闹，影响企业的正常工作		
5．企业没办法了，就跟顾客签订了一个保密协议。顾客可以退货但他不能把处理结果告诉其他顾客。想一想，企业为什么要签这个协议		

项目 7

分析客户数据

留住老客户、开发新客户、锁定大客户是客户关系管理的重点。为了实现这一目标，企业必须尽可能地了解客户的行为，但这种了解不可能通过与客户直接接触获得，因为企业不可能逐个与客户交谈，而且企业所需要的信息单个客户也往往无法提供。企业所能做的就是尽可能收集客户信息，借助各种分析方法，透过无序的、表层的信息挖出内在的规律。由于企业规模、客户数量、采集数据方式等方面的差异，导致企业积累的客户数据多少不等，使用的数据分析工具不尽相同，在电商平台经营的企业可以直接借助平台提供的数据分析工具进行客户数据分析。对于数据量巨大，甚至达到 TB 级的企业可以应用数据挖掘技术进行灵活性更强的客户数据分析。

学习提示

学习目标：

- 知识目标：了解分析网店客户数据的步骤和方法，了解使用数据挖掘分析客户数据的步骤和方法。
- 能力目标：能够使用生意参谋等工具分析网店客户数据，能够向数据挖掘专业人员提出合适的客户关系管理方面的业务需求。
- 情感目标：养成不断学习的习惯，培养开拓创新的精神，增强协调能力。

本项目重点：

- 使用生意参谋等工具分析网店客户数据。

本项目难点：

- 数据挖掘。

任务 1　分析网店客户数据

任务要点

关 键 词：访客、客户画像、客户数据
理论要点：客户画像的含义、方法
实践要点：为客户画像、分析客户数据

任务情境

电子商务在我国经历了 20 多年的快速发展，很多中小企业在电商平台开展经营业务，有的利用阿里巴巴、慧聪网、环球资源网等平台服务于 B 端企业用户，有的利用淘宝、天猫、京东、唯品会、苏宁易购等平台开设网店服务于 C 端个人客户。这些电商平台都为在平台经营的中小企业提供了客户关系管理的工具和客户数据分析的工具，电商平台不同，这些工具的功能稍有不同，但都大大简化了中小企业收集、整理、分析客户数据的工作，提升了中小企业数据运营的能力。这里以天猫平台的生意参谋、客户运营平台为例介绍网店客户数据分析工具的使用。

任务分析

网店的数据涉及范围很广，大致可以分为行业数据、客户数据、产品数据、运营数据。本任务关注与客户有关的网店数据，天猫店铺的这些数据主要分散在生意参谋（https://sycm.taobao.com）和客户运营平台（https://ecrm.taobao.com）中。分析网店客户数据的步骤包括收集客户数据、为客户画像、分析客户数据、制定行动方案。

任务实施

步骤一　收集客户数据

收集客户数据是网店经营活动的一项系统性工作，根据网店各岗位的客户数据需求，通过可靠的数据来源与合适的数据采集方式获得、维护、更新客户数据，为后续客户数据分析提供基础数据。

1．收集访客个体信息

生意参谋是阿里巴巴商家端统一的数据产品平台。2016 年，生意参谋累计服务商家超 2000 万个，月服务商家超 500 万个；月成交额 30 万元以上的商家中，逾 90%在使用生意参谋；月成交金额 100 万元以上的商家中，逾 90%每月登录生意参谋达 20 次以上。

在生意参谋（https://sycm.taobao.com）中，登录“实时”→“实时访客”菜单，可以查看正在浏览店铺网页的每位访客信息，包括访问时间、入店来源、被访页面、访客位置，如图 7-1 所示。

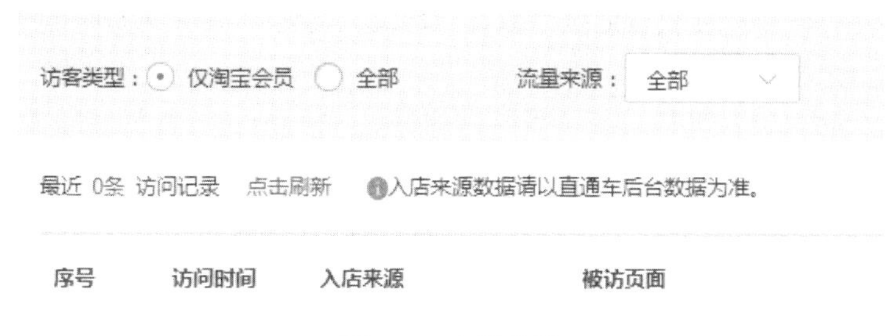

图 7-1　实时访客

小链接 7-1

AIPL 模型在分析客户中的应用

AIPL 模型是营销中非常经典的消费链路模型，即对于一个品牌或产品，用户都会经历从陌生到体验再到成交转化，最终变成一个忠实客户的过程。当然，这是一个理想过程，不可能每个用户都会走到忠实客户这一步。而企业要做的就是通过产品优化、品牌升级、活动运营等方式，让更多用户逐渐向下层运动。

在实际应用中，首先需要设定每个层级的标准，“A”对应的是访客，“I”对应的是粉丝或者加入购物车人群，他们是访问过页面但还没有成交的用户，“P”则是有过成功订单的用户，“L”对应的是会员，可能是每个月都会购买商品的那群人，如图 7-2 所示。其次，企业要为每一个层次的用户设计适合他们的体验，目标就是让他们向下一个层级移动。对于“A”用户，需要让他更多地浏览、了解产品，而不要急于让他下单；而对于“I”用户，则是需要临门一脚，送他进购物车。

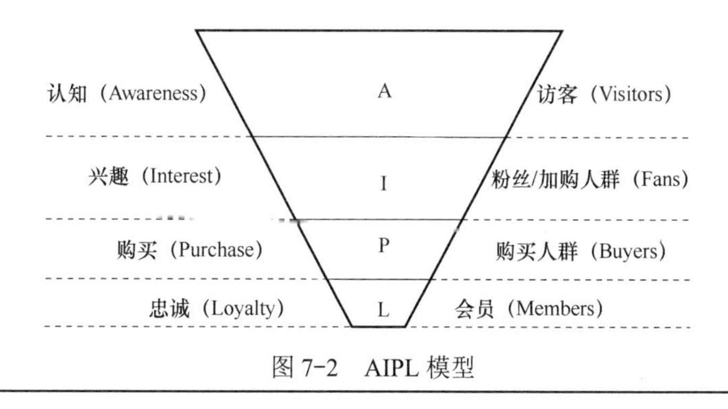

图 7-2　AIPL 模型

2．收集客户个体信息

客户运营平台是基于阿里大数据为商家提供客户全生命周期管理的智能化 CRM 平台。建立卖家以“消费者”为核心、洞察客户需求并提供个性化的营销和服务能力，进而提升消费者和商家的黏性。客户运营平台较其他 CRM 平台相比有 3 大优势：1）数据运营范围更广，实现从已购客户到潜在客户的运营；2）触达渠道更多，从短信营销到阿里全链路触达；3）营销策略更智能，提供场景化、智能化的营销策略。

在客户运营平台（https://ecrm.taobao.com），选择“客户管理”→“客户列表”命令，可以查看成交客户、未成交客户、询单客户 3 种客户的详细信息，比如，可以查看到每一个成交客户的会员级别、交易总额、交易笔数、平均交易金额、上次交易时间等信息，如图 7-3 所示。

客户列表

成交客户　未成交客户　询单客户

分组名称　不限　客户昵称　不限　更多　搜索

批量设置　送优惠券　送支付宝红包　送流量　分组管理

客户信息	会员级别	交易总额(元)	交易笔数(笔)	平均交易金额(元)	上次交易时间	操作
[illegible]	店铺客户	60	5	72	2018-01-23	详情 交易记录

图 7-3　客户列表

单击图 7-3 中的“详情”按钮，可以进一步查看该客户的姓名、手机号码、收货地址等信息，如图 7-4 所示。

客户列表 / 的客户信息

真实姓名		性别		手机	188 37
电子邮箱		生日		省份城市	江苏省 市
会员级别	店铺客户	会员状态	享受折扣		
信用等级		交易次数	5次	交易额	3.60（元）
上次交易时间	2018-01-23	宝贝件数	5件	平均订单金额	3.72（元）
交易关闭数	0笔	客户来源	交易成功		
收货地址	街道 室				

图 7-4　某客户详细信息

3．收集网店整体信息

把以上访客个体、客户个体的信息汇总就形成网店的整体信息。登录生意参谋首页可以查看网店整体的信息，如图 7-5 所示。图中展示的是某运动服饰旗舰店 2019 年 8 月 11 日 16 时的实时数据，当日访客数已达到 41812 人，支付买家数 301 人。

图 7-5　网店实时数据

步骤二　为客户画像

随着智能终端和移动互联网应用的快速普及，客户的数字化进程正趋于加速，客户的个人属性和上网行为特征可以通过智能终端采集转变为数据，企业通过分析数据可以揭示客户的行为动因，并预测未来行为趋势。尽管如此，表明客户特征的数据体量日益增多，数据种类更加繁杂，数据更新更趋于快速。如何从这些海量增长、异构多源和实时高频的数据中攫取有价值的信息，进而洞察客户的所思所想，成为大数据时代众多企业亟待解决的重要问题。在此背景下，客户画像（User Profile）方法及其应用近年来备受关注。

1．什么是客户画像

什么是客户画像呢？客户画像即用户信息标签化，就是用一系列客户标签对客户特征进行简短生动的描述，通过给客户贴标签来研究客户特征，以精准获取客户需求，推荐个性化商品，提供个性化服务。性别、年龄、爱好等都可以是标签，例如，“××电商青年客户画像”由多个标签组合而成，包括年龄、性别、居住地、购物行为、兴趣爱好、支付方式等，如图 7-6 所示。

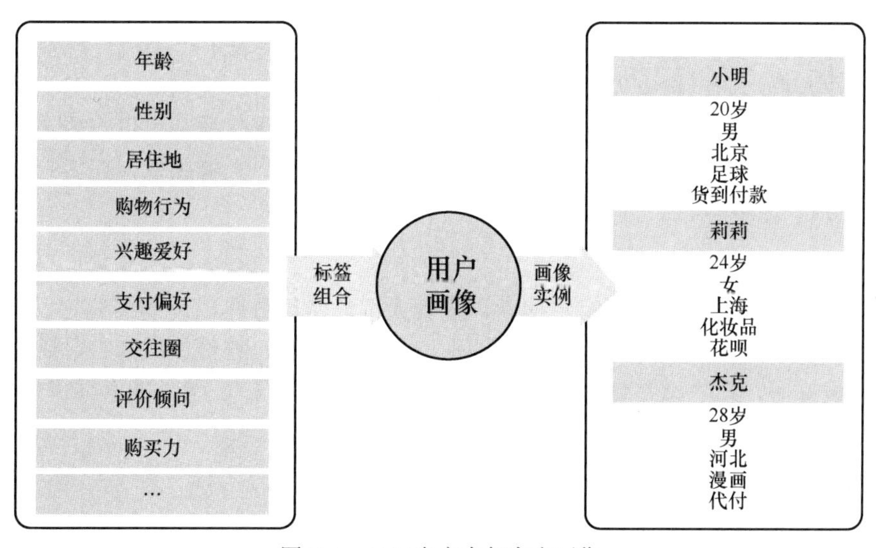

图 7-6　××电商青年客户画像

客户画像的方法很多，电子商务企业客户画像一般采用数据——客户标签映射法。首先收集客户的静态属性（人口特征、账号特征、位置特征等）数据和动态属性（行为特征、心理偏好特征、社交特征等）数据，然后通过一定算法（分类、聚类等）将其转换为客户的标签信息，进一步应用数据可视化技术，并发挥画像人员一定的想象力，最终完成画像结果。相应构建步骤如图 7-7 所示。数据——客户标签映射法的优点是以海量的客户真实数据为基础，以大数据分析和可视化技术为手段，画像效率较高，结果更具说服力。

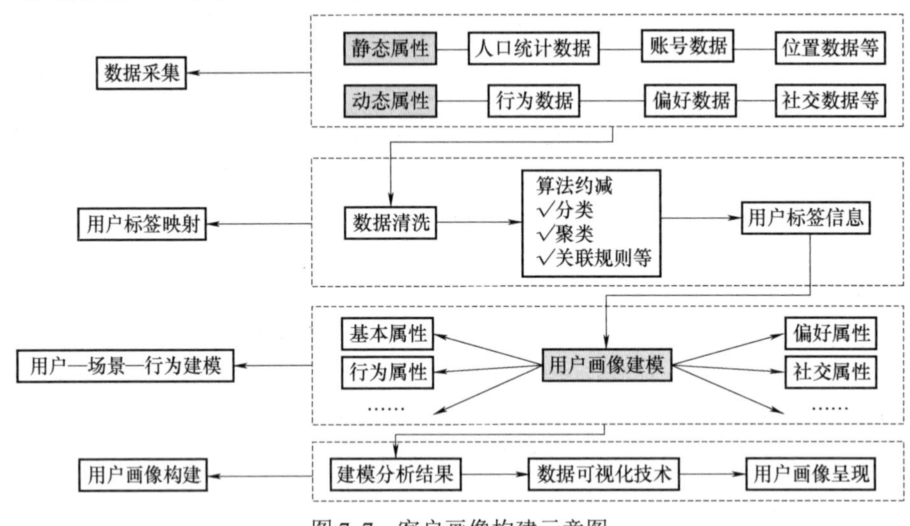

图 7-7　客户画像构建示意图

客户画像方法对企业的价值主要体现在 3 个方面：一是帮助企业深入洞察不同类型客户的产品偏好和行为偏好，助力企业开展精准营销和个性化服务；二是改进产品设计，提升服务质量和安全性，扩大客户规模的同时保有存量客户的黏性；三是提升营销和服务精准性，有效降低个性化营销和服务成本。

阿里巴巴集团的客户画像一般称为人群画像，分为两大类：一是行业人群画像，二是店铺自有人群画像。以一级类目“手机”下包含的二级类目“华为荣耀”为例，这里的行业人群指的是类目人群，搜索、购买“手机”“华为荣耀”的网民属于“手机”行业人群或“华为荣耀”行业人群；店铺自有人群指的是某手机旗舰店的访客、买家等。行业人群画像包括行业客群画像和行业搜索人群画像，在生意参谋中选择“市场”命令可以查看；店铺自有人群画像包括店铺访客人群画像、店铺粉丝人群画像、成交客户人群画像，在客户运营平台中登录“客户分析”菜单可以一一查看。

2. 行业搜索人群画像

搜索人群画像帮助商家了解特定搜索词搜索人群的特征分布以及购买偏好，更好地进行人群的精准投放。搜索人群画像标签包括性别、年龄、职业、省份、城市、品牌偏好、类目偏好、支付偏好等，在生意参谋中登录“市场”→“搜索人群”，录入搜索词“运动服”，可以查看行业搜索人群画像。

3. 行业客群画像

行业客群与搜索人群相似，区别在于行业客群代表的是整个类目的购买人群，搜索人群是某个关键词背后的人群。行业客群画像标签包括性别、年龄、职业、省份、城市、品牌偏好、类目偏好、下单及支付时段偏好、搜索词偏好、支付偏好等，在生意参谋中选择

“市场”→“行业客群”命令，选择“运动服”类目查看行业客群画像。

4. 店铺访客人群画像

店铺访客人群画像标签包括性别、年龄、地理位置、访客行为、聚划算人群、折扣敏感度、浏览偏好等，在客户运营平台中选择“客户分析”→“访客”命令，查看店铺访客人群画像。某运动服饰旗舰店 2019 年 7 月访客人群画像如图 7-8 所示。

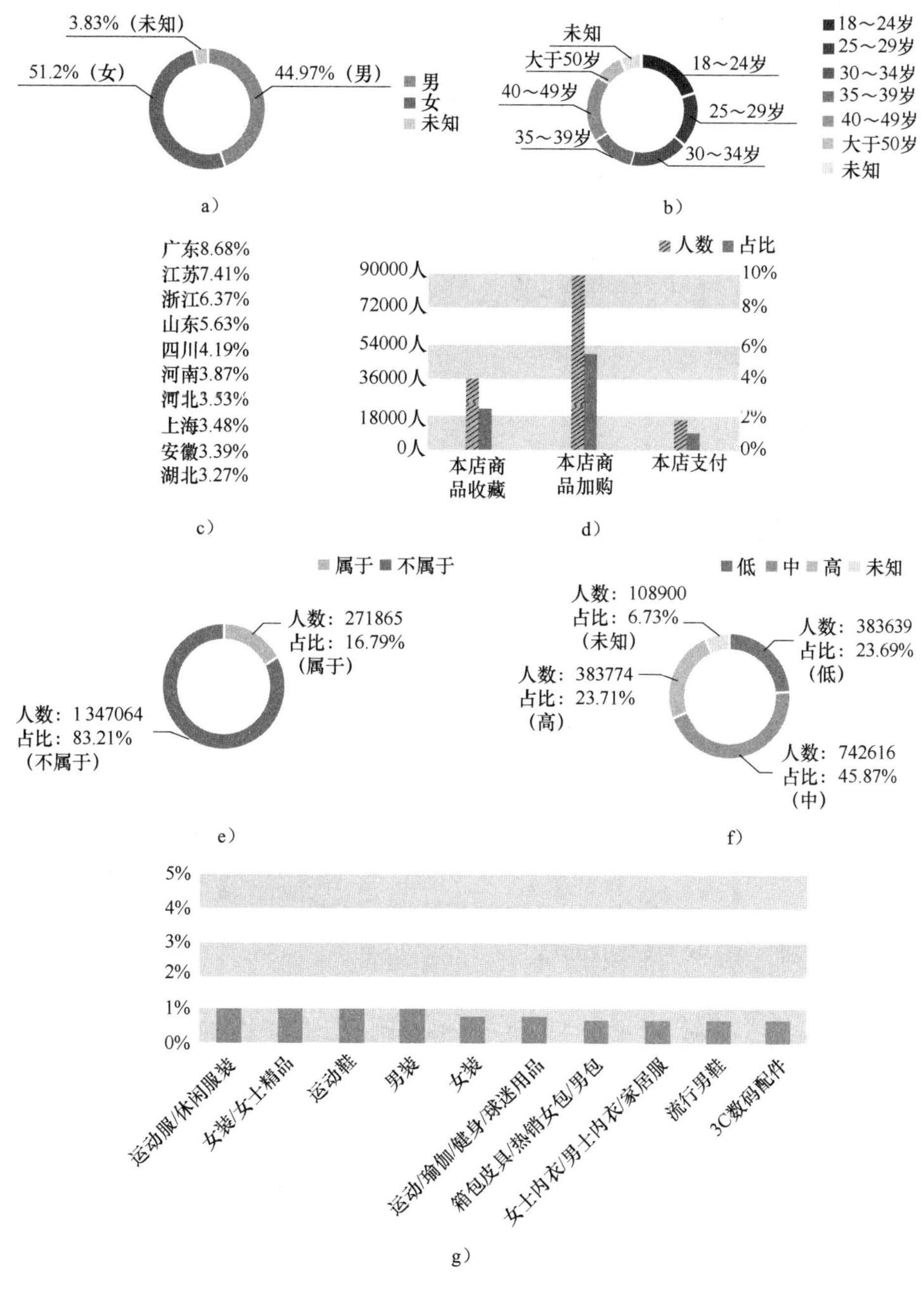

图 7-8　访客人群画像

a）性别占比　b）年龄占比　c）地理位置 TOP 省份　d）访客行为　e）聚划算人群　f）折扣敏感度　g）一级类目浏览偏好

5．店铺粉丝人群画像

店铺粉丝人群画像标签包括性别、年龄、地理位置、粉丝支付人数对比、粉丝支付转化率对比、粉丝客单价对比、粉丝成交贡献、粉丝微淘互动行为、粉丝中店铺会员占比、新老客对比、粉丝店铺流量分布等，在客户运营平台中选择“客户分析”→“粉丝”命令，查看店铺粉丝人群画像。

6．店铺成交客户人群画像

店铺成交客户人群画像标签包括性别、年龄、地理位置、粉丝占比、会员占比、老客最近一次购买时间、每月购买频次、365 天内成交次数占比、每月成交金额等，在客户运营平台中选择“客户分析”→“成交客户”命令，查看店铺访客人群画像。某运动服饰旗舰店 2019 年 7 月成交客户人群画像如图 7-9 所示。

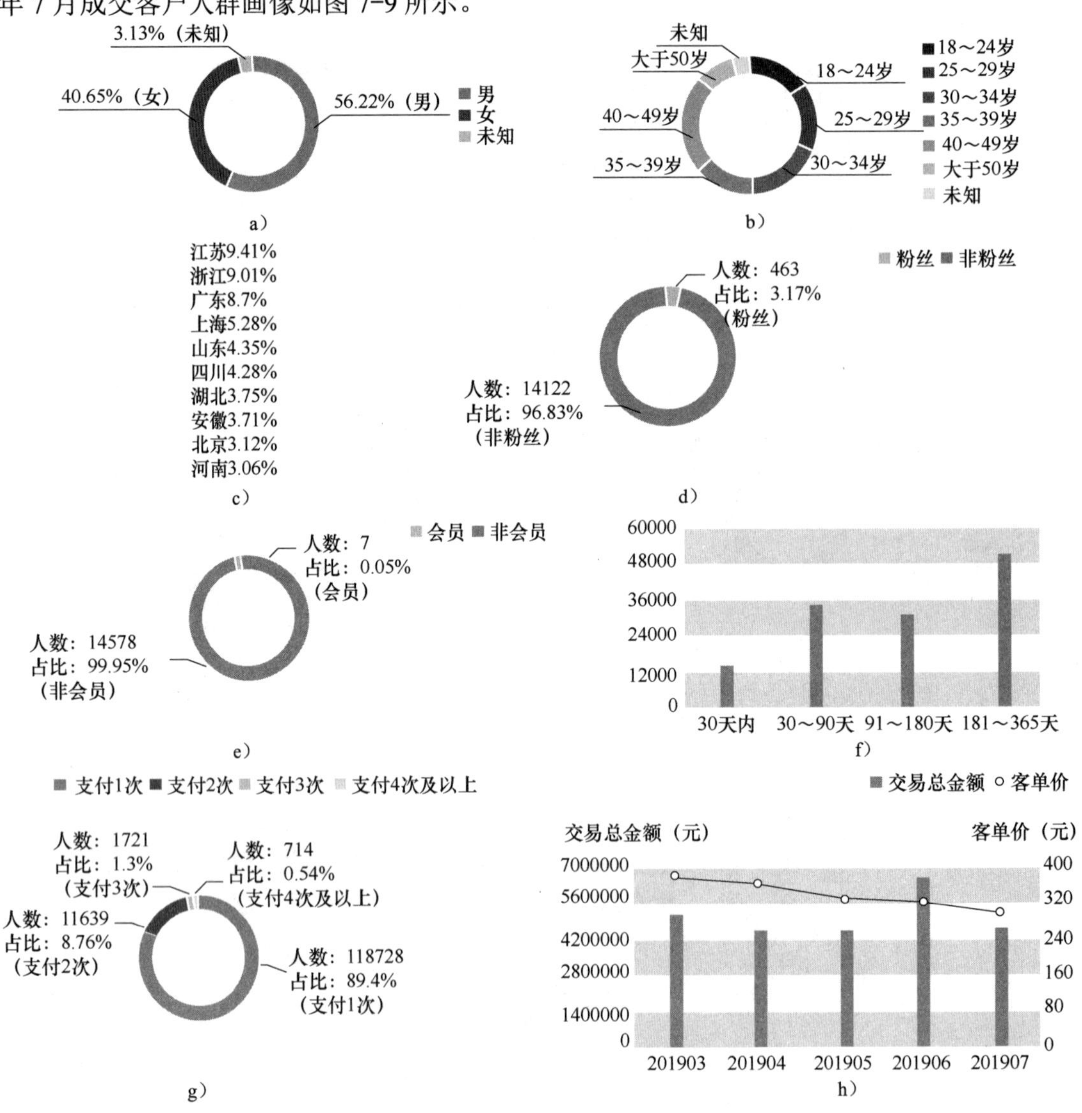

图 7-9 成交客户人群画像

a）性别占比 b）年龄占比 c）地理位置 TOP 省份 d）粉丝占比 e）会员占比 f）老客户最近一次购买时间
g）365 天内成交次数占比 h）每月成交金额

步骤三 分析客户数据

在生意参谋、客户运营平台中不仅收集了大量的多维度的客户数据，同时也提供了很多客户数据分析功能，如搜索分析、访客分析、读者分析、粉丝分析、买家分析等，网店可以直接查看这些分析数据，从中发现网店经营的不足，找出改善经营的路径；也可以根据网店经营目标选择适当的数据分析方法，从生意参谋、客户运营平台提取相应的数据进行分析。

这里以某运动服饰旗舰店 2019 年 7 月的数据（见图 7-8～图 7-9）为例介绍访客分析和买家分析的基本方法。

图 7-8a 中，男性访客占 44.97%，女性访客占 51.2%，很明显女性访客比男性访客多，高出 6 个百分点。图 7-8b 中，18～49 岁各年龄段访客基本上是均衡分布。图 7-8c 中，广东、江苏、浙江的访客排名前三，分别占 8.68%、7.41%、6.37%，排名前十的省份访客所占比例逐渐平缓递减。图 7-8e 中聚划算人群占比为 16.79%，不属于聚划算人群占比为 83.21%，聚划算是一种性价比较高的团购模式，说明这家店铺的访客价格敏感度不是很高，图 7-8e 的数据也验证了这一点。图 7-8f 中，折扣敏感度高、中、低的占比分别为 23.71%、45.87%、23.69%，总的来说折扣敏感度不高。

对比分析店铺成交客户数据与店铺访客数据，也可以发现一些有价值的信息。图 7-9a、图 7-8a 均为性别占比，成交客户中男性客户占比高于女性客户，而访客数据正好相反，说明男性访客的成交转化率远高于女性，因此在营销资源的投放上应该向男性访客倾斜。图 7-9c、图 7-8c 均为地理位置 TOP 省份，成交客户排名前三的省份是江苏、浙江、广东，分别占 9.41%、9.01%、8.7%；与访客前三的数据相比，可以看出江苏、浙江成交客户占比高于访客占比，说明这两个地区的访客成交转化率较高。

小链接 7-2

网购人群基本特征分析

1. 性别。男性在购物的过程中受外在影响较小，比如，达人推荐对男性影响小，男性更喜欢通过自己的经验和判断分析商品是否值得购买。因此，他们比较喜欢看一些图文，在详细了解商品特点的基础上才会作出购买决定。而女性不一样，相对来讲比较偏感性，如果说男性更注重的是内在的品质，女性更多地会受到商品的款式、外观、颜色等外在因素的影响，比如，包的质量她可能不知道，但是只要颜色、款式她喜欢，跟她的衣服搭配很好，可能就会购买，所以女性在不知道应该购买哪些商品的时候，更倾向于听取别人的意见，特别是一些达人意见，所以目前很多美妆、服装类商品走达人路线。女性不太愿意去看大屏的商品文字介绍，而更愿意以欣赏图片的方式，甚至通过视频展示的方式了解商品，所以男女阅读方式、阅读习惯是不一样的。

2. 年龄。“70 后”“80 后”和“90 后”的消费群体，无论是在消费习惯、消费心理，还是图文阅读的偏好，都有明显的区别。“70 后”“80 后”在消费过程中往往会有精打细算的特征，对于价格、品质会比较关注，性价比是他们购买决策的最主要的衡量标准。而“90 后”甚至“95 后”个性化的趋势已经越来越明显，他们了解商品的信息已经不仅是通过关键词搜索，可能更愿意通过综艺节目、影视剧等娱乐化的场景或者是在社交过程、朋友圈分享过程中了解甚至购买商品，所以网上店铺的运营思路要进行相应的改变。

步骤四 制定行动方案

1）根据客户的来源进行有目的性的推广。在网店运营数据的分析中，将访客数据进行具体的分析处理，制成详细的图表，进而得出一定的结果。在这个过程中，主要可以从流量概况、流量地图以及访客分析等出发，分析出访客购物的主要方式、访客的店内页面访问排行、访客的地域分布等，根据这些具体的信息采取具有针对性的营销推广策略，从而提升店铺销量。

2）根据客服数据制定出对应的服务措施。目前，网络购物已经成为一种日常行为，网店的竞争也更加激烈，商家的经营策略也由单一的价格战逐步发展到竭力提升各项服务，提高客户的购物体验等。因此，在经营过程中要重视对客服数据的分析，根据客服和客户之间的对话，将客户对商品的关注点总结出来，然后将这些体现在店铺的装修中，同时制定出相应的推广营销策略，吸引更多的访问量，提升客户的购物体验。

2019年7月中下旬，某运动服饰旗舰店负责数据分析的小张在监测店铺数据时发现，本店销售的某马运动套装的相关搜索词频繁进入搜索热词排行榜前列，经过进一步了解，原来是热播连续剧带来的明星效应，明星的网络带货能力再次得到验证。青年演员李某饰演剧中男一号韩某言，他在剧中穿的某马运动套装被追捧。7月25日生意参谋数据显示，运动服/休闲服装类目下的搜索热词前10中有4个与李某、某马有关，分别是李某同款、××××官方旗舰店、某马李某同款、韩某言同款，如图7-10所示。

运动服/休闲服装

搜索词　长尾词　品牌词　核心词　修饰词

搜索词排行　热搜　飙升

搜索词	热搜排名	搜索人气
李某同款	1	40121
××××官方旗舰店	2	37533
某马李某同款	3	34983
[illegible]	4	29546
[illegible]	5	27665
[illegible]	6	27357
[illegible]	7	25683
[illegible]	8	24673
[illegible]	9	24089
韩某言同款	10	23612

图7-10　生意参谋搜索排行

根据数据分析发现的市场机会，小张和团队成员立即制定本店彪马老客户的精准营销方案。针对近半年购买过某马品牌的老客户进行短信营销，结合七夕活动，7 月 26 日给 863 位会员成功发送了营销短信，截至 7 月 31 日营销成功客户 13 人，付款金额 3828.87 元，如图 7-11 所示，取得了较好的营销效果。

覆盖会员		营销成功客户	
营销客户数:	891	付款客户数:	13
发送成功客户数:	863	付款金额:	3828.87
发送短信数:	863	付款订单数:	16
短信总成本:		付款商品件数:	20
发送成功率:	96.86%	客单价:	294.53
总响应率:	1.51%	平均付款商品件数:	1.54
未响应客户数:	850	付款响应率:	1.46%

图 7-11 精准短信营销

从某马品牌销售在本店各品牌销售中所占比例的变化来看，7 月份某马品牌所占比例（见图 7-12）明显高于 6 月份所占比例（见图 7-13），品牌销售饼图中某马数据的提升也显示出这次精准营销效果是比较理想的。

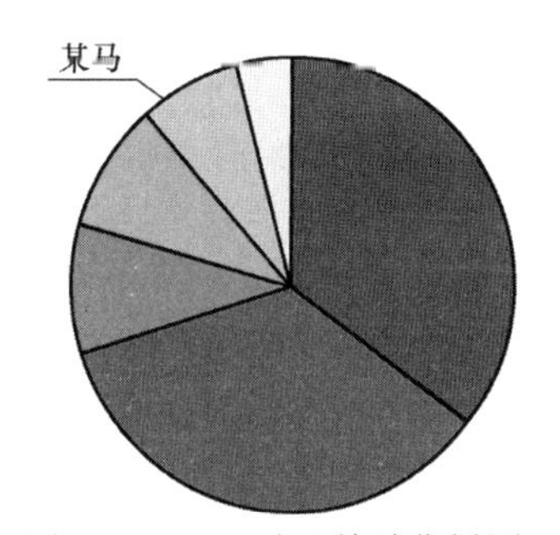

图 7-12 7 月份品牌销售饼图

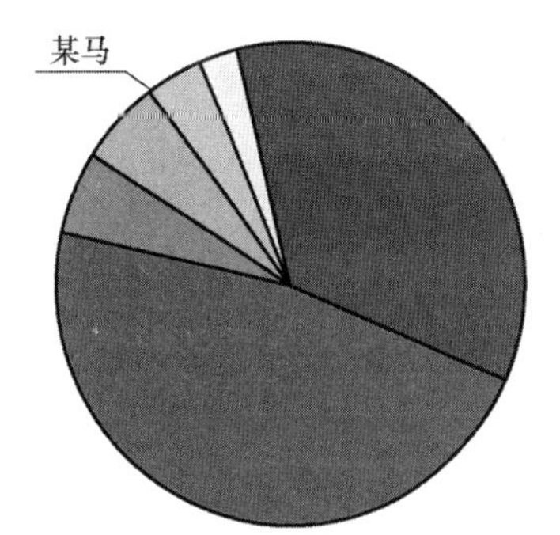

图 7-13 6 月份品牌销售饼图

触类旁通

怎样用京东商智分析客户数据

1. 什么是京东商智

扫码看视频

京东商智是京东向第三方商家提供数据服务的产品。京东商智全面打通底层数据，实现采销、供应商、POP 多方数据口径的统一，通过全方位的开放数据赋能商家。京东商智的数据涵盖销量、流量、用户、商品、行业、竞品 6 个维度，并从时间粒度全面覆盖，以有效帮助商家实现精准化决策，提升精细化运营效率。

2. 怎样操作京东商智

登录商家后台后在右上角单击“工具”按钮，选择“京东商智”，操作方法与阿里巴巴的生意参谋相似。

3. 京东商智的特点

1）全方位的数据服务。包括流量分析、商品交易分析、供应链分析、行业竞争等，时间粒度从实时、天、周到月，全面覆盖。

2）精准专业的运营分析。包括专业数据实时看板和历史销售运营结果，行业爆款数据透视和购物车跨品类分析。

3）提升店铺运营效率。包括用户流量路径追踪，库存配送精准管理。

4）降低店铺运营成本。包括揽客计划助理营销，多维度刻画用户。

案例分析

【案例 7-1】

“双 11”流失客户召回策略

“双 11”店铺流量爆棚，销量猛增，但还是眼睁睁地看着好多客户流失不下单。既然已经收藏加购，说明这些客户对本店商品已经非常有兴趣，可能是收藏加购太多忘记下单了，那么，怎样把他们再拉回来呢？

1．优惠券召回

创建新的优惠券，如无门槛或者独享折扣的优惠券，针对这部分用户进行优惠券覆盖。

2．专区召回

在店铺首页设置专区——“双 11 未下单用户专区”，可以放置对应的优惠券，或者选择适合的商品进行展示。这部分用户回到店铺后就可看到对应内容，提升用户的点击率和转化率。

3．短信召回

如果这部分用户在 720 天内曾经购买过本店商品，可以直接短信召回。召回短信内容建议：0 元入会礼包、定向优惠券、好货上新提醒、补货提醒。

短信实例：

【×××】亲爱的至尊会员，××给大家准备了至尊专享××元优惠券礼包，优惠券已放入您的账户，请查收！没有收到的可以添加至尊 VIP 专属客服领取哦~回 T 退订。

请思考以下问题：

1）你认为这些策略的效果怎样？

2）有没有召回流失客户的其他做法？

任务 2　运用数据挖掘方法分析客户数据

任务要点

关 键 词：数据挖掘、数据预处理、模型

理论要点：建立数据挖掘库、准备数据、建立数据挖掘模型

实践要点：应用数据挖掘模型

任务情境

钱程在参与企业数据仓库项目建设的过程中，项目经理讲的“尿布与啤酒”的故事给他

留下了深刻印象。

在一家超市里，有一个有趣的现象：尿布与啤酒赫然摆在一起销售。但是这个奇怪的举措却使尿布和啤酒的销量双双增加了。这不是一个笑话，而是发生在美国沃尔玛连锁超市内的真实案例，并一直为商家所津津乐道。沃尔玛拥有世界上最大的数据仓库系统，为了能够准确了解顾客在其门店的购买习惯，沃尔玛对其顾客的购买行为进行购物篮分析，以知道顾客经常购买的商品有哪些。沃尔玛数据仓库系统中集中了各门店的详细的原始交易数据，在这些原始交易数据的基础上，沃尔玛利用数据挖掘方法对这些数据进行了分析和挖掘。

一个意外的发现是：跟尿布一起购买得最多的商品竟是啤酒！经过大量实际调查和分析，揭示了一个隐藏在“尿布与啤酒”背后的美国人的一种行为模式：在美国，一些年轻的父亲下班后经常到超市购买婴儿尿布，而他们中有30%～40%的人同时也为自己买一些啤酒。产生这一现象的原因是：美国的太太们常叮嘱她们的丈夫下班后为小孩买尿布，而丈夫们在买尿布后又随手带回了他们喜欢的啤酒。

钱程觉得，按常规思维，尿布与啤酒风马牛不相及，如果不是借助数据挖掘技术对大量交易数据进行挖掘分析，沃尔玛是不可能发现这一数据内在的有价值的规律的。

任务分析

分析客户数据的工具有统计分析、联机分析处理等，这里介绍使用数据挖掘来分析客户数据。对企业的客户数据进行数据挖掘，包括以下几个步骤：了解业务问题、数据搜集与选择、数据预处理、建立模型（数据挖掘）、模型检验与评估、知识表示、应用和巩固模型等过程。但这些过程又不是一次完成的，往往是一个循环往复的过程。为了便于大家更好地了解数据挖掘的工作流程，《移动通信业数据挖掘预测高价值客户流失倾向》案例将被分段引入，以便理解每个步骤的实际应用。

任务实施

步骤一　了解业务并明确建模目标

在开始数据挖掘之前，首先要做的，同时也是最重要的就是了解数据和业务问题。如果事先没有了解，则不论挖掘过程中使用的算法有多么复杂和玄妙，也不可能提供有价值的结果，即使有也难以使人信赖它。缺少了这些背景知识，就没办法明确要解决的问题，不能为挖掘准备数据，也很难正确地解释得到的结果。明确建模目标就是确定进行数据挖掘到底想干什么，比如，挖掘的目标是想提高直邮的用户响应，那么想做的可能是“提高用户响应率”，也可能是“提升一次用户响应的价值”，为解决这两个问题而建立的模型几乎是完全不同的。

小链接 7-3

移动通信业数据挖掘预测高价值客户流失倾向（1）

由于移动运营商寡头局面的形成，移动通信客户也有了更多的选择。于是，移动通信企业面临着一些新的挑战：移动通信注册客户数动态增长，即在大量客户入网的同时，又有大批客户离网流失；每月注册客户数与在网活动客户数相差悬殊，涌现大批零次话务客户；业务与收入总量增长相对趋缓，出现“增量不增收”现象。因此，分析客户流失原因，吸引潜在客户入网，增加现有客户满意度，减少客户流失率，提高客户消费水平，充分占有市场是移动通信企业在激烈市场竞争中制胜的关键。

针对这种客户流失的情况进行分析，企业制订了如下业务目标：首先，通过对预测出的可能流失的客户进行挽留服务，降低总的客户流失率。然后，搜集流失客户的特征，分析出原因和流失特点，有针对性地采取措施。客户流失的种类较多，包括主动流失、被动流失、内部流失和外部流失4种情况。主动流失是指由于客户自身原因自愿与运营商解除服务合同；被动流失是指通信运营企业由于某种原因而决定中止向客户提供服务；内部流失是指客户解除合同后继续选择了本企业提供的其他产品和服务；外部流失是指客户解除服务合同后转向竞争对手。

其中，客户被动流失主要是由客户恶意欠费或信用问题造成的。内部流失又包括优向和劣向两种情况，如果客户新选择的业务品牌优于原有的品牌，对企业来说，这种流失带来的是客户价值的提升，属于优向流失；如果客户放弃高端品牌选择了低端品牌，就属于劣向流失，这种流失是企业应该尽量避免的。企业关注的就是高价值客户的外部流失，主要是指客户解除服务合同后转向竞争对手，是移动运营企业最不愿意看到的一种流失，也是企业客户流失分析的重点。

步骤二 搜集与选择数据

开展数据挖掘工作，要广泛搜集用户的各种信息，建立数据挖掘库，为数据挖掘作准备。但并不是搜集到的数据都是有用的，企业应该根据目标选择相关和合适的数据，必要时要进行调整。选择正确的数据源是数据挖掘项目成败的关键。数据取样要把好数据的质量关，即使从一个数据仓库中进行数据取样，也不要忘记检查其质量。因为数据挖掘的目的在于探索企业运作的规律性，如果数据源有误，从中探索出的规律就不再具有指导意义。

小链接 7-4

移动通信业数据挖掘预测高价值客户流失倾向（2）

由于移动通信企业最关注高价值客户的外部流失，因此分析人员沿用已有分析得到的高价值客户群体为观察对象，对这部分客户进行流失预测。他们选取已找到的动感地带高价值客户群体1038人数据来建立模型，选定时间窗为3个月，如果这些用户在紧接这3个月后的连续3个月中发生流失，就定义为已流失的用户，否则为非流失用户。

为解决客户流失模型，根据移动通信行业经验，他们需要的数据包含两大类，即客户基本信息和客户通话行为信息。客户基本信息包括：用户的性别、年龄、在网时间、职业、爱好、籍贯、入网品牌与号码、注册服务等级、客户标志、地域编号、受理渠道、客户状态、开户时间、入网时间、最近开停机时间、退网时间、销户时间、资费套餐标志、服务套餐标志等。

这些资料在客户登记入网或客户调查等过程中得到，是对客户个性特征的描述，并永久保存在客户资料数据库中。不同背景的客户有不同的社会行为特征和爱好，如职业影响收入、年龄影响产品购买类型等。

客户通话行为信息，这部分数据包括两类：①基于用户通话信息而设计的多个统计变量。例如，工作日通话时间、费用；周末通话时间、费用；IP 通话时间、费用；短信次数、费用；国内外长途通话时间、费用；通话对象及亲情号码、通话地点、漫游类型、数据业务使用情况、消费积分、客户价值类型等，这些数据可以在计费中心客户消费话费账单中获取。②客户通过投诉渠道，或客户服务界面（如营业厅、网站、客户经理等）进行的有关缴费、服务投诉的情况。通过这两类数据给客户个体有了一个较为丰满、全面的描述。

步骤三 数据预处理

现实世界中数据大体上都是不完整、不一致的“脏数据”，无法直接进行数据挖掘或者挖掘结果不尽人意。为了提高数据挖掘的质量，降低实际挖掘所需要的时间，需要做好数据预处理。

数据预处理有多种方法，包括数据清理、数据集成、数据变换、数据归约等。数据清理就是通过填写缺失的值、光滑噪声数据、识别或删除离群点并解决不一致性来清理数据。数据集成就是将多个数据源中的数据结合起来并统一存储。数据变换就是通过平滑、聚集、数据概化、规范化等方式将数据转换成适用于数据挖掘的形式。数据归约可以用来得到数据集的归约表示，它的数据量比原数据小得多，但仍接近保持原数据的完整性，对归约后的数据集挖掘将更有效。

小链接 7-5

移动通信业数据挖掘预测高价值客户流失倾向（3）

在明确可以使用的数据源之后，分析人员需要对数据进行预处理，具体过程包括数据清洗、整合、格式化，以消除数据中的噪声部分。数据预处理的细节包括：在用户状态中仅选取正常状态的用户，去除数据源中的极值和超出范围的部分；选择研究期间（2005 年 6～9 月）全部在网的客户。同时，需要对所拥有的数据进行分析探索，以确定建立模型需要的关键变量。

他们对变量的选取原则是：

1）选取数据质量好的变量，要求 85%以上的数据符合要求。在对数据进行分析的过程中，发现客户基本信息数据中部分达不到要求，即予以去除，而所有的客户行为信息则质量较好，相对稳定，基本符合要求。

2）在某些变量中，个别类别所占的比例较小，他们将这些类别合并为一类来考虑。若在各个类别中的流失比例相近，则认为这些变量对客户流失影响不大，不予考虑。例如，客户性别这一属性，男女流失人员比例基本相等，则认为性别对客户流失模型没有影响。按照以上原则，经过认真的思考和反复验证，最终选取了客户手机号、年龄、月平均周末通话次数、时间等 12 个经过数据处理可以用于建模的变量。

步骤四 建立模型

根据选择的数据，利用 C5.0 决策树、Logistic 回归、神经网络等方法建立客户流失预测模型，这是数据挖掘工作的核心环节。另外，可以借助数据分析软件的帮助找出趋势和规律。现在市场上的软件供应商和数据挖掘咨询公司提供了很多软件工具供选择，常见的有在大型数据库进行各种数据挖掘的 MineSet 软件，在不同的领域里进行多任务数据挖掘的 DB-Miner 软件，把关系数据库和数据开采集成在一起的 Quest 软件。

建立模型是一个反复的过程。在此过程中需要行业专家和数据分析专家共同协商，仔细考察不同的模型，以判断哪个模型对商业问题最有用。

小链接 7-6

移动通信业数据挖掘预测高价值客户流失倾向（4）

最终，所建模型生成了如下 6 条打分规则，见表 7-1。将所有客户进行了分类，并且每一类客户都有分值代表其流失倾向的高低，并通过 If 的规则来描述此类客户的行为特征。在没做模型时候的平均流失率为 5.31%，那些客户分类得分高于 5.31 的表明该分类降低了数据的不确定性，使捕获潜在流失客户变得更加准确。表中，ZM_Count=月平均周末通话次数，FM_Time=月平均繁忙时段通话时间，IP_Time=月平均 IP 通话时间，On Days=在网时间，HR_Count=月平均呼入次数，YY_Count=月平均语音使用次数。

表 7-1 决策树规则

If ZM_Count<3.5 And FM_Time<89.5	Score14.6%
If 3.5≤ZM_Count And FM_Time<89.5	Score6.7%
If 62.5≤IP_Time And On Days<107.5 And FM_Time≥89.5	Score9.2%
If 62.5≤HR_Count And 107.5≤On Days And FM_Time≥89.5	Score2.1%
IfYY_Count<84.5 And IP_Time<62.5 And On Days<107.5 And 89.5≤FM_Time	Score8.5%
If 107.5≤On Days<310.5 And HR Count<62.5 And 89.5<FM Time	Score5.9%

步骤五 检验与评估模型

对发现的规则、趋势、类别、模型进行检验评估，生成一个相对最优的模型，从而保证发现知识的正确性。评估的办法：①直接使用原来建立模型的样本数据进行检验，一般来说，如果这一步得到较好的评价就说明从这批数据样本中挖掘出了符合实际的规律性。②另找一批数据，已知这些数据反映了客观实际的规律性，若这一步也得到肯定的结果，那么数据挖掘就应得到很好的评价。

步骤六 知识表示

将发现的知识表示成容易被用户理解的形式，以可视化、可以理解的形式提供给用户，以便于解决实际问题。

小链接 7-7

移动通信业数据挖掘预测高价值客户流失倾向（5）

仔细研究这 6 条打分规则，发现繁忙时段通话时间、在网和周末通话次数和目标变量 LIUSHI（流失倾向）有很显著的关联。凡是繁忙时段通话时间越长、在网时间越长、周末通话次数越多的用户在之后 3 个月流失倾向越低；反之，客户的流失倾向较高。

步骤七 应用和巩固模型

模型建立并经过验证之后有两种主要的使用方法：①提供给信息需求者或管理者做参考，以辅助管理者的决策分析；②保留模型，把此模型应用到不同的数据集上。模型可以用来表示一个事例的类别，给一项申请打分等。以后每次遇到相似的情况就用该模型进行分析。当然，在模型的使用过程中，随着数据周围条件的变化，需要对模型作相应的再测试和修改。

小链接 7-8

移动通信业数据挖掘预测高价值客户流失倾向（6）

所有的客户都按模型的打分规则获得了一个代表其流失倾向的分值。移动运营商可以将客户打分后，按高低排序导出 30%的客户名单交给市场部，市场部针对这些名单制订客户忠诚计划来挽留流失倾向大的客户，最大限度地降低客户流失率。

1）级别高的大客户稳定性较好，移动通信企业可针对其对品牌、服务的要求提供特色化服务。针对重点客户推出或赠送特别通信服务及其他与信息有关的服务，使其享有一定的特权，以增加客户的自豪感。

2）通信移动企业可通过提供更加体贴细致的人性化服务，降低客户在消费过程中的参与成本，从而增加客户的可感知利益。企业还应尽最大努力通过各种有效的手段降低产品的成本，让利于客户，而不是单纯通过降价来赢得客户，赢得市场。

3）建立适度和方便的客户沟通渠道，提高客户的感知度和认同感。对一些重点客户及大客户配备专门的客户经理。

4）以提高客户忠诚为目的，有意识地推出辅助业务和各种增值服务，有机地组织业务结构，使客户在享受这一业务的过程中形成依赖，间接地加大客户的转移成本，充分发挥其稳定客户的作用。如果一个客户对运营商提供的通信服务享用得越久，内容越是深入，客观上他的转移成本也就越高，转移所带来的心理阻碍也就越大。

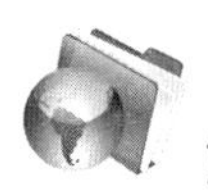

触类旁通

数据挖掘是根据企业的既定业务目标和存在的问题对大量的业务数据进行探索，揭示其中隐藏的规律，并将其模型化，指导并应用于企业的实际经营。

1. 数据挖掘在 CRM 中的应用

（1）客户管理　客户管理应用的目的是根据客户的属性（包括基本属性和行为属性），从不同角度深层次分析客户，从而达到了解客户的目的。针对不同的客户采取不同的促销活动，以及提供更好和更有针对性的服务，以此增加新的客户、提高客户忠诚度、降低客户流失率、提高客户消费额等。

（2）客户发展分析　客户发展分析主要是依照客户的基本属性和消费行为属性对客户进行分析，分析的主要指标包括客户总量分析、新增客户分析、客户流失分析、客户行为分析、客户信用度分析、客户风险分析等。

（3）业务量分析　业务量分析包括业务总量分析、业务增长和流失分析、网络通话流量及流向分析、热点区域分析、业务量结构分析等。

（4）收入分析　收入分析包括收入总量分析、收入变化分析、收入结构分析等。

（5）营销管理分析　营销管理分析主要提供的功能包括产品定价分析、市场需求分析、促销活动分析、营销渠道分析等。

（6）服务质量分析　服务质量分析包括客户服务质量分析、客户咨询查询分析、客户投诉分析等。通过对服务质量的分析，能够了解目前客户最关心的问题，通过将客户流失和服务质量结合起来分析，能够清楚客户为什么会流失以及什么因素会导致客户流失，从而有针对性地提高服务质量，采取相应措施，以减少客户流失量。

（7）大客户分析　根据市场规律，大客户是企业利润的主要来源，相应地，大客户分析也变得极其重要。大客户分析包括大客户构成分析、大客户发展及流失分析、大客户业务使用情况分析、大客户业务量变化情况分析等。

2. 客户关系管理和数据挖掘的关系

客户关系管理的很多工作都是以数据挖掘为基础展开的。客户关系管理充分利用数据挖掘的分析结果，发现市场机会，制定市场策略，并通过销售和服务等部门与客户的交流来提高企业的利润。数据挖掘是客户关系管理项目的灵魂。首先，数据挖掘将企业和客户交互产生的数据集中起来进行挖掘，为市场决策提供依据。其次，数据挖掘把对客户行为的分析以OLAP、报表等形式传递给客户关系管理专家，客户关系管理专家利用这些分析结果制定准确、有效的客户关系管理策略。同时，利用数据挖掘技术，进行客户群体划分，并将分析结果转化为市场机会。通过数据挖掘的分析，可以产生不同类型的市场机会；针对这些不同类型的市场机会，企业分别确定客户关系管理的业务流程；依照这些客户关系管理的业务流程，销售或服务部门通过与客户的交流达到关怀客户和提高利润的目的。

3. 数据仓库与数据挖掘的关系

数据仓库是面向决策分析的，从操作型数据中抽取并集成得到分析型数据后，需要各种决策分析工具对这些数据进行分析和挖掘，以便得到有用的决策信息。而数据挖掘作为数据仓库技术的先进的数据分析方法，恰恰具备从大量的数据中发现有用信息的能力，是实现对客户数据进行深入分析的有效工具。

数据挖掘依赖于经过良好组织和预处理的数据源，数据的好坏直接影响着数据挖掘的效果，因此数据的前期准备是数据挖掘过程中的一个非常重要的阶段。而数据仓库具有从各种数据源中抽取数据并对数据进行清洗、聚集和转换等各种处理的能力，这又恰好为数据挖掘提供了良好的进行前期数据准备工作的环境。可见数据仓库可以为数据挖掘提供有效的平台。

案例分析

【案例7-2】

中国民生银行：信用卡淘宝

随着信用卡市场的不断成熟，片面追求覆盖率、发卡数量逐渐显露弊端，外资银行进入我国从客观上也刺激了信用卡市场的新一轮洗牌。作为后来者，中国民生银行通过品牌和产品的一系列创新，在 2009 年发卡量迅速超过 800 万张，进入了国内信用卡五大行的行列。

面对国内竞争日趋激烈的信用卡市场，建立一个综合的数据整合平台和数据分析、数据挖掘的系统成为中国民生银行信用卡中心业务发展的需要。由于信用卡行为评定对数据分析系统的要求很高，中国民生银行最终选择引入 SAS 公司的智能分析系统，创建基于商业智能的综合数据整合平台，以此提升银行决策的科学性。目前，中国民生银行信用卡的全部业务已经全面启动了 SAS 商业智能数据分析系统，通过该系统的数据整合、分析得出具有指导性的实际数据信息，在提升产品交叉销售、预测用户消费行为、自动调节信用额度、催收催缴不良贷款等方面发挥了巨大作用。

对于银行而言，信用卡赢利主要依靠 3 个方面：用户年费、循环利息以及商户的交易费等中间业务收入。在赢利的同时，中国民生银行也和同业者一样需要面对由于风险预测不足和管理精细程度不够导致的信用卡使用频率低、忠诚度不够、坏账死账频发等状况，信用卡业务在蕴含巨大商业潜能的同时存在着高风险。银行迫切需要借助数据分析系统对信用卡积累的历史数据进行挖掘和分析，找出客户营业收入、风险、忠诚度等特点，以此帮助银行对信用卡进行核发前景的预测和管理。中国民生银行正是迫切需要一个全面、完善的分析系统对信用卡使用者的行为进行初步评定和使用管理，并通过先进的智能分析系统来提升中国民生银行信用卡的整体竞争能力。

在信用卡智能平台建立之前，中国民生银行对客户、产品、渠道、区域的数据挖掘预测还不能借助智能软件。针对这一情况，SAS 公司为中国民生银行设计了信用卡智能分析系统建设的“统筹规划、分步实施”策略。首先，通过创建模型对信用卡关键业务指标和报表数据进行挖掘，帮助信用卡中心人员更方便、更快速地获得关于客户、产品、渠道、区域等各方面的信息，从而有力地支持市场营销、风险管理、客户关系管理、财务计划等精细化管理工作的展开。其次，开发预测模型和科学决策支持系统。通过对第一阶段模型的激活，挖掘有效数据，对用户信用卡申请、开卡、使用等各个阶段的行为进行评估和分析，开发出高中端储蓄客户信用卡产品交叉销售响应预测模型以及不良贷款催讨预测模型，以规避银行在信用卡发出后存在的风险。此外，将评分卡应用于发卡审批环节，既方便银行操作人力的投入，也对信用卡发行后可能产生的不良资产进行掌控。SAS 公司为中国民生银行信用卡中心建议的方案可以在整个信用卡中心提供一个智能分析环境——从企业的数据整合、智能存储、商业智能（包括查询、报表和 OLAP 分析）到分析智能（包括数据挖掘）。该智能分析环境能帮助中国民生银行信用卡中心将数据转换成丰富而可靠的信息和知识，同时 SAS 智能平台也为数据分析和数据挖掘项目的实施提供了强有力的保障。

按照中国民生银行的设想，下一步是要将该智能分析系统更深入地应用于业务，与业务需求紧密结合，开发预测模型和科学决策支持系统。同时通过有效的数据分析进行客户细分和定位，并开展针对性的营销，实现投资回报最大化。

请思考以下问题：

1）中国民生银行是怎样开展数据挖掘的？

2）数据挖掘给中国民生银行解决了哪些问题？

项目小结

企业在客户关系管理过程中累积了大量的客户数据，网店可以使用电商平台的数据分析工具进行客户数据分析，大企业可以使用数据挖掘技术进行客户数据分析，从而把握市场机会，改善企业客户关系管理。

不同电商平台提供不同的数据分析工具，如阿里巴巴的生意参谋、京东商城的京东商智等。网店的数据涉及范围很广，大致可以分为行业数据、客户数据、产品数据、运营数据。天猫店铺与客户有关的数据主要分散在生意参谋和客户运营平台中，分析网店客户数据的步骤包括收集客户数据、为客户画像、分析客户数据、制定行动方案。

数据挖掘是一种透过数理模式来分析企业储存的大量资料，以找出不同的客户或市场划分，分析出消费者喜好和行为的方法。对企业的客户数据进行数据挖掘，首先应该明确要解决的问题是什么，进行数据预处理（建立数据挖掘库、分析数据、准备数据），接着建立、评估模型，最后是应用模型。

练习思考

一、单选题

1．生意参谋是（　　）向第三方商家提供数据服务的产品。

A．阿里巴巴　　B．京东　　C．苏宁　　D．唯品会

2．客户画像是用一系列客户（　　）对客户特征进行简短生动的描述，以精准获取客户需求，推荐个性化商品，提供个性化服务。

A．特征　　B．标记　　C．标签　　D．照片

3．数据挖掘将发现的知识表示成容易被用户理解的形式，以（　　）、可以理解的形式提供给用户。

A．形象化　　B．可视化　　C．自动化　　D．数据化

4．数据预处理有多种方法，如（　　）、数据集成、数据变换、数据归约等。

A．数据建模　　B．数据分析　　C．数据存储　　D．数据清理

二、多选题

1．阿里巴巴集团的客户画像一般称为人群画像，包括（　　）两大类。

A．店铺自有人群画像　　B．行业搜索人群画像

C．店铺成交客户人群画像　　D．行业人群画像

2．AIPL 模型是指用户对于一个品牌或产品都会经历从陌生到体验到成交转化，最终变成一个忠实客户的过程，这个过程包括认知、（　　）、忠诚。

A．访客　　B．兴趣　　C．购买　　D．会员

3．对企业的客户数据进行数据挖掘，一般包括了解业务问题、（　　）、知识表示、应用和巩固模型等过程。

A．数据收集与选择　　B．数据预处理

C．建立模型　　D．模型检验与评估

4．数据挖掘可以应用于客户关系管理的客户分类管理、客户发展分析、（　　）等方面。

A．产品质量分析　　B．营销管理分析

C．服务质量分析　　D．成本分析

三、思考题

1．怎样分析网店客户数据？

2．什么是数据挖掘？怎样通过数据挖掘来分析客户数据？

3．分析客户数据对建设数字中国的意义。

实战强化

实训一　为客户画像

一、实训目的

通过实训加深对客户画像的理解，掌握客户画像的基本方法。

二、实训组织

班级学生分成若干小组，小组成员可以分工协作。有的成员负责整理客户画像学习笔记，有的成员负责收集店铺客户数据，最后共同完成店铺客户画像。各小组在多媒体教室展示实训成果。教师对每一组进行指导、评价。

三、实训要求

以小组为单位，客户画像学习笔记可以参考慕课《电商大数据应用之用户画像》（http://www.imooc.com/learn/460）或者阿里巴巴数据学院（https://sycm.taobao.com/college/overview 使用淘宝会员名即可登录）的相关课程；店铺可以是网店或者线下店铺，将实训成果整理并上交。

实训二　快速消费品行业的分析决策

一、实训目的

熟悉快速消费品行业产品的基本营销方式，掌握客户关系管理分析客户数据的方法。

二、实训组织

在实验室组织学生，使用博星卓越资讯有限公司开发的 CRM 教学实验系统进行快速消费品行业分析决策方面的操作。

三、实训要求（操作步骤）

分析的数据表现形式有 3 种：报表、柱状图和饼状图。

1．客户分析

客户分析包括客户来源分析、客户状态分析、客户类型分析、客户区域分析和客户贡献分析。

（1）客户来源分析　客户来源分析是总结列出企业的客户是从哪种销售渠道获得的。客户来源分析的报表显示如图 7-14 所示。

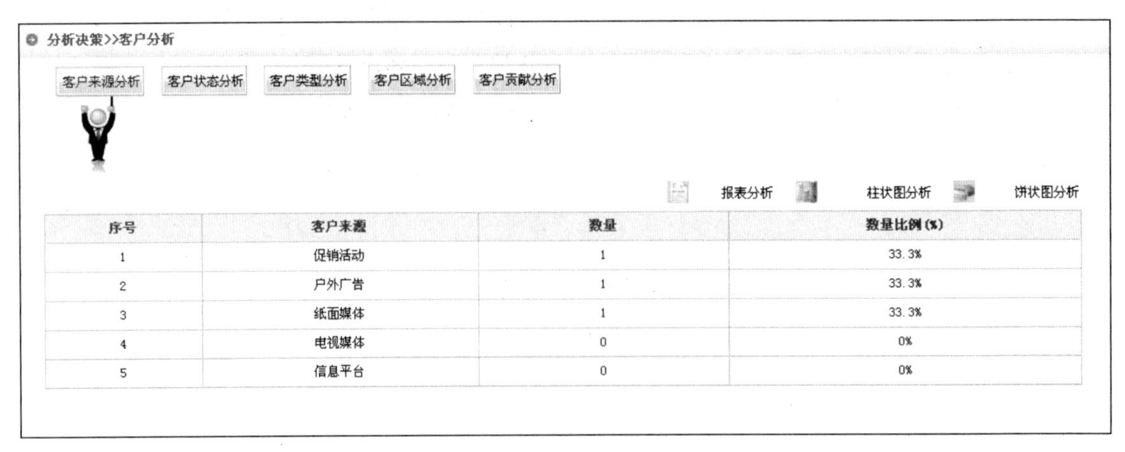

序号	客户来源	数量	数量比例（%）
1	促销活动	1	33.3%
2	户外广告	1	33.3%
3	纸面媒体	1	33.3%
4	电视媒体	0	0%
5	信息平台	0	0%

图 7-14　客户来源分析的报表

（2）客户状态分析　客户状态分析是对现有客户的分类。客户的种类包括维护客户、已成交客户、有意向客户、失败客户和潜在客户。客户状态分析的柱状图如图 7-15 所示。

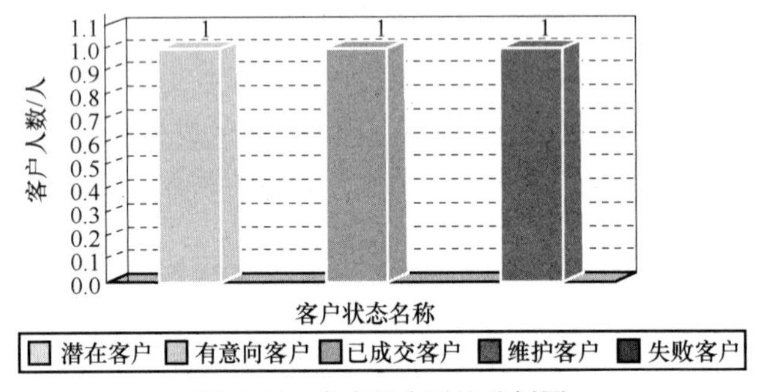

图 7-15　客户状态对比分析图

（3）客户类型分析　客户类型分析是根据企业客户的企业类型进行分类分析，客户的类型主要有集体企业、外资企业、国有企业、民营企业和其他企业。客户类型分析的饼状图如图 7-16 所示。

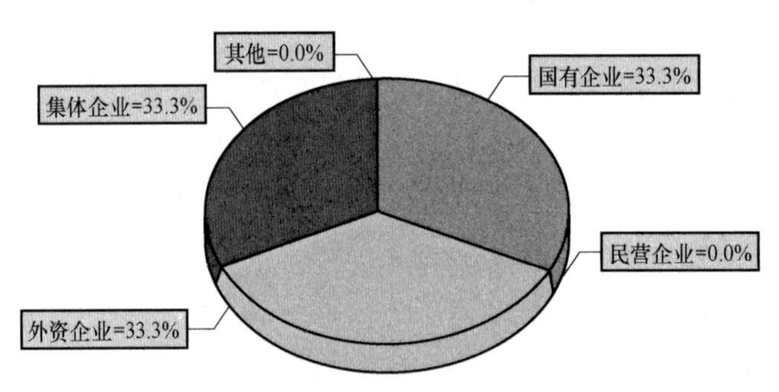

图 7-16　客户类型分析图

（4）客户区域分析　客户区域分析是根据客户所在地将客户划分为华北、华东、西北、西南、华南和华中区域。

（5）客户贡献分析　客户贡献分析是对通过五种渠道获得的销售量和销售金额的对比。

2．销售分析

销售分析包括人员销售分析、商品销售分析、消费排名分析、应收账款分析、销售费用分析和客户反馈分析。

3．服务分析

服务分析包括客户请求分析、客户退货分析、服务人员分析和客户反馈分析。

4．撰写实验报告

在控制中心中选择实验报告管理，进入实验报告列表页面，根据实验内容编写报告，编写完发送即可。

项目 8

实施 CRM 项目

群雄逐鹿的时代，谁拥有了客户，谁就赢得了市场。借助信息化技术，客户关系管理系统（Customer Relationship Management System）将管理方法与软件相结合，把握市场脉搏、满足客户需求、提高产品或服务价值，为管理者的决策提供科学依据，为企业运营提供最大的帮助，提高企业核心竞争力，促进企业发展。企业有效实施 CRM 项目，帮助企业更好地满足客户需求，维护客户的忠诚度，有效地挖掘客户价值，已成为一种趋势。

学习提示

学习目标：

- 知识目标：理解 CRM 项目从规划、建设、应用发展全生命周期的管理。
- 能力目标：能够参与到 CRM 项目的实施过程中，发挥相应的角色作用。
- 情感目标：培养开拓创新、勇于探索的精神，严谨、踏实的工作习惯，加强团队协作能力和沟通能力。

本项目重点：

- 建设 CRM 项目的过程。

本项目难点：

- 上线运营与系统迭代。

任务1　启动 CRM 项目

任务情景

神州信息技术服务有限公司下属多个 SBU（战略业务单元），包括金融、服务、系统集成、企业等多个业务单元。近年来，企业内外环境动态变化，必须不断提高自身能力，优化企业内部流程、制度、管理方式，这些方面促使企业信息化系统迭代升级。

随着企业发展内部员工激增，原有系统的权限分配、响应速度、交互体验等多方面越来越表现出与企业业务发展的不匹配。而且多个信息系统并行，各信息系统数据独立，数据管理分散，标准不一致，为统计分析再利用数据带来了极大的困难。企业必须打通业务流程，让各系统间数据联动、流程联动才能适应管理方式的变革。面对原有系统的不足，加之新业务市场拓展的需要，CRM 建设需求更加迫切。

任务分析

客户是企业重要的资源，有效使用客户资源信息才能促进企业效益增长。有效管理客户，深挖客户价值，通过售前、售中、售后过程管理，使其利润最大化，一直是企业客户关系管理的重要课题。CRM 系统是专业的客户关系管理系统，所以实施 CRM 项目对企业来说是非常必要的。

启动 CRM 项目，企业自身需要做好以下 3 个方面的准备工作：项目准备，成立项目组；IT 建设调查与规划；明确项目目标，制定采购计划。

任务实施

步骤一　项目启动准备，组建项目组

信息化建设成功与否关键在于系统项目团队的组建。由于信息化建设的技术专业性、领域广泛性、层级多样性、流程复杂性和管理灵活性，注定了必须有一支跨专业、高水平的技术团队才能胜任。项目团队的组建既要考虑成员的专业技术能力，更要考虑成员的综合能力和情景适应性。一支合格的团队必须包括主要负责人、项目经理、技术开发人员、业务顾问、关键用户等，团队成员之间配合默契、相互理解支持，这样做出的系统才会运行流畅。

当然了，火车跑得快，全靠车头带。合适的项目负责人才是这支队伍的关键。这个人不是项目经理，其职位、作用和影响力都要远高于项目经理。实际经验证明，项目经理主要的精力应该放在项目上，如果用于项目外的沟通协调所花费的精力高于项目本身，则项目往往是难以成功的。而且有些项目之外的沟通协调也是项目经理难以解决的，如协调人力资源配合、申请项目预算等。所以，项目团队中必须有这样一位灵魂性的人物，对其工作经验和综合能力的要求也是非常高的。

步骤二　IT 建设调查与规划

企业进行信息化建设战略规划时，要认清信息化系统的实现是一个“自上向下规划，自下向上实现”的过程。

首先，要确定建设重点和急需。企业类型和业务方向不同，决定了企业在各领域推进信息化建设的紧急程度有所不同，制造类企业需要优先建立 SCM（供应链管理系统），精确物料的供应和管理；销售类企业急需推进 CRM（客户关系管理系统），便于企业从客户需求出发，改进企业服务质量；而综合类企业需要建立 OA（办公自动化系统）、ERP（企业资源规划）、DSS（决策支持系统）等，打通各个环节信息的互通互联和工作协同性，提高决策准确性和管理工作效率。企业需要根据自身的业务特点，结合信息化系统的优势作用，确定信息化建设的重点领域和关键过程。

其次，要确定建设顺序。管理的各个职能和过程之间的相互关系决定了信息化管理平台建设必须按照一定的先后顺序逐个组织开发。比如，在进行 CRM 系统开发时，企业内部已经上了供应链系统，就需要对业务范围进行界定，在 CRM 中执行哪一个阶段，合同下单时是否需要与供应链系统进行集成。企业需要根据自身管理需求以及业务流程的特点安排各个领域信息化系统的开发顺序。

经过深入调查研究，神州信息技术服务有限公司将 CRM 系统建设划分了 3 个阶段：

1. 上线阶段

解决信息系统使用率、录入信息滞后、数据不准确等问题，完善规章制度，提升业务人员水平，转变信息化管理观念。

2. 巩固提升阶段

打通 CRM 与各业务系统之间的数据，建立统一门户，管理集团各系统；打通业务系统、业务流程，驱动各系统之间的联系；建立实时数据库等。

3. 建设数字化中心

让数据跑起来，用数据说话，真正实现对业务节点数据自动采集，对各类经营数据实时监控，预测分析数据，实现大屏幕呈现。

步骤三　明确项目目标，制定采购计划

传统软件采购有以下几种方式：招标采购、定制开发、自主开发。每一种方式都有它的优势，也同时存在相应的不足。例如，招标采购的系统上线快、易上手、费用低，但是系统局限性大，往往不能很好地贴合企业个性需求。定制开发的系统企业自主性高，可以满足企业特殊需求，但是存在费用高、周期长、后期维护升级难度大等不足，不能很好地适应企业的发展变化。自主开发系统既可以建立企业适用的系统，又可以培养自己的信息化人才，但费用高、周期长，存在人才招聘培养等一系列管理问题。至于采用哪种开发方式，企业需要根据系统需求的紧迫性、现有人员的能力状况和企业财务状况进行综合考量。综合考虑，CRM 系统已经是比较成熟的业务管理系统，国内诸多厂商有着成熟的行业解决方案，尤其是对于初次启动 CRM 系统的企业来说，直接采购的方式显然成本最优且有成功的成熟经验可参考，推广成功概率高。

神州信息技术服务有限公司成立了由经营部门牵头，IT 部门负责的 CRM 项目工作组，展开了 CRM 系统选型工作，具体工作内容如下：

1）CRM 系统的定位。明确 CRM 系统需要承载的数据指标以及建设 CRM 系统的管理目的，统一公司内部各业务单位对系统的认识与要求。

2）针对 CRM 厂商进行深入调研，包括功能实现、用户体验、数据安全、企业资质等，多维度进行考察。

3）与多家厂商进行谈判，广泛深入了解厂商的实施方案以及成功实施经验，并考察部分成功实施企业，交流项目实施经验。

在企业内部项目目标一致的前提下，结合厂商方案及产品调研结果，产品选型的要求也逐渐清晰。根据公司IT规划需求，按照采购流程，神州信息以招标方式采购CRM系统，最终客户关系管理领域的知名企业纷享销客成功中标。

小链接8-1

纷享销客——连接型CRM

纷享销客（北京纷扬科技有限责任公司）是国内企业应用的主流CRM系统，开创性提出了“连接型CRM”的产品理念。纷享销客连接型CRM以开放的企业级通信为基础架构，将CRM、PRM及SCRM融为一体，为企业提供销售管理、营销管理及服务管理为一体的移动化客户全生命周期管理。开放的通信架构与交互的业务逻辑，帮助企业实现外部业务、内部全员以及微信生态的互联互通，为企业构建起连接企业内外的业务价值链。纷享销客通过“业务定制平台+商业智能平台+开放平台”的平台化战略，为企业个性化需求提供友好的业务自由配置能力，为中国中小SaaS开发厂商提供生态级能力支持。

目前，纷享销客在IT互联网行业、制造业、快消行业等多行业有成熟解决方案，更好地赋能企业数字化发展。

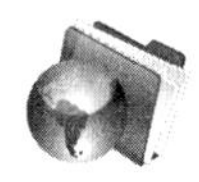

触类旁通

加强信息化建设　提高企业管理水平

企业信息化建设是现代企业管理的必经之路，信息系统不仅是提高企业工作效率的工具，更通过优化流程、简单易用操作、数据传输高可靠性和稳定性，将企业管理带到了一个新的高度。然而，在启动IT项目时，仍然需要对项目进行可行性分析。避免出现与实际业务脱节、内部对系统认识不统一、业务边界不清晰等诸多问题，导致企业信息系统建设不能有效地开展起来。

信息化系统建设的可行性从企业内部来讲，需要与企业现有发展状态以及员工素质能力匹配，主要是从技术和效益两个方面进行分析。一般来说，没有迫切的需要，勉强开展的信息化建设很难取得好的效果。

技术可行性分析主要是分析需求在现有技术条件下是否有可能实现。例如，对网络硬件的要求、对人员能力的要求等都需要企业根据现有的技术水平进行认真考虑。当然，企业在进行技术分析的时候，不能仅把范围界定在企业内部，要以发展的眼光、全局的观念，尽可能地把社会上成熟的技术和设备纳入信息化建设中来，为系统的扩容和拓展留有余量，不要让辛苦建起来的系统一出台就是落伍的。

经济可行性分析包括信息系统项目所需预算和项目效益估算。提高预算准确度是非常重要的，如果忽略了，有可能产生决策上的失误。在以往，有的企业在估算过程中常常把费用估计低了而把收益估计高了，这是因为在进行预算时，经常会忽略了一些费用。例如，只考虑了研制系统时所需要的一次性投资，而忽略了日常运行的维持性费用等。另一方面，对于信息系统项目的收益，企业往往把信息系统所增加的信息处理能力与实际的效益混为一谈。

必须清醒地认识到，信息化系统的建立不会在短期内产生直接的经济效益，它是在持续的运行后通过效率提升和减少决策失误间接地为企业产生经济效益。

对于企业来说，任何信息系统的建设都是一项系统工程，不仅需要划清业务边界，还要结合用户的现有业务水平及使用习惯，因而在进行 CRM 项目建设规划时，从相对熟悉、需求明确的业务或流程入手，取得阶段性成功后再进行深层拓展，落地成功率更高。

为了提高系统的适用性，需求调研及分析需要持续进行，随着系统运行迭代不断更新完善。

案例分析

【案例 8-1】

W 公司是一家专门生产和销售手机、电话机等通信终端的大型企业。最近，W 公司的 CRM 项目主管李高翔非常郁闷，自从 CRM 风风火火地上线之后，公司领导对实施情况一直不太满意，而且这套 CRM 系统的硬伤显而易见。首先，在需求方面。最初的需求是市场部门提出要更快地了解全国各地的市场信息、销售信息，并能更方便快速地统计。IT 部门接到需求后，从长远考虑出发，推荐了 CRM 系统，希望第一期实现市场部信息需求，接着实现客户管理等需求，而不是简单地上一个数据收集系统，造成太多的信息孤岛，不利于公司信息化整体建设。想法本身很好，但是项目实施完之后，结果却是 CRM 系统并不擅长实现市场信息的收集和处理，需要大量的二次开发。同时，目前 CRM 系统能勉强实现的功能扩展性不好，不能适应公司不断增长的需求变化。

更让李高翔愤怒的是系统的开发过程。客观地说，公司选择的 CRM 平台很好，据说在国际上排名前列，但负责开发的人员实在令人失望，不但技术和态度都差，而且一点也不从操作者的角度考虑。他们设计的数据录入界面十分烦琐，例如，在输入销量时，要从每个零售店的界面中选择弹出一个窗口，再一个机型一个机型地录入数据，假设一个分公司要管理二百个零售店和十个机型，就意味着要进入两千次界面。再如，报表输出部分，每种查询只能按固定的格式输出，公司要按机型、网型、分公司、零售店、促销员等多个角度来查询，开发人员则以要开发数千个表为理由拒绝了。最后，原 CRM 项目组主管找到一个解决方法：找一个编程高手另外编写了一个报表形成程序。但这样的结果就使 CRM 系统分成了两部分，一部分是由原供应商提供的数据录入和原始数据管理系统，另一部分是后开发的报表查询系统。面对这些问题，李高翔觉得很头疼。

本来关系融洽的 IT 部和市场部也因为这个系统产生了一些冲突，IT 部门责怪市场部门需求变得太快、各地操作人员太笨，导致他们每天都要应付来自全国的大量的很简单的操作问题。市场部门责怪 IT 部门不了解需求，不能耐心地提供服务，对新需求的开发进度太慢。甚至出现了一位参与实施的员工在多次申请离职后，终于“脱离苦海”，还抛下一句“以后再也不跟 IT 人员打交道了！”

请思考：

请分析 W 公司软件建设系统遇到了什么困境？产生的主要原因是什么？

任务 2　建设 CRM 系统

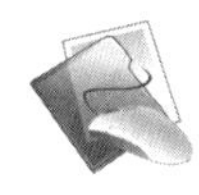

任务情景

明确了项目目标、深入了解行业产品后，海州信息技术有限公司招标的方式确定了厂商——纷享销客。由厂商纷享销客派遣项目经理、实施顾问、技术开发与海州信息项目组成员共同推进 CRM 系统建设。

任务分析

CRM 厂商顾问加入后，CRM 项目组内的成员及职责发生了变化，在正式开始实施前，需要明确甲（海州信息）乙（纷享销客）双方的职责。项目组成员架构图如图 8-1 所示，只有相互配合，才能顺利完成系统整体实施过程。

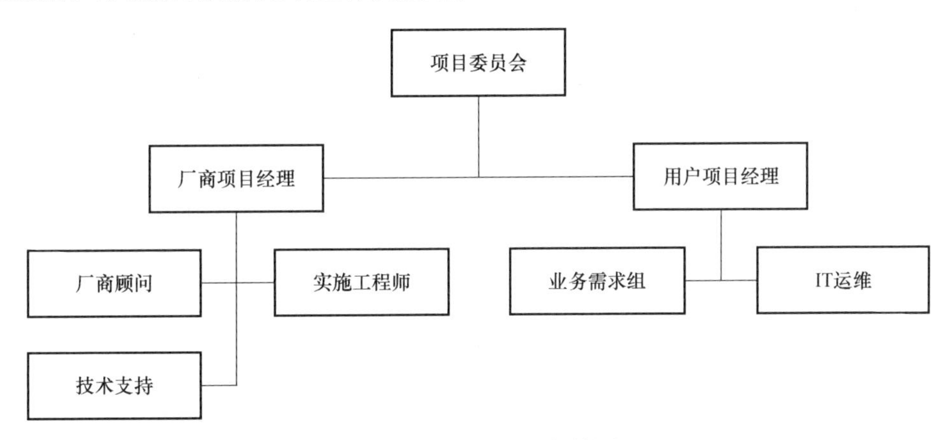

图 8-1　项目组成员架构图

任务实施

由甲乙双方成员参加的新项目团队组建后，厂商项目经理的第一要务就是制定项目实施计划，保证按照交付日期进行系统上线验收。周密的实施计划是项目正常推进的保障，CRM 系统建设主要包括以下几个阶段：项目启动会、需求调研、解决方案设计与确认、系统开发与实现、系统测试、系统上线。

步骤一　召开项目启动会

1．项目启动会

集中项目组成员召开项目启动会是非常有必要的。在启动会中，宣贯项目目标，达成共识。同时对项目实施计划安排进行充分讨论、分工配合才能按计划推进项目实施进程。

2. 项目文档管理

在项目实施过程中必然产生大量文档内容，如会议纪要、组织架构图、业务蓝图、系统设计文档、需求调研报告等。一方面注重收集文档，同时也要统一输出项目文档，做好文档版本管理。实施计划样例见表8-1。

表8-1　实施计划样例

项目阶段	阶段工作说明	客户职责	厂商职责	开始时间	结束时间	阶段成果
需求调研						
……						

步骤二　需求调研

优秀的软件产品是建立在优秀的需求基础上的。高质量的需求来源于用户与开发人员之间有效的交流与合作。厂商顾问需要到各岗位的现场进行调研和体会，除了得到表面层次的需求之外，还应该站在用户的立场上深入体会各需求的应用场景，确定各需求满足的优先等级，便于用户在使用操作系统的时候产生亲切感。用户的需求不是通过一次两次的沟通就可以确认的，需要多次沟通、反复确认，才能形成相对清晰准确的业务需求。

需求初步明确之后，需要在关联业务流程之间进行交叉确认，验证相互之间的逻辑关系是否正确、科学。因为在调研过程中，负责不同岗位、承担不同职责的人员对于同一业务的理解程度、认同度是不完全相同的，甚至是妥协的，所以需求确认是最重要、最关键，也是最难做的，也是避免项目在实施过程中发生重大项目变更的前提。

需求全部明确之后，根据掌握的全部需求信息描绘整个企业的业务蓝图、组织架构图，包括各个组织的职能描述、业务流程及对应的表格，最终汇编成信息化需求文档。

步骤三　解决方案设计与确认

项目成败很大程度上取决于解决方案的设计，围绕业务部门提出的实际业务需求输出切实可用的系统实现方案。

CRM 项目需求的确认过程对于企业来说也是一次革新过程，因为在需求的整理过程中必然会发现许多一直隐藏的问题，确认需求时企业需要正视并解决这些问题，并提出适合的处理办法，以满足管理需求，解决实际业务问题。由于这些革新有可能改变部门或是用户的工作习惯，甚至产生利益上的冲突，这需要经过企业领导层的认可，并通过领导层在系统运行之前将这些革新推动下去。否则，会因为革新而加大系统应用的推广难度。

CRM 系统平台架构是系统运行流畅的关键，决定着系统建设的成败。不但要正确实现各需求之间的逻辑关系，还要保证各需求之间的逻辑关系简单明了、路径最短、实现最快。至关重要的是，各种需求必须要有输入和输出，不能形成死循环或是进入死胡同，形成信息孤岛。

从数据建模的角度出发，系统架构是数据建模的基础和支撑。数据建模是把用户的需求信息统一到一个整体逻辑结构中，是对用户现实需求的抽象和概括，能够真实充分地反映企业各种需求之间的联系，客观地表达用户的需求。

从整个信息化系统来看，系统的架构需要为关联的、目前未开发的系统留有接口。比如，CRM 系统需要考虑到客服系统、财务系统、ERP 系统、供应链系统的对接和联动问题。在进行IT系统规划时，可能所涉及的其他系统暂时没有开发计划，但也必须根据IT建设规划确保CRM系统接口。当然，如果相关系统未上线，接口无法启用，则CRM系统也必须能够独立运行。

步骤四 系统开发与实现

使用不同的开发工具，系统实现的周期和效果可能会相差很大。目前，市场上能够提供系统选用的编程工具十分丰富，在软件技术发展的过程中，软件工具是发展最快的领域之一，不仅在数量和功能上突飞猛进地发展，而且在内涵和拓展上也日新月异，为开发系统提供了越来越多、越来越方便的实用手段。为了满足信息系统开发的要求，选用适当的软件工具也成为系统开发质量和效率的保证。

数据库设计是建立数据库及其应用系统的核心和基础，它要求对于指定的应用环境构造出较优的数据库模式，建立起数据库应用系统，并使系统能有效地存储数据，满足用户的各种应用需求。如果不能设计一个合理的数据库模型，不仅会增加客户端和服务器端程序的编程和维护的难度，而且会影响系统的实际运行性能。另外，在数据库的设计过程中还包括一些其他设计，如数据库的安全性、完整性、一致性和可恢复性等方面。不过，这些设计总是以牺牲效率为代价的，系统开发人员的任务就是要在效率和尽可能多的功能之间进行合理的权衡。

系统的编码设计看似简单，但又不得不给予足够重视。编码设计过程中，确定原则是一件十分有艺术性的工作。企业的信息往往种类和数量都会很多，在进行编码设计的时候，既需要考虑编码的唯一性，防止数据提取的错误，又要考虑编码的可识别性，还要考虑编码的简洁性。另外，每一类别的编码数量还要为以后的数据扩充留有余量。

用户界面是软件系统与用户之间的接口，是控制和选择信息输入输出的主要途径，是系统的外在体现。界面设计需要规范化的定义分析用户需求，确定界面原型并能够尽早为用户所接受。减少界面设计中的人为、经验上的因素，多从操作简单性、术语标准化与一致性等方面进行考量，提高系统的实用化水平。同时，界面设计要兼顾企业文化特色要求，与企业的整体风格保持一致。

系统开发对于项目团队来说是一个闭关修炼过程，主要工作包括建数据库、写代码、设计界面以及系统调试。这中间可能存在的主要矛盾是设计流程和技术实现之间的问题。如果仅仅是技术问题，最好的方式还是项目技术人员攻关解决。有些设计可能在技术上确实无法实现，那就需要进行流程的调整，这时候就需要反复论证，确认可行后，经企业主要领导批准为妥。

步骤五 系统测试

系统初步开发完成后，企业需要安排试运行一个周期来对系统功能进行检验。这个周期可根据系统规模、数据量等情况来设置，一般为一个月或几个月不等。系统试运行需要将系统提前分配给各部门进行使用，这个时候各业务部门工作的处理需要在保持原有处理方式不变的基础上运用信息系统来处理，并且对两种方式处理的信息进行检查和比对，以验证系统的准确性。这会增加各个部门的工作量。对于业务比较繁忙的企业，这种方式的难度很大，但是这仍不失为一种行之有效的检验系统功能的方法，需要获得领导层的大力支持和推动。

系统试运行阶段，项目组技术人员需要及时耐心地上门给用户做现场的技术指导，对用户反馈的问题给予足够的重视，在限时内解决，帮助用户克服心理上的畏惧，减少系统上线运行后用户的抵触情绪。

步骤六　上线准备

CRM 系统上线不是一个部门或是项目组的工作，它涉及多个业务部门的协作，在上线前，项目组需要制定详细的上线计划，以确保应对各种突发情况。

1．初始数据准备

CRM 系统中最重点的数据就是客户信息，在 CRM 系统建设前，这些客户信息往往散落在业务人员个人手中或是其他业务系统中，如财务系统、ERP 系统。CRM 系统上线后将成为客户数据主数据源，这样就需要在上线前收集企业现有的客户信息。

2．数据筛选与核对

收集的客户信息并不能直接使用，需要根据设计的 CRM 系统要求对客户信息进行筛选和完善。例如，规范行业信息，增加近年来的新兴行业；核准客户状态，比如，客户公司是否变更，有无续存或注销；补充客户区域或地址信息，根据现有区域销售管理要求对客户进行重新分配等。这些工作都需要与业务人员一起，提供数据规范模板，由业务人员配合筛选完成。

3．召开上线动员会

CRM 系统是一个业务系统，涉及人员范围虽然不及 OA 系统人员多，但由于业务的复杂性，涉及管理制度的落地。在上线前，组织公司中高管理层及业务部门关键业务人员参与，明确各业务人员配合的事项、系统应用要求及考核办法。

触类旁通

从单向应用到系统集成

很多公司尤其是中小企业，软件应用往往是由某些业务部门驱动的（如财务系统、客服系统），其业务的需求收集、上线运行、需求变更、冲突协调等诸多问题都是由部门领导推进实现的，这种孤岛式应用系统可以有效地解决部门内的管理需求，但是由于部门之间、业务流程之间因信息孤岛而无法互通信息或导致信息滞后的矛盾也逐步暴露出来。

CRM 系统是一个跨部门协同的应用系统，仅满足于销售部门内部应用已经不能够满足企业销售管理的诉求。

从单向应用到系统集成，对于企业来说是一项里程碑式的跨越，集成什么内容、在哪个环节哪个流程节点、达到什么条件触发、用什么方式集成、集成的开发计划与 CRM 系统上线计划如何协调等都是影响集成能否实现、实现效果如何的关键因素。而另一方面，系统是否具备集成条件、数据质量如何、集成开发谁来主导，也是集成的重要问题。系统集成需要站在公司全局考虑，不仅对企业全局性业务协作具有重要价值，也对培养企业专业 IT 团队具有重要意义。在做 CRM 系统的集成方案时，需要从以下几个方面综合考虑：

1．数据标准

CRM 系统承载的是销售业务数据。这部分业务数据既包含了已成交的客户数据，也包括未成交以及潜在的客户数据。集成客户主数据这一需求就是分析业务部门对于客户信息有效性的管理，在哪个阶段或是处于什么样的状态下客户信息是准确且有效的，选定节点，对集成点上下游业务进行分离和封装，借助节点实现系统数据的交换。同样是客户数据，CRM系统在集成呼叫中心系统时往往不需要判断客户状态，且对客户信息的时效性要求较高；而CRM 系统与财务系统或供应链系统进行集成时，需要对客户状态进行判断，已签约客户、已成交客户信息才需要在集成系统中运用，潜在线索或不准确的客户信息则没有交换的意义，且会造成集成系统信息管理的负担。

2．集成方式

集成通过Web Service、数据视图直接操作数据库，还是采用XML格式自动传送，转输过程是否需要做数据转换处理，都需要开发技术人员进行技术评估，确认对接系统双方职责后进行。

严格来说，借助系统中人工导出导入的方式传输数据算不上集成，由于人为因素容易出现数据准确性问题，且数据的及时性也是影响业务流程的重要问题。

3．集成时机

信息系统建设不是一朝一夕就能完成的，各子系统的建设节奏不同步，需要综合考虑集成的时机。

案例分析

【案例8-2】

移动办公——CRM解决方案新要求

随着智能手机的发展，手机APP越来越融入人们的生活、学习以及工作中。尤其对于经常外出的业务人员来说，外出拜访客户时，可以脱离计算机，但绝对离不开手机。很大程度上，手机已可以替代计算机成为主要的生活甚至是办公工具。在CRM产品选型过程中，移动端应用也是产品考察的重要因素之一。

纷享销客CRM系统支持计算机、手机操作，手机APP应用完全承载了计算机端的诸多功能，并充分结合了手机功能，对于经常需要外出的业务人员来说，提供了更多便捷性。

1）客户地址快速录入。试想一下，在手机端，可以借助GPS定位功能快速定位客户公司所在的位置、获取客户地址信息是不是更加容易便捷了呢？

2）语音记录销售记录。在使用微信时，经常会用到语音转文字功能。在工作中，当需要反馈客户跟进记录时，自动将语音转为文字记录在系统中，明显提高了业务人员的工作效率。

3）客户往来邮件也可以在手机中设置邮件提醒，快速收发处理邮件内容。

移动办公不仅提高了员工的工作效率，也大幅提升了领导层的管理效率。即使在出差途中、外出路上、活动现场，领导都可以即时接收到来自平台的消息提醒：×××发起价格折扣申请，×××申请售前技术支持，×××投标文档需要审核盖章……

请思考：

大胆设想一下，在工作中，还有哪些场景可以利用手机功能来完成？

任务3　上线运营与系统迭代

任务情景

对于企业来说，系统上线其实才是项目的真正开始。上线后的相当一段时间，需要业务人员熟悉改造的业务流程，熟悉新的管理方式，改变原来的工作习惯和方法。实际工作中，CRM 系统上线有两种，一是试点单位先上线，试运行后全员上线；二是全员上线。无论采取何种方式上线运行，都需要建立上线反馈机制以及上线后应急措施。

任务分析

对于初次启动 CRM 系统的企业来说，CRM 系统上线需要做哪些工作以确保系统快速让业务人员上手？上线后又可能会遇到哪些突出性问题，当遇到突出性问题时，应该采取什么样的反馈机制推动问题的解决？系统上线后，谁负责或是哪个部门负责系统的运维工作？

任务实施

步骤一　建立上线反馈机制及应急措施

制定上线计划的同时需要同步考虑上线后的跟踪反馈流程及应急措施。

1．业务问题答疑

业务人员经过系统培训后，CRM 系统正式上线运行。上线使用之后，由于或多或少改变了原有业务流程或工作习惯，而对实际且具体的业务问题，需要由熟悉业务的相关人员进行解答。这部分工作因为比较琐碎且需要切实熟悉实际业务，由项目经理或项目顾问来承担显然不是合适人选。

在上线前的准备会议中，由项目组牵头，领导指定各业务部门接口负责人统一收集业务人员使用问题，并对常见业务问题进行答疑。

2．系统 Bug 处理

上线初期，业务人员使用频率上升，使用中也会遇到系统 Bug，显然这部分问题是业务接口人也处理不了的。这就需要在上线前制定好系统反馈机制，在业务使用时发现问题，通过截图及文字描述，经业务接口人反馈至 CRM 项目组，再由 CRM 项目组对 Bug 进行分析处理。

系统 Bug 处理要及时，由于 Bug 问题导致业务人员对系统缺乏信赖，降低使用热情，对于系统推广是非常不利的。

3. 个例业务需求解决方案

虽然在实施时，CRM 项目组对业务部门的需求进行了详细调研，但仍然不排除上线后会遇到一些个例性的业务问题。而这部分业务问题往往是由于系统现有设置或流程没有考虑周全导致的。

遇到这部分问题则需要提出需求的用户联合业务部门接口人与 CRM 项目组共同开会讨论解决方案，评估方案的可行性，给出系统调整上线时间，推进系统调整。

步骤二 进行CRM系统培训

系统上线，培训工作必不可少。然而 CRM 系统不同于其他软件工具，培训内容除了系统操作外，更主要是企业内部管理制度和要求的贯彻，这样对于 CRM 培训老师来说，不仅讲解系统功能操作，还需要对业务非常熟悉，将 CRM 系统使用前后的业务管理方式进行对比，不同业务场景下，业务人员应该如何使用系统。

1. 系统操作手册

在培训前，项目组需要准备好业务人员操作手册，供日常或新增员工快速熟悉上手。操作手册可根据不同岗位或角色来分别编写，区分系统管理权限。

2. 培训计划

根据企业规模，培训可以分批次进行，分批次培训上线，也可以根据不同岗位角色分别进行系统培训，以确保系统快速落地。

步骤三 系统评价与反馈

信息系统是否能用、好用、易用是检验信息化建设是否成功的重要标准。好用的系统能够为用户带来价值，用户就会喜欢用，用得熟练了便会形成习惯，最后愈发离不开，对系统形成依赖性。这样的系统才是有价值的系统。如何能让系统形成用户的使用黏性呢，需要从以下几个方面着手。

1. 系统能够降低用户的工作强度

例如，以前器材的入库需要保管员逐项手工记录到账簿上，有了信息化系统后，需要入库的信息会通过入厂检验的渠道输送过来，保管员见到实物后在系统上操作入库就可以了，大大降低了保管员的工作强度，这样的系统用户自然就爱用。

2. 系统能够为用户提供工作便利性

例如，生产管理系统的使用会大大方便相关信息的查询。系统没有上线的时候，如果需要了解各项生产进程就需要去现场查看或是电话咨询相关管理人员，现在只需要在计算机上操作系统，就能查看全部的生产进度信息，大大增加了工作的便利性和直观性。

3. 让用户尽可能地通过系统来处理工作

例如，生产环节的物资采购申请，如果用户的需求没有在系统上发起，仍是按照原来的习惯口头通知采购员购买，则这个需求是不会得到响应的。因为如果采购员没有按照系统的要求去采购，则这个采购就不会得到财务系统的支持，最终无法完成付款。久而久之，因为相互的制约，有些工作必须在系统上进行处理才能最终完成，这将迫使用户不得不使用系统处理工作，习惯之后成自然，系统的黏性便形成了。

步骤四　系统升级与迭代

虽然信息化系统的正式上线是在反复调试和试运行基础上进行的，但在系统实际投入到企业应用时，还可能会发现一些开发阶段没有发现或者被忽略的个性问题或是因为管理变革所产生的新需求。这就需要系统管理维护人员定期收集用户反馈的问题和需求，根据问题、需求的紧急程度和影响大小，进行系统的改进和升级，尽可能满足用户的使用需求，确保系统良好运行，提高用户满意度。

在制定 CRM 实施计划之初，有的企业就将 CRM 项目划分为几个阶段，将需求划分为不同的优先级，整体考虑系统架构的同时，将业务需求分阶段进行开发上线，这就将 CRM 系统建设变成了一个中长期优先解决业务部门迫切管理需求为主的过程。而另一方面，对于大型或超大型企业来说，CRM 系统只是企业 IT 架构的一部分，伴随着企业 IT 系统的不断完善，各系统的业务边界逐渐清晰，系统间的业务联动、数据交换更加频繁，也使得 CRM 系统除了自身业务流程不断优化，还要能够与其他业务系统进行更多交互。

触类旁通

CRM 项目评价指标体系

企业实施 CRM 项目的效果如何，可以通过以下五个指标进行综合评价。

1．管理效果指标

此部分指标说明管理给企业效益作出的贡献及管理能力，可以通过资产周转率、存货周转率、应收账款周转率等指标来体现。

2．财务效果指标

此部分指标是一般测评体系中必不可少的组成部分。此类指标用来测评企业通过运作获得的生存能力、成功状况与繁荣程度，可以通过现金流、销售收入增长率、利润增长率等指标来体现。

3．客户指标

此部分指标说明客户通过与企业交往对企业产生的客观感受和获益情况，以及企业的客户获得和保持能力。包括客户满意度、客户忠诚度、客户终生价值等。具体又可分为：客户保持，通过客户流失率（仅指发生过重复购买行为的客户）、客户保持率（包括新、老客户）、客户满意度来体现；客户满意，由即时传送、产品或服务的持续更新、对于新需要的预期、产品的个性化定制以及便利性、团队精神、相对竞争者的客户成本降低等来体现；客户获得，通过观望购买率（指客户行动由观望等转化成购买行为的比率）、声誉（包括受到关注的增加）等来体现；客户获益，由细分市场的客户成本比、目标客户群的百分比、目标细分市场的占有份额等来体现。

4. 内部程序指标

通过此部分指标评价企业在技术能力、制造水平、设计能力等方面的表现，包括创新程序、经营程序、售后服务程序（反映为在同行业中的技术地位、制造成本、质量及新产品开发业绩等）。

5. 学习与发展趋势指标

这部分指标表述员工状况、企业发展后劲如何。可以通过雇员满意度、雇员忠诚度、制度、组织程序等来体现。

其中，管理效果指标和财务效果指标都属于财务类指标，而客户指标、内部程序指标、学习与发展趋势指标都属于非财务类指标，见表 8-2。根据建立的评价指标体系，让专业人士给出评价信息，可以将各指标按优劣程度进行定性排序。

表 8-2 CRM 绩效评价指标体系

目标层	准则层	次准则层
CRM 有效实施	管埋效果	资产周转率
		存货周转率
		应收账款周转率
	财务效果	现金流
		销售收入增长率
		利润增长率
	客户	客户满意度
		客户忠诚度
		客户终生价值
	内部程序	创新程序
		经营程序
		售后服务程序
	学习与发展趋势	雇员满意度
		雇员忠诚度
		制度
		组织程序

案例分析

【案例 8-3】

渣打银行借助 CRM 系统“圈地”

渣打银行的多项业务在香港都位列前茅。但是，面对全球竞争最激烈的银行市场，为了取得一席之地，渣打银行必须面对各种挑战，诸如金融市场开放、借合并与收购活动加强竞争力、紧贴市场步伐的服务收费，以及与日俱增的客户期望等。渣打银行的高层经过多方考虑，决定选择一套CRM系统来提高核心竞争力。

在谈到CRM系统与企业业务流程两者之间的关系时，Siebel（电子商务软件供应商）亚太区执行主席曾森荣表示，CRM系统不仅是一个产品，它最重要的一个任务是规范和严格执行企业的流程。企业应该在理解了CRM理念、全面了解了CRM产品以后再进行业务流程的重组或改进效果更好。而渣打银行的数据则证明了它们的业务流程改进取得了成功。从2001年至今，渣打银行在零售业务上的交叉销售比率增长了18%，同时8%的交易转至成本较低的渠道，推广至成功销售的比率亦上升56%。

1．数据积累是CRM的基础

数据是企业信息化的核心，是保证企业运转的关键。同时，数据是企业的宝贵资源和财富，对数据的挖掘、分析和利用将能为企业创造更大的财富。在渣打银行150年的历史过程中积累了不少客户数据，但是以前的信息化系统仅仅是将客户数据保存下来，并没有很好地利用这些数据积累。"我们决定采用Siebel的CRM系统后，我们用了近一年的时间将其中不完整的数据补完整。"渣打银行零售销售及服务主管彭家善说，"CRM系统通过自动化的文件处理协助我们显著减少高达60%填写表格的时间，让我们集中资源提供更多元化的增值服务。"渣打银行的数据显示，通过使用Siebel CRM系统后增加了6%新的销售机会。而且，自从在CRM系统中将员工和合作伙伴也作为客户管理，改善了合作伙伴、员工与企业间的关系，员工满意度提高了39%。

2．借助CRM系统"圈地"

现今银行在利润收窄及竞争加剧的情况下，渣打银行2004年年前还收购了美国大通在港的零售业务，需要面对大批以前跟渣打没有业务往来的新客户群。经过试用取得不错效果后，渣打银行决定在香港和新加坡的个人银行客户网络推广这套系统。为了充分发挥这套系统的作用，渣打银行将它命名为Customer One。渣打银行目前共有约500名前线员工使用新客户管理系统，未来希望把使用该系统的前线员工人数增至700～800人。

以往该行的客户管理系统的功能主要集中在存储客户资料上，而新系统则加入资料分析的功能，能为客户提供更全面的产品及服务。对采用新系统后的效果，彭家善介绍说："渣打银行一直本着提供优质客户体验的核心理念。凭借Customer One，我们得以将本行与每一位客户的沟通活动进行分类。此举不但让我们更迅速地响应客户查询，还可避免重复拨打不必要的促销电话，从而节省成本。"根据渣打银行的数据显示，安装新系统后零售业务方面的客户满意度提高了6%，业务处理时间减少了近60%。

最后问到彭家善，渣打银行成功实施CRM对于内地同行有何借鉴意义时，彭家善微笑着说："随着时代的发展，客户的要求越来越多，需求变化越来越快，通过实施CRM可以让自己抢占有利地位。"

请思考以下问题：

1）渣打银行使用CRM系统后效果如何？

2）为什么会达到这样的效果？

项目小结

全面实施客户关系管理系统对于企业来说是一种战略决策，是一场深刻的组织变革，实施过程非常复杂，需要企业高层支持，上下通力合作。

企业实施 CRM 的过程可以分为 3 个阶段：启动 CRM、CRM 系统建设、CRM 上线运营与系统迭代。本项目以神州信息技术服务有限公司选用纷享销客的 CRM 产品为例，详细介绍了企业实施 CRM 的过程。在启动 CRM 阶段，企业自身需要做好 3 个方面的准备工作：成立项目组、IT 建设调查与规划、明确项目目标并制定采购计划。CRM 系统建设主要包括项目启动会、需求调研、解决方案设计与确认、系统开发与实现、系统测试、系统上线。在 CRM 上线运营与系统迭代阶段，企业需要建立上线反馈机制及应急措施，进行 CRM 系统培训，做好系统评价反馈、升级迭代等工作。

练习思考

一、单选题

1．实施 CRM 项目成功与否的关键在于项目团队的组建，既要考虑成员的专业技术能力，更要考虑成员的综合能力和情景适应性，其中最关键的成员是（　　）。

A．项目负责人　　B．技术开发人员
C．业务顾问　　D．关键用户

2．对于初次启动 CRM 系统的企业来说，（　　）的方式显然是成本最优，且有成功的成熟经验可参考，推广成功概率高。

A．自主开发　　B．定制开发
C．招标采购　　D．二次开发

3．厂商顾问需要到实施 CRM 项目企业的各岗位现场进行调研和体会，确认（　　）。

A．系统升级　　B．IT 运维
C．系统测试　　D．用户需求

4．CRM 系统（　　）处理要及时，否则容易导致业务人员对系统缺乏信赖，降低使用热情，这对系统推广是非常不利的。

A．迭代　　B．价格　　C．Bug　　D．技术

二、多选题

1．启动 CRM 项目，企业自身需要做的准备工作包括（　　）。

A．项目准备，成立项目组　　B．系统开发与实现
C．IT 建设调查与规划　　D．明确项目目标，制定采购计划

2．经过深入调查研究，神州信息技术服务有限公司将 CRM 系统建设划分了三个阶段（　　）。

A．上线阶段　　B．巩固提升阶段
C．建设数字化中心　　D．系统升级

3．一般情况下，CRM 系统建设主要包括召开项目启动会、需求调研、（　　）等阶段。

A．解决方案设计与确认　　B．系统开发与实现

C．系统测试　　D．系统上线

4．对于初次启动 CRM 系统的企业来说，CRM 系统上线后需要做的工作有（　　）。

A．建立线上反馈机制及应急措施　　B．进行 CRM 系统培训

C．系统评价与反馈　　D．系统升级与迭代

三、思考题

1．分析神州信息公司在 CRM 项目选型过程中主要考虑的因素有哪些？

2．简述企业实施 CRM 项目的完整过程。

3．业务顾问应该怎样做好企业岗位需求调研？

实战强化

实训一　CRM 项目实施流程

一、实训目的

通过本次实训，了解 CRM 项目实施的具体流程。

二、实训组织

安排学生以小组为团队，以某企业为例，分析该企业现状，进行 CRM 项目实施的具体需求分析，小组内分配 CRM 实施的相关角色，并最终写出每个团队研究的该企业 CRM 项目的具体实施流程。方案经教师指导后，每个团队派出相关学生进行全班演讲，全体学生观摩，可现场提问，最后教师进行点评。

三、实训要求

利用了解到的 CRM 项目实施的流程培养学生团队协作能力，以文字和 PPT 形式展示成果，所有资料进行整理并上交。

实训二　CRM 项目总结报告

一、实训目的

通过本次实训，完成 CRM 项目评估的总结报告。

二、实训组织

给出背景案例，安排学生以小组为团队，对该企业 CRM 实施情况进行分析，完成有关 CRM 项目总结报告。在班级范围内对各组报告进行交流评析。

案例：小家电企业 CRM 项目

A 公司是一家小家电类的外贸企业，年出口额达到 1.5 亿美元。根据事业发展需要，公司启动了 CRM 项目。经过考察选择了价格为 20 万元左右的国内一家知名企业的 CRM 软件。实施过程中，对方派出了一名实施顾问在 A 公司蹲点，开始对公司进行需求调研工作，

彻底了解企业每个部门的负责人对客户关系管理的了解以及对 CRM 系统的期待等。这一调查为后续项目的顺利推进奠定了基础。

需求调研、流程重组、系统培训等相关工作按部就班地进行，企业全体上下通过一番努力进入了"系统模拟允许"时刻。在运行之前，实施顾问根据事前的需求调研制订了模拟运行的计划，然后利用公司的实际交易数据在 CRM 系统中进行实战模拟。经过一段时间的模拟，让员工了解系统的运作，熟悉自己业务的操作。

但在系统真正上线后，企业发现许多员工对系统并不熟悉，甚至计算机操作水平也参差不齐，在遇到问题后往往不知如何解决，实施团队和实施顾问不能及时介入处理，效率低。同时，对系统的抱怨也没有停止。半年后，整个公司熟悉了该系统，一切慢慢恢复正常，系统的优越性逐渐被大家认可。

有关反思：

第一，撒网式的选型方式，看似很综合，但导致项目选型没有预算投资，选型没有目标。对从几万到上百万元的 CRM 软件一一考察，浪费了许多时间。

第二，实施顾问的需求调研在宏观上把握不够。实施顾问进入公司后即着手进行调研，但没有同企业内部人员共同制订项目进度计划，没有召开项目动员会议。虽然效率高，但对 CRM 的实施不利。因为没有具体的项目计划，无论对实施方或企业都缺乏约束力。调研中多以书面调查，没有同用户面对面进行交流，让用户以"考试"的形式来完成需求调研工作，效果并不好。

第三，系统模拟的问题总结。系统上线前，实施顾问根据需求调研的结果进行了模拟运行。但模拟并不到位，没有对可能出现的问题进行总结。导致员工在后续问题出现时不知所措，无法解决。

三、实训要求

对该 CRM 项目实施进行分析，找出在项目执行过程中需要改进的方面，完成评估报告。以文字和 PPT 形式展示成果，所有资料进行整理并上交。

参 考 文 献

[1] 汤兵勇，雷轶．客户关系管理[M]．3 版．北京：高等教育出版社，2014．

[2] 马刚，杨兴凯，姜明．客户关系管理[M]．4 版．大连：东北财经大学出版社，2018．

[3] 苏朝晖．客户关系管理[M]．4 版．北京：清华大学出版社，2018．

[4] 赵溪．客户服务导论与呼叫中心实务[M]．4 版．北京：清华大学出版社，2018．

[5] 汪永华．网络客户服务实务[M]．北京：机械工业出版社，2018．

[6] 徐奕胜，刘雨花，杨慧桢．电子商务客户关系管理[M]．北京：人民邮电出版社，2018．

[7] 胡华江，杨甜甜．商务数据分析与应用[M]．北京：电子工业出版社，2018．

[8] 刘柳，杨莹．客户关系管理[M]．北京：机械工业出版社，2019．

[9] 王鑫．客户服务实务[M]．北京：高等教育出版社，2015．

[10] 冯光明，余峰．客户关系管理理论与实务[M]．北京：清华大学出版社，2019．

[11] 庄小将，吴波虹．客户关系管理[M]．2 版．北京：中国轻工业出版社，2019．